# Vernetzte Verführungen

Jörg Tropp

# Vernetzte Verführungen

Wie wir uns gegen die Dark Arts
der Konsumindustrie wehren

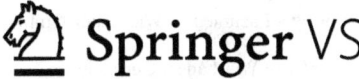 Springer VS

Jörg Tropp
Frankfurt am Main, Deutschland

ISBN 978-3-658-35970-6     ISBN 978-3-658-35971-3  (eBook)
https://doi.org/10.1007/978-3-658-35971-3

Die Deutsche Nationalbibliothek verzeichnet diese Publikation in der Deutschen Nationalbibliografie; detaillierte bibliografische Daten sind im Internet über http://dnb.d-nb.de abrufbar.

© Der/die Herausgeber bzw. der/die Autor(en), exklusiv lizenziert durch Springer Fachmedien Wiesbaden GmbH, ein Teil von Springer Nature 2021
Das Werk einschließlich aller seiner Teile ist urheberrechtlich geschützt. Jede Verwertung, die nicht ausdrücklich vom Urheberrechtsgesetz zugelassen ist, bedarf der vorherigen Zustimmung des Verlags. Das gilt insbesondere für Vervielfältigungen, Bearbeitungen, Übersetzungen, Mikroverfilmungen und die Einspeicherung und Verarbeitung in elektronischen Systemen.
Die Wiedergabe von allgemein beschreibenden Bezeichnungen, Marken, Unternehmensnamen etc. in diesem Werk bedeutet nicht, dass diese frei durch jedermann benutzt werden dürfen. Die Berechtigung zur Benutzung unterliegt, auch ohne gesonderten Hinweis hierzu, den Regeln des Markenrechts. Die Rechte des jeweiligen Zeicheninhabers sind zu beachten.
Der Verlag, die Autoren und die Herausgeber gehen davon aus, dass die Angaben und Informationen in diesem Werk zum Zeitpunkt der Veröffentlichung vollständig und korrekt sind. Weder der Verlag noch die Autoren oder die Herausgeber übernehmen, ausdrücklich oder implizit, Gewähr für den Inhalt des Werkes, etwaige Fehler oder Äußerungen. Der Verlag bleibt im Hinblick auf geografische Zuordnungen und Gebietsbezeichnungen in veröffentlichten Karten und Institutionsadressen neutral.

Planung/Lektorat: Barbara Emig-Roller
Springer VS ist ein Imprint der eingetragenen Gesellschaft Springer Fachmedien Wiesbaden GmbH und ist ein Teil von Springer Nature.
Die Anschrift der Gesellschaft ist: Abraham-Lincoln-Str. 46, 65189 Wiesbaden, Germany

„*Er gab Mae einen Zettel, auf dem er unter der Überschrift – Die Rechte der Menschen im digitalen Zeitalter – in plumpen Großbuchstaben eine Liste mit Thesen notiert hatte.*
*Mae überflog sie, las ein paar Sätze:*
*»Wir müssen alle das Recht auf Anonymität haben.«*
*»Nicht jede menschliche Aktivität ist messbar.«*
*»Die ständige Jagd nach Daten, um den Wert eines Vorhabens zu quantifizieren, ist katastrophal für wahres Verständnis.«*
*»Die Grenzen zwischen Öffentlichem und Privatem muss unüberwindlich bleiben.«*
*Am Ende sah sie eine mit roter Tinte geschriebene Zeile.*
*»Wir müssen alle das Recht haben, zu verschwinden.«*"

Dave Eggers[1]

*Meinem Sohn Elias,
dem ich die Idee für dieses Buch verdanke*

# Inhaltsverzeichnis

1 **Zum Geleit: Vernetzte Verführungen verstehen lernen** ............ 1
2 **Licht in die Dark Arts der Konsumindustrie bringen** ............ 9
   2.1  Gibt es Dark Arts der Verführung? ......................... 10
   2.2  Mit bewusstem Handeln den inneren Dämon bezwingen ....... 24
   2.3  Alles dreht sich um Vernetzung! ............................ 29
3 **Das Netz der großen Vier der Verführung** ..................... 39
   3.1  Verführer: immer digitaler, immer persönlicher, immer komplexer ................................................ 41
   3.2  Vermittler: lauter Daten, ummauerte Geschäftsfelder und Influencer, die keiner mehr mag .......................... 57
   3.3  Verbraucher: Bitte nicht zu persönlich werden! ............... 64
   3.4  Kommentatoren: Weg mit dem Schrott im Netz. Wir brauchen Kreativität und ein neues Verständnis, wie Verführung funktioniert! ................................... 72
4 **Wir fühlen uns ausgeliefert** ...................................... 81
   4.1  Unser Problem – Wir wissen, dass wir vieles nicht wissen ..... 87
5 **Die Strategie der totalen Vernetzung – Menschen, Medien, Gesellschaft** .................................................... 91
   5.1  Bitte kein neues Missverständnis! .......................... 91
   5.2  Das Bedürfnis nach kommunikativer Wertigkeit ............. 98
   5.3  Vernetzung mit dem Menschen ............................ 103
   5.4  Vernetzung mit den Medien ............................... 107
   5.5  Vernetzung mit der Gesellschaft ........................... 113

| | |
|---|---|
| **6 Verführung? Ja, bitte!** | 125 |
| 6.1 Voraussetzungen unserer Souveränität: Wissen – Unterscheiden können – konsequentes Handeln | 127 |
| 6.2 Eine neue Verführungskultur schaffen | 136 |
| 6.3 Wie könnte es weitergehen? | 140 |
| **Anmerkungen** | 157 |

# Zum Geleit: Vernetzte Verführungen verstehen lernen

Stellen wir uns eine Kleinfamilie vor – Vater, Mutter und zwei Kinder.[1] Sie gehört der Bürgerlichen Mitte an und hat kürzlich Saisonkarten für den Zoo erworben, den sie im Schnitt alle drei Wochen, jeweils sonntags besucht. Bei dieser Gelegenheit schaut sie auch immer bei Ronny, dem jungen Schimpansen, vorbei, für den sie eine Tierpatenschaft übernommen hat. Zum Abschluss ihres Zoobesuchs gönnt sich die Familie stets ein leckeres Essen im Zoo-Restaurant. Nach einiger Zeit werden den Eltern regelmäßig Coupons des Zoo-Restaurants zugesendet. Schätzungen, basierend auf den historischen Daten, haben ergeben, dass die Eltern, nennen wir sie Jens und Simone, gleichbleibend im Zoo-Restaurant weitaus mehr ausgeben werden als die Coupons wert sind. Zusätzliche Auswertungen von Daten aus dem Web und den sozialen Medien haben aufgedeckt, dass die Familie einen Hund hat und anscheinend sehr tierlieb ist. Diese Datenlage führt auf einmal zu einer Flut an Botschaften und Angeboten von Unternehmen, Marketing-Dienstleistern, Organisationen, Verlagen und Plattformbetreibern, die die Eigenschaft der Tierhaltung und Tierliebe für sich nutzen wollen. Simone erhält ein Angebot für ein kostenloses dreimonatiges Probeabo einer Tierzeitschrift. Auch wird ihr ein neues Hundefutter zu einem vergünstigten Einführungspreis angeboten. Auf dem Reiseportal im World Wide Web, das sie regelmäßig besucht, findet sie plötzlich vermehrt Artikel über Ferien auf dem Bauernhof und Familien-Safaris in Afrika. Dazu passend erscheinen auch Anzeigen von Plattformen, die auf die Vermittlung derartiger Reisen spezialisiert sind, sowie konkrete Reiseangebote zu Vorzugspreisen. Sie hat das Gefühl, dass sobald sie auf eine solche Anzeige geklickt hat, ihr plötzlich überall im Web ähnliche

---

[1] Aus Gründen der besseren Lesbarkeit wird im gesamten Text auf die gleichzeitige Verwendung der Sprachformen männlich, weiblich und divers (m/w/d) verzichtet. Sämtliche Personenbezeichnungen gelten gleichermaßen für alle Geschlechter.

© Der/die Autor(en), exklusiv lizenziert durch Springer Fachmedien Wiesbaden GmbH, ein Teil von Springer Nature 2021
J. Tropp, *Vernetzte Verführungen*,
https://doi.org/10.1007/978-3-658-35971-3_1

Anzeigen entgegenspringen. Wenn Jens online ist, fallen ihm die vielen Spendenaufrufe von Tierheimen auf. Auch wird er mit der Bitte um Unterstützung von einer wohltätigen Organisation zum Schutz der Menschenaffen kontaktiert. Bei seiner Suche nach einem neuen Familienauto, wird ihm auf den Seiten der Hersteller direkt eine passende Hundetransportbox mit angeboten. Die Tochter findet im News Feed des sozialen Mediums, das sie täglich nutzt, immer häufiger von Tiernahrungsunternehmen gesponserte Vermittlungsaufrufe von Tierheimen und eine Einladung zum Besuch eines neu eröffneten Zoogeschäfts in der Stadt. Dem 14-jährigen Sohn, der den sonntäglichen Zoobesuchen nichts abgewinnen kann und viel lieber andere Dinge tun würde, wird zu seinem Verdruss in seinem Lieblings-Social-Media-Account ein Geofilter des Zoos und von einem Hundefutterhersteller gesponserte Linsen zur Nutzung angeboten.

Dieses Szenario an datenbasiertem Marketing ist heute unser Alltag. Ich bin sicher, dass Sie bereits schon ähnliche Erfahrungen selbst gemacht haben. Denn der Status quo ist: Wir alle werden beobachtet, gestalkt und kontrolliert. Kein Klick im Netz bleibt folgenlos. Grelle Werbebanner poppen auf, stören uns, drängen sich uns auf. Ein Modehaus bietet uns einen Schuh an, den wir uns doch letzte Woche schon gekauft haben. Werbevideos laufen automatisch ab. Sie zwingen uns – wenn wir Glück haben –, mindestens fünf Sekunden zu warten, bis wir sie überspringen können. Sobald wir auf eine neue Seite kommen, werden wir aufgefordert, irgendwelche Cookies zu akzeptieren. Wenn wir uns die Mühe machen wollen, uns durch die Datenschutzerklärung einer Website zu kämpfen, müssen wir in der Regel rund fünf Minuten einkalkulieren. Wertvolle Zeit, die uns gestohlen wird. Dabei wollen wir uns doch nur schnell informieren. Wir haben keinen blassen Schimmer, was mit unseren Daten passiert. Alle Spuren, die wir im Netz hinterlassen, alle Kommentare, die wir machen, alle Likes, die wir in den sozialen Medien setzen, alle unsere in Server-Protokollen gespeicherten Daten, alle sonstigen erhältlichen Marktforschungs- und Verhaltensdaten (Zoobesuche!) über uns – alles wird irgendwie im Dunkeln weiterverarbeitet. Algorithmen sammeln und verknüpfen alles, was sie über uns finden können, um Erkenntnisse über unsere Vorlieben, Wünsche, Bedürfnisse und Absichten zu gewinnen.

Kurz: Wir leben in einer höchst raffiniert vorgehenden Konsumindustrie, die uns täglich verführen will – mit passgenauen, perfekt auf unsere Person abgestimmten Angeboten, die wir nicht ausschlagen können. Wir sind naive Fliegen im Netz der kaum sichtbaren Algorithmen, verfangen uns in Angeboten, die wir meistens eigentlich gar nicht wollen. Sind wir also schutzlos ausgeliefert? Nein. Unsere Souveränität als Verbraucher ist nicht in Gefahr, wenn wir durchblicken, wie die moderne vernetzte Verführung funktioniert!

# 1 Zum Geleit: Vernetzte Verführungen verstehen lernen

*Es geht um die Verlinkung von Konsum und Leben*
Wenn ich in diesem Buch von der *Konsumindustrie* spreche, klingt das sehr nach *Kulturindustrie*. Die Kulturkritiker Max Horkheimer und Theodor W. Adorno prägten in den 1940er Jahren letzteren Begriff.[2] Unter der Kulturindustrie verstanden die beiden Philosophen den Massenbetrug, der von der Werbung und modernen Unterhaltung ausgeht, also auch vom Fernsehen und Kino. Was die Kritik sollte? Die Kulturindustrie liefere Horkheimer und Adorno zufolge nichts Schönes mehr. Es ginge ihr nicht darum, die Menschen ästhetisch zu erbauen. Die Kulturindustrie ruiniere die Idee der Kunst und degradiere das Schöne zur Ware. Die Ökonomie sei der Tod der Kunst.

Diese Kritik an moderner Werbung und Unterhaltung bildete neben vielen anderen Thesen den Boden für die Kritische Theorie der Frankfurter Schule und die Studentenproteste der 1960er Jahre. Aber müssen wir ebenfalls so negativ über die zeitgenössische Verführungskultur denken? Nein, mitnichten. Dies würde im Zeitalter der Digitalisierung vollkommen an der Sache vorbeizielen. Die Digitalisierung hat nämlich dazu geführt, dass sich der Konsum in unser Leben eingewoben hat, sich mit unserem Leben fest verlinkt hat. Die Konsequenz? Die Konsumindustrie versucht uns zum richtigen Zeitpunkt darauf hinzuweisen, was für unser Leben relevant ist. Sie passt ihre Botschaften so natürlich, nahtlos und integriert wie nur möglich in unseren jeweiligen aktuellen Lebenskontext ein und lässt dabei selbst das persönlich wie gesellschaftlich hoch zentrale Thema der Corona-Pandemie nicht außen vor (Abb. 1.1). Aus diesem Grund spreche ich nicht von der Kulturindustrie. Wenn ich Sie einlade, sich mit der Konsumindustrie zu beschäftigen, geht es mir darum, wertfrei und nicht anklagend zu beschreiben, wie die digitale Konsumwelt, in der wir unvermeidlich leben, uns heute verführen will. Solche Erkenntnisse helfen uns, ein kritisches Verhältnis zu unseren Verführern einzunehmen. So können wir Einflüsterungen und Übergriffe auf uns besser nachvollziehen – ohne die gesamte Branche pauschal an den Pranger zu stellen und aufgeregt Alarm zu schlagen. Denn wir haben durchaus die Macht und die Möglichkeiten, nicht alles mitzumachen, was uns angeboten wird. Aber wir sollten unsere Konsumwelt nicht pauschal verteufeln. Dann würden wir ja auch uns selbst und unser digitales Leben verteufeln. Wir sind Teil des Spiels, das es ohne uns nicht geben würde. Und als Mitspieler ist es unsere Aufgabe, das Spiel mitzugestalten und gewinnen zu wollen. Dazu müssen wir uns aber unsere Autonomie, unsere Selbstbestimmtheit und Souveränität bewahren, um nicht der Ball zu sein, der auf dem digitalen Spielfeld des Konsums hin und her gekickt wird. Dies erfordert, dass wir durchschauen, wie uns die Verführer in Versuchung bringen, anstatt ihnen den Krieg zu erklären. Wenn wir sie verstehen und ihre Taktiken kennen, können wir besser dem Spiel unseren Stempel aufdrücken.

**Abb. 1.1** Vernetzte Verführung. (Quelle: Achim Greser & Heribert Lenz (2020): Immer im Bilde, https://www.faz.net/aktuell/feuilleton/cartoons/greser-lenz-witze-fuer-deutschland-1294625.html, Zugriff am 19.06.2020)

Lassen Sie uns daher gemeinsam herausfinden, wie wir uns unsere Souveränität und Konsumautonomie erhalten können. Gerade in diesen Zeiten, in denen die Verführer aggressiver und gleichzeitig subtiler vorzugehen scheinen, ist das ein hohes Ziel.

Es wäre also nicht richtig, hier eine Anklage gegen die Verführer aus der Konsumindustrie – die Unternehmen und die von ihnen beauftragten Agenturen, Marktforschungsinstitute und Datenmanagement-Dienstleister – zu erheben.[3] So gerne wir dies manchmal auch tun würden, weil es einfach und bequem ist. Aber damit würden wir uns eben nur ins eigene Fleisch schneiden und uns selbst mit anklagen. Ändern würde es nichts. Sinnvoller ist es, beispielsweise mit der Installation von Adblockern auf unseren Rechnern und der Verweigerung von Cookies, die uns im Netz verfolgbar machen, unsere Abneigung gegenüber den heutigen Verführungsbemühungen der Unternehmen zu signalisieren. Vielen Verführern ist so bereits klargeworden, dass sie die Verbraucher mit ihren undurchsichtigen Machenschaften, die zu allem Überfluss auch noch in größtenteils penetranten

Reklamebotschaften münden, nicht unbegrenzt belästigen können. Und sie wissen auch, dass der Gesetzgeber mittlerweile ein sehr genaues Auge auf die neuen datenbasierten Verführungstechniken der Unternehmen wirft. Die Konsumindustrie einschließlich wir, die Verbraucher, brauchen die Kunst kommerzieller Verführungen. Nur so kann es den Kreislauf der Wirtschaft geben. Auch ist uns klar, dass ohne die Werbegelder der Konsumindustrie es die heutige Medienvielfalt nicht geben würde: keine privatwirtschaftlichen TV- und Radio-Sender, keine Printmedien, keine kostenlosen, journalistisch betriebenen Websites, keine sozialen Medien. Ebenso dürfen wir nicht vergessen, dass die Digitalisierung das Verführungshandwerk revolutioniert und damit für alle Beteiligten neue Herausforderungen produziert hat, vor allem die der Sicherung der persönlichen Privatsphäre. Die Verführer einfach nur anzuklagen wäre daher populistisch und moralisierend und würde zuallererst der Maxime der Aufmerksamkeitsgewinnung folgen – aber nicht der der Schaffung einer Verführungskultur, die wir nicht nur akzeptieren, sondern in der wir uns sogar wohlfühlen könnten. Ich werde daher keine Dystopie entwerfen, wie es jüngst Jeff Orlowski mit seiner Netflix-Dokumentation „Das Dilemma mit den Sozialen Medien" tat. Dort werden Google, Facebook etc. als eine „existentielle Bedrohung" für uns ausgemacht, da sie die Fähigkeit haben, „das Schlechteste aus der Gesellschaft herauszuholen", wie der frühere Google-Manager Tristan Harris[4] meint. Ich möchte in diesem Buch vielmehr unaufgeregt und gut begründet für ein Miteinander plädieren – für ein Miteinander von Verführern und Verbrauchern, nicht für ein Gegeneinander.

*Der Schlüssel zu unserer Souveränität als Verbraucher liegt im Verstehen und Begreifen*
Das Buch wird Ihnen helfen, im Netzwerk der Konsumindustrie Ihre Selbstbestimmung, ihre Autonomie und Souveränität als Verbraucher zurückzugewinnen oder zu bewahren. Es entwickelt den Gedanken der Konsumentensouveränität[5] weiter und passt ihn an die heutigen kommunikativen Verhältnisse kommerzieller Verführung an. Sie sollen auf Augenhöhe mit den Verführern sein. Das Buch will daher Licht in das Dunkel der heutigen Verführungszustände bringen. Es will dazu beitragen, dass wir besser verstehen, warum das wichtigste Merkmal heutiger Verführungen Vernetzung ist und warum zur Beschreibung der Techniken des heutigen Verführungshandwerks sich die Redeweise von den Dark Arts anbietet.

Natürlich könnte ich Ihnen einfach empfehlen, einen Privacy-Browser wie beispielsweise Epic, The Onion Router (Tor) oder Brave zu nutzen, eine Adblocker-Software wie beispielsweise AdBlock Plus zu installieren oder sich im Netz eine Fake-Identität zuzulegen, weil in Anbetracht des Aussterbens der

Third-Party-Marketing-Cookies die Verführer unter anderem auf ID-basierte Targetingstrategien umstellen werden – die übrigens entgegen der Intention des Gesetzgebers die Privatsphäre weiter aushöhlen können! Das wäre aber nicht wirklich hilfreich. Denn alle diese Informationen sind im Internet bereits verfügbar. Erst wenn wir verstehen und wissen, warum die Verführer und wir, die Verbraucher, was tun und wie die Zusammenhänge in unserer heutigen Konsumindustrie sind, können wir uns mit den Entwicklungen auseinandersetzen und sie befürworten oder uns bewusst und gut begründet den Verführungsbemühungen entziehen. Denn sich über etwas bewusst zu sein, ist die Voraussetzung dafür, dass wir nicht vor einem Dark-Arts-Verdacht kapitulieren, dass wir unseren inneren Dämon im Zaum halten oder nicht mit biometrischen Verfahren gehackt werden können. Im sich Bewusstmachen, dem Verstehen und Wissen, liegt der Schlüssel zu Willensfreiheit und zielführendem Handeln, wie Sie im zweiten Kapitel erfahren werden.

Wir brauchen entsprechend Klarheit über die vielseitigen Wechselwirkungen und Verstrickungen, die im Netz der großen Vier, wie es Verführer, Vermittler, Verbraucher und Kommentatoren gewebt haben, vor sich gehen (Kap. 3). Diese Kenntnis über die untereinander vernetzten Zustände und Entwicklungen legt den Grundstein für unser Reflexionsvermögen, dem Begreifen, was in der Konsumindustrie gerade vor sich geht, in welche Richtung es weiterlaufen könnte, was unser Beitrag dazu ist und wie wir damit umgehen können, um unsere Souveränität als Verbraucher zu sichern.

Spätestens jetzt werden Sie das heutige Dilemma der zentralen Idee vernetzter Verführungen, nämlich persönlich relevante Verführungsangebote zu unterbreiten, erkennen: Je persönlicher die Angebote werden, desto stärker ist unser Gefühl, dass die Verführungstechniken der Konsumindustrie immer intransparenter und geheimnisvoller werden. Aber wie düster sind die Dark Arts der Konsumindustrie eigentlich? Ständig haben wir das Gefühl, dass im Verborgenen mit Daten und Informationen von uns hantiert wird. Das befremdet uns. Wir haben Angst, dass Unternehmen Wissen über uns haben, das sie eigentlich gar nicht haben sollen. Mehr noch, dass sie eventuell sogar mehr über mich wissen als ich selbst und sie dieses Wissen ausnutzen können. Müssen wir uns fürchten, weil die Konsumindustrie einen neuen Werkzeugkoffer hat, deren Instrumente und Methoden wir nicht durchblicken und erkennen können? Gleichzeitig ist uns aber klar, dass dieser Koffer anscheinend notwendig ist, um uns passgenaue Angebote unterbreiten zu können. Genau diese Paradoxie ist unser zentrales Problem, das wir mit der vernetzten Verführung haben. Gute persönliche Verführung und böse Dark Arts sind die beiden Seiten derselben Medaille der vernetzten Verführung (Kap. 4).

Wir müssen uns aber darüber im Klaren sein, dass nicht nur das individuelle, persönliche Leben des einzelnen Verbrauchers mit den Angeboten der Konsumindustrie vernetzt wird. Vernetze Verführungen gehen über die Ebene der Bedürfnisse, Interessen und Wünsche des Einzelnen hinaus. Es handelt sich um die grundlegende, umfassende Strategie heutiger kommerzieller Verführung, mit der die kommerziellen Absichten der Konsumindustrie verdunkelt werden. Der Verführung soll die Offensichtlichkeit ihrer Beeinflussungsabsicht genommen werden. Sie soll nicht als plumpe Anmache wahrgenommen werden. Daher verlinkt sich die Konsumindustrie nicht nur mit dem Leben des einzelnen Verbrauchers, sondern darüber hinaus auch mit den Medien, den Vermittlern der Verführungsangebote, sowie der Gesellschaft als Ganzes. Dies geschieht mittels der kommerziellen Ausnutzung unserer Nutzungsmotive von Medien und von unseren allseits akzeptierten gesellschaftlichen Werten. Die Konsumindustrie geht so mit unserem Erleben der Welt auf individueller, medialer und gesellschaftlicher Ebene eine Symbiose ein. Folglich geht es heute in der Konsumindustrie ganz allgemein um die Vernetzung der Ziele und Interessen der Unternehmen mit Menschen, Gesellschaften und ihren Medien. Auch die Konzepte zur Realisation vernetzter Verführungen auf der medialen und gesellschaftlichen Ebene müssen wir erkennen können, wenn wir unsere Selbstbestimmtheit als souveräner Verbraucher bewahren wollen (Kap. 5). Zahlreiche Beispiele werden Ihnen dabei helfen.

Was folgt aus unserem Verstehen und Begreifen der vernetzten Verführungen in der Konsumindustrie? Wie geht es nun weiter? Antworten auf diese Fragen gibt das letzte Kapitel (Kap. 6). Sie erfahren, was wir konkret tun müssen, um eine Verführungskultur zu schaffen, die wir nicht nur gezwungenermaßen akzeptieren, sondern die wir begrüßen und in der wir uns als souveräne und autonome Verbraucher wiederfinden.

*Eine Brücke schlagen*
Der Wunsch, ein Buch über vernetzte Verführungen zu schreiben, reifte lange in mir. Bislang hatte ich fast ausschließlich für ein wissenschaftliches Fachpublikum im Bereich der Marketingkommunikation meine theoretischen Ansätze und Forschungsergebnisse veröffentlicht. Dass nun aus meinem Vorhaben ein Sachbuch und kein Fachbuch geworden ist, verdankt sich dem Wunsch, Neuland zu betreten – nämlich eine Brücke zu schlagen zwischen Wissenschaft und Alltag. Dieser Wunsch ist das Resultat von zwei Erlebnissen gewesen.

Eines Tages kam ein Student in meine Sprechstunde. Er wollte mir das Thema seiner Bachelor-Arbeit vorstellen, das er sich überlegt hatte. Und zwar wollte er sich mit der Verwässerung der Grenze von Content und Kommerz aus Sicht der

Generation Z befassen. Der Student, selbst Angehöriger der Generation Z und entsprechend Digital Native, verstehe gar nicht, wieso die Medien klar zwischen werblichen und nicht-werblichen Inhalten unterscheiden müssten. Das gesetzlich vorgeschriebene Trennungsgebot sei doch in Anbetracht von Content Marketing und Influencer Marketing in seiner Sinnhaftigkeit längst überholt. Alles, was in den Medien ist, sei doch irgendwie miteinander vernetzt. Die jungen Menschen interessiere doch nur, ob eine Information nützlich ist, ein Spot unterhaltsam oder eine Plattform gute Vernetzungsfeatures hat – egal ob der Absender oder Betreiber journalistische oder kommerzielle Absichten hat. Für mich war dies ein wichtiger Beleg dafür, dass das Thema der vernetzten Verführung gerade auch für die jungen und nachfolgenden Generationen hoch relevant ist und dringend näher untersucht werden muss.[6]

Neben diesem Erlebnis aus der Wissenschaftswelt war ein Ereignis aus meinem Alltag der Auslöser dafür, mit diesem Buch die Brücke zwischen eben diesen beiden Welten schlagen zu wollen.

Die ersten Wörter, die ein junger Mensch nach circa seinem ersten Lebensjahr bewusst spricht, sind gewöhnlich „Mama", „Papa", „Ham-Ham" und so ähnlich. Wörter aus der vertrauten, noch sehr kleinen, unmittelbaren Erfahrungswelt des Kinds. Umso hellhöriger werden Eltern, wenn dieser Wortschatz plötzlich um Wörter erweitert wird, die so gar nicht in dieses Schema passen wollen. So geschehen, als mein kleiner Sohn Elias im Alter von 20 Monaten plötzlich deutlich „BMW" sagte und dabei auf ein Auto dieser Marke zeigte. Er hatte also ganz zu Beginn seiner sprachlichen Entwicklung bewusst einen Gegenstand mit einem Markennamen korrekt bezeichnet. Bis heute weiß ich nicht, was dazu geführt hat.[7] Fakt ist jedenfalls, dass sich die Konsumwelt bereits sehr früh mit der Lebenswelt eines Menschen kognitiv vernetzt. Und auch das verdient definitiv eine genauere Betrachtung.

Brücken verbinden Ufer miteinander. Daher habe ich mich darum bemüht, dass dieses Buch einerseits das Interesse von denjenigen findet, die es vor dem Hintergrund ihrer ganz persönlichen Alltags- und Erfahrungswelt lesen. Andererseits wäre es schön, wenn es auch das Interesse von Menschen findet, die sich eher aus fachlichen, professionellen Interessen mit den vernetzen Verführungen der Konsumindustrie befassen. Vielleicht finden ja auch sie den einen oder anderen Impuls, der zu weiterführenden Überlegungen oder gar Forschungen dient. Über ein gelegentliches Feedback würde ich mich sehr freuen – egal von welchem Ufer!

# Licht in die Dark Arts der Konsumindustrie bringen

**2**

Die Zukunft der Konsumindustrie und ihrer Verführungsanstrengungen, allen voran die Werbung, liegt im Dunkeln. Diese Unsicherheit verdankt sich der Situation, dass sich die Konsumindustrie, wie die gesamte Gesellschaft schlechthin, in einem tiefgreifenden Transformationsprozess befindet. Dafür werden heute in aller Regel die Digitalisierung und ihre disruptiven Kräfte verantwortlich gemacht. Gemeint ist damit, dass die Digitalisierung die Konsumindustrie, wie wir sie aus dem letzten Jahrtausend kennen, kräftig ins Wanken bringt. Neue Geschäftsmodelle, -prozesse und Märkte entstehen, bisherige lösen sich auf. Alles noch zusätzlich angefeuert durch unsere neue Erfahrung des Infektionsalltags in einer Gesellschaft.

So hat beispielsweise der Präsident der Deutschen Werbewissenschaftlichen Gesellschaft (DWG) im März 2019 anlässlich des 100. Geburtstags dieses bedeutenden Branchenverbands festgestellt, dass eine Neujustierung der Werbedisziplin notwendig ist.[8]

Die heutige Werbung, so der DWG-Präsident, kennt viele Wege und Methoden. Es gibt Display-Werbung, Influencer Posts und Stories, Suchmaschinen-Marketing oder Videos, die in unterschiedlichsten Medien und Kanälen platziert werden (z. B.: Facebook, Instagram, TikTok, TV, YouTube). Die Art und Weise, wie Werbung uns erreicht, erfordert zu klären, ob das überhaupt noch Werbung ist oder etwas Neues. Diese Art der Kommunikation mit dem Verbraucher verdient einen neuen Namen. Schließlich gab es auch einmal den Begriff der Reklame.[9] Er wurde als Folge der Entwicklungen in der Medienlandschaft und der Konsumindustrie mit ihrem damals neuen Zielgruppendenken vom Werbebegriff abgelöst.

Zweitens, so der DWG-Präsident, ist auch eine Neubestimmung der Professionalität vonnöten. Datenzentriertes Vorgehen, künstliche Intelligenz (KI) und Algorithmisierung prägen zunehmend die Werbebranche. Dies fordert einen neuen Typ von Experten und auch ein neues Verständnis von Kreativität ein. Unser neues Verständnis von Kreativität müsse sich weniger auf inhaltliche Aspekte konzentrieren, sondern mehr auf die ausgefallene Orchestrierung von Maßnahmen in digitalen Medienumfeldern.

Und schließlich ist drittens auch eine Neuorientierung der Werbewissenschaft erforderlich. Diese muss sich noch stärker als in der Vergangenheit multidisziplinär ausrichten (besonders Kommunikations-/Medienwissenschaft, Informatik, Betriebswirtschaftslehre, Psychologie, Soziologie, Kulturwissenschaft und Design). Sie muss neue rechtliche Rahmenbedingungen (z. B. Urheberschutz, Datenschutz) reflektieren. Und sie muss in der akademischen Ausbildung an den Hochschulen einen neuen Lehrplan etablieren, der der Digitalisierung und Datenzentrierung in der werblichen Praxis gerecht wird.

## 2.1 Gibt es Dark Arts der Verführung?

Um diese Frage beantworten zu können, sollten wir zunächst einen genaueren Blick auf den Verführungsbegriff werfen. Denn aufgrund des aktuell stattfindenden Umbruchs der Konsumindustrie und ihrer Werbebranche mit in vielerlei Hinsicht unklaren Ergebnissen halte ich es für sinnvoll an dem Verführungsbegriff festzuhalten. Nur auf der Grundlage eines solchen allgemein verständlichen Begriffs kann das Buch seinen Zweck erfüllen, nämlich Ihnen zu helfen, Ihre Selbstbestimmung, Ihre Autonomie als Verbraucher zurückzugewinnen oder zu bewahren. Der Verführungsbegriff wurde schon genutzt, um das eigentliche Wesen der Reklame und der Werbung zu beschreiben und weckt in uns weitestgehend ähnliche Assoziationen. Der berühmte Werber Michael Schirner bringt es so auf den Punkt:

> „Werbung ist Verführung. Ich werde gerne verführt, vorausgesetzt, ich werde gut verführt."[10]

Es ist es also relativ leicht, mit dem Verführungsbegriff ein breites übereinstimmendes Verständnis unter uns zu erzielen, was die Konsumindustrie in ihrem Wesen ausmacht. Im Mittelpunkt des Verständnisses steht gemäß seinem Wikipedia-Eintrag die gewaltlose Manipulation. Jemand soll etwas tun, was er eigentlich überhaupt nicht wollte oder sollte – im Kontext dieses Buchs also letztlich ein bestimmtes Produkt kaufen oder einen Service nutzen.

## 2.1 Gibt es Dark Arts der Verführung?

*Erfolgreiche Verführer sind charismatisch ...*
Interessant ist, dass in sozialpsychologischer Hinsicht Verführung als eine spezifische Form der Herrschaft und Machtausübung aufgefasst werden kann.[11] Menschen, die in diesem Sinne fähig sind zu verführen, zeichnen sich durch einen charismatischen Charakter aus. Sie können andere Menschen begeistern und für die Erreichung ihrer eigenen Ziele einnehmen. Das Verführungsmerkmal des Charismas findet sich auch im Zusammenhang mit der Konsumindustrie. Hier ist es aber nicht das Charisma einer menschlichen Persönlichkeit, sondern das einer Marke. Nicht zuletzt wegen diesem Charismamerkmal der Verführung spielt das Konzept der Markenpersönlichkeit[12] traditionell eine wichtige Rolle in der Markentheorie. Denken Sie beispielsweise an in der Tat „mächtige" Marken wie Apple, Porsche, Adidas, Harley Davidson oder Red Bull. Ihnen bescheinigt die Markentheorie eine starke Persönlichkeit und damit Charisma und Verführungskraft.

*... und haben einen Sinn für Emotionen und Kreativität*
Es ist aber auch aus einem anderen Grund zweckmäßig, dass wir an dem Verführungsbegriff festhalten. Das Marketing hat eine kognitive Wende vollzogen. Die Verführer wollen smart sein. Der Verführungsbegriff weist uns aber implizit darauf hin, dass Emotionalität und Überraschung nicht unter den Tisch fallen dürfen. Beides spielt für erfolgreiche Verführung eine große Rolle. Im Zeitalter digitaler, äußerst rational und klug entworfener Marketing- und Kommunikationskampagnen droht uns aber, dass die Unternehmen genau dies vergessen. Heutige Werbung ist strikt Performance orientiert und wird mittels Key Performance Indicators effizient ausgesteuert – Schlüsselkennzahlen, die als Zielvorgaben dienen und zur Ermittlung von Erfolgen beziehungsweise Misserfolgen dienen (z. B. tägliche Besucherzahlen einer Website). Kann es sein, dass die Unternehmen heute Effizienz mit Effektivität gleichsetzen? Sie also meinen, dass wenn sie ihre Verführungsaktivitäten nach einem bestmöglichen Kosten-/Nutzenverhältnis steuern, wir Verbraucher bestmöglich verführt werden? Zuweilen müssen wir in Anbetracht Nerv tötender, billiger Reklametafeln im Web, deren Plätze in automatisierten Auktionen in Echtzeit erworben werden, tatsächlich diesen Eindruck gewinnen. Jedenfalls droht dem datenbasierten Marketing, das so wichtige emotionale Momentum der Verführung aus den Augen zu verlieren. Denn Sinnlichkeit und Unbegreiflichkeit, die wesentlich das emotionale Wesen der Verführung ausmachen, entziehen sich der kühlen, datenbasierten Algorithmisierung. In den Geisteswissenschaften und dort besonders in der Literaturwissenschaft finden wir Hinweise, dass die Konsumindustrie heute einem Irrglauben aufsitzen könnte, wenn sie meint, immer mehr magie- und kreativitätslos agieren zu können. Die

Verführung des Verbrauchers kann nicht hauptsächlich der Algorithmisierung und künstlichen Intelligenz anvertraut werden.

> „Die Suche nach dem optimalen Algorithmus der Verführung bzw. – wie etwa im Roman Gefährliche Liebschaften (1782) von Pierre Choderlos de Laclos – das kühle Kalkulieren einer Intrige müssen früher oder später scheitern, denn das verführerische Spiel zeichnet sich gerade durch etwas Unberechenbares und Unerwartetes aus, ein faszinierendes Geheimnis und eine irritierende Rätselhaftigkeit sind ihm inhärent."[13]

Unberechenbares und Unerwartetes, das intuitions- und weniger datenbasiert ist, waren in der Hochzeit der Phase massenmedialer Werbung (1980–2000) zentrale Merkmale Verbraucher gerichteter Verführungskünste. Beide werden auch im Zeitalter der vernetzten Verführungen ihren Platz haben müssen. Davon bin ich fest überzeugt. Unterstützt wird meine Einschätzung von Studienergebnissen des Weltwirtschaftsforums, wonach sich im Ranking der Key Leadership Skills in 2020 Kreativität auf Platz drei findet. In 2015 lag Kreativität noch abgeschlagen auf Platz 10. Mit den Worten eines Agenturinhabers formuliert: „Gott ist ein Kreativer, kein Controller!"[14].

Auch die Ergebnisse der jüngsten Werbeforschung lassen sich als ein Plädoyer gegen den Glauben an allmächtige Möglichkeiten KI-generierter Kreativität interpretieren. Vielmehr wird hier die Annahme vertreten, dass Mensch und Maschine gemeinsam Komponenten eines Systems, eines creative advertising systems (CAS), sind, das in der Lage ist, neue und wertvolle kreative Ideen zu schaffen. Das Verständnis von Kreativität verschiebt sich dabei von der Fokussierung des kreativen Ergebnisses (z. B. Werbespot) auf den Prozess, der etwas Neues und Wertiges zum Ergebnis hat.

> „Consistent with computational creativity principles, we define creativity as a generative process that is evaluated by the novelty and value of its outcome."[15]

Schließlich legt auch die Werbebranche selbst Belege für die hohe Bedeutung der Kreativität im Verführungshandwerk vor. Das Ergebnis einer Studie über die Werbelieblinge der Deutschen zeigt, dass wenn Werbung Eingang in die Popkultur einer Gesellschaft finden soll, muss sie kreativ sein.[16] Und sie ist besonders dann kreativ, wenn sie Freude auslöst, humorvoll ist und für Gesprächsstoff sorgt. Folglich, so die Studie, waren im Winter 2020/21 unsere Top-3 der Werbelieblinge Edeka, gefolgt von Haribo und Aldi. Und die Ansicht, dass derartige Kreativität nicht eine Angelegenheit der Algorithmisierung und künstlichen Intelligenz sein kann, sondern kreative Verführung menschliche Fähigkeiten bedarf, wird auch von Branchenvertretern zunehmend betont. „KI schafft kein Original", sagt beispielsweise ein Agenturmanager, „eine KI braucht immer eine referenzielle Größe aus der Vergangenheit."[17] Ein wohlkalkulierter Regelbruch, wie er in der Werbebranche geliebt wird, sei damit nicht möglich. Denn Daten bestätigen eben nur Muster, schaffen aber keine Musterbrüche. Aber genau das zeichnet Kreativität aus: Originelles und schöpferisches Denken, woraus etwas Neues und Nützliches resultiert. Ein solches Denken benötigt auch Mut – eine Maschine kann nicht mutig sein.

„An essential part of creativity is not being afraid to fail."

Edwin H. Land

(Erfinder des Polaroid-Trennbildfilm-Verfahrens)

*Einen Super-Algorithmus der Verführung wird es nicht geben!*
Dank all den Rationalisierungs- und KI-Tools, denen sich heute die Manager der Konsumindustrie bedienen, können zwar Entscheidungen besser vorbereitet und legitimiert werden. Aber die Entscheidung, wie in einem Unternehmen grundsätzlich entschieden wird, ob mit oder ohne KI und wenn ja in welchem Maße, treffen Menschen. Sie haben nach wie vor die Entscheidungshoheit, können flexibel auf unerwartete Umstände reagieren und verantworten das Geschäftsergebnis. Und damit ist zum Glück immer auch Intuition, Leidenschaft, Überraschung und Gefühl mit im Spiel.

Hinzu kommt der wichtige Punkt, dass dem Kontext für unsere Sinnzuschreibungen eine ganz entscheidende Rolle zukommt. Der Kontext steuert, welchen Sinn wir Kommunikationen und Handlungen geben. Wenn ich meine Frau anlässlich unseres Hochzeitstages zu einer Flasche Sekt einlade, macht dies für sie Sinn. Sie freut sich, dass ich daran gedacht habe, ich diesen Tag wertschätze und meine Zuneigung zu ihr zum Ausdruck bringe. Wenn ich meine Frau anlässlich meiner Entschuldigung, dass ich letztes Wochenende durcharbeiten musste und keine Zeit für die Familie hatte, zu einer Flasche Sekt einlade, macht dies für sie auch Sinn. Aber einen ganz anderen. Sie nimmt erleichtert zur Kenntnis, dass ich meine Empathie nicht verloren habe und mir die Zeit mit der Familie viel bedeutet. Die KI kann die beiden Situationen nicht unterscheiden. Sie erkennt ein identisches Muster, weil ihr Algorithmus nur aus den Objekten Mann, Frau und Sekt sowie der Operation „einladen" besteht.

Auch die Neurowissenschaften liefern uns mit Blick auf die Effektivität der Verführungsbemühungen der Konsumindustrie Argumente für ein integratives Verständnis von Verführung, das Verstand und Gefühl vereint. Es ist seit langem bekannt, dass der rein rational entscheidende homo oeconomicus eine Mär ist. Ihn jedoch durch einen homo emotionalis zu ersetzen, wird unserem Kaufverhalten auch nicht gerecht. Das emotionale Versprechen und der rational nachvollziehbare, objektive Grund für unseren Kauf eines Produkts verarbeiten wir integrativ in den präfrontalen Strukturen des Gehirns, zum Beispiel im medialen Präfrontalkortex. Dieses Zusammenspiel aus Emotion und Ratio löst unsere Kaufentscheidung aus.[18] Es macht mich sehr nachdenklich, wozu die Digitalisierung der Kommunikation und damit der Wandel der Medienlandschaft geführt haben. Sie haben diesen in der Wissenschaft wie in der Praxis traditionellen und allseits akzeptiert und geteilt gewesenen Grundsatz der entscheidungssteuernden Vernetzung von Kognition und Emotion zugunsten von Big Data und eines „Homo digitalis"[19] suspendiert. Bereits in den 1980er Jahre waren sich die Werbeagenturen über dieses Zusammenspiel im Klaren und haben darauf aufbauend ihre Kampagnen kreiert. Die emotionsauslösende Consumer Proposition und der den Kauf rationalisierende Reason Why sind beide Bestandteile der Copy-Strategien der Werbeagenturen gewesen. Sie haben gemeinsam den kognitiv-emotionalen Rahmen für die Gestaltung der Werbung definiert.

Daher bin ich mir sicher. Einen Super-Algorithmus zwecks Verführung des Verbrauchers kann es nicht geben. Dies kann uns, im Sinne des Erhalts unserer Möglichkeiten, sich gegen die Verführungsbemühungen der Konsumindustrie zu wehren und unsere Verbraucherautonomie zu bewahren, zuversichtlich stimmen. Wir müssen aber einige Klärungen vornehmen.

*Die Karriere der Dark Arts*
Für große Aufmerksamkeit sorgte die Redeweise von den „dark arts of voter manipulation"[20], die im Umfeld des Skandals des Politikberatungsunternehmens Cambridge Analytica und der US-Präsidentschaftswahl 2016 aufkam. Gemeint ist damit vernetztes psychografisches Marketing. Anhand unserer Aktivitäten, Interessen und Meinungen werden psychografische Profile von uns erstellt, um mittels Microtargeting individuelle Botschaften platzieren zu können. Diese entsprechen passgenau unseren kommerziellen oder politischen Motivationen und Meinungen. Zum Standard ist das bereits in den 1930er Jahren entwickelte und kontinuierlich weiterentwickelte OCEAN –Modell[21] geworden, das unsere Persönlichkeit anhand von fünf verschiedenen Parametern, den Big Five, analysiert: Offenheit für Erfahrungen, Gewissenhaftigkeit, Geselligkeit, Rücksichtnahme/Verträglichkeit und Verletzlichkeit/Neurotizismus. Was nun neu hinzugekommen ist und dem psychografischen Marketing den Verdacht einer Dark Art eingehandelt hat, ist das Prinzip der Vernetzung. Die Vernetzung von Daten hat das psychografische Marketing auf eine höhere, mächtigere, ja magische

## 2.1 Gibt es Dark Arts der Verführung?

Verführungsstufe gehievt. Dazu haben letztlich auch die mediale Berichterstattung und veröffentlichte Formulierungen von Personen beigetragen, die in den Cambridge Analytica-Skandal involviert waren. In einer „Magazin"-Geschichte veröffentlichten Hannes Grassegger und Mikael Krogerus 2016 ihre Recherchen zur damals kaum bekannten Datenanalyse-Firma Cambridge Analytica und ihre gewonnenen Erkenntnisse zu den Möglichkeiten von Big Data.[22] Demnach entwickelten Michal Kosinski und David Stillwell an der Cambridge University in den Jahren nach 2008 die Facebook-App My-Personality, mit der zu wissenschaftlichen Zwecken die OCEAN-Werte von Millionen von Facebook-Nutzern ermittelt wurden. Diese wurden mit soziodemografischen Daten (Geschlecht, Alter, Wohnort etc.) sowie mit Social Media-Daten (Likes, Shares, Follower etc.) der Nutzer vernetzt und abgeglichen. Dadurch wurden die Daten angeblich aussagekräftiger und erkenntnisreicher, da sie in ihrer prognostischen Leistung betreffend das Verhalten von Menschen (Wähler, Verbraucher) präziser wurden.[23] Diese Daten und das Vernetzungsverfahren fielen dann bekanntlich Cambridge Analytica in die Hände und sollen schließlich 2016 Donald Trump zum Wahlsieg verholfen haben.

Durch die mediale Berichterstattung, Aufbereitung und Kommentierung dieses Case ist die neue Technik des vernetzten psychografischen Marketings zu einer Dark Art mutiert und mit einer mystischen Aura versehen worden, die Beeinflussungsmacht, Geheimnisvolles und Verborgenes assoziiert.[24] So spricht Whistleblower Chris Wylie nach seinem Ausstieg bei Cambridge Analytica in einem Interview davon, dass dank der mehr als 50 Mio. Facebook-Nutzerprofile, auf die Cambridge Analytica Zugriff bekommen hatte, die Firma Modelle bauen konnte „to exploit what we knew about them and target their inner demons. That was the basis the entire company was built on."[25]

Was ist dran an diesen Dark Arts der Konsumindustrie, die auf die „inneren Dämone" der Verbraucher zielen? Müssen wir uns vor diesen Künsten und einer durch sie ausgelösten inneren Selbstmanipulation fürchten? Oder ist es letztlich vielleicht nur eine Marketingmasche der Konsumindustrie zur Vermarktung von Marketingdienstleistungen?

Immerhin versprechen sich anscheinend Kommunikationsdienstleister Geschäftspotential von diesem Ansatz, was so weit geht, dass Agenturen sogar den Begriff „Dark Arts" in ihrem Firmennamen führen und sich konsequenterweise nebulös und geheimnisvoll präsentieren:

> „Dark Arts powers the social media and digital marketing of artists, personalities, brands and businesses. We specialise in engaging storytelling and quality content underpinned by a strong marketing focus. We reach millions of people online every

week. You will find our clients on social media, you won't find us (well, except on LinkedIn)."[26]

Der Vollständigkeit halber soll erwähnt werden, dass aus Sicht der Unternehmen auch wir, die Verbraucher, ein dunkles Verhalten an den Tag legen. Die Redeweise von „Dark Social"[27] hat aber nichts mit undurchsichtigen Manipulationstechniken unsererseits zu tun, sondern bezieht sich auf unsere Kommunikationen in sozialen Medien, die die Unternehmen nur sehr schwer erfassen, tracken können. Dies trifft vor allem für Messenger-Dienste zu, in denen wir vermehrt interessante Inhalte über Shares teilen (Dark Shares).

*Keine Angst vor Big Data und Vernetzung!*
Was sagt die Wissenschaft zu Big Data und dem Prinzip der Datenvernetzung? Die wissenschaftliche Aufbereitung und Analyse des Cambridge Analytica-Falls kommt zu dem Ergebnis, dass dem vernetzten psychografischen Marketing, realisiert als Microtargeting, eher eine lediglich gemäßigte Effektivität zuzuschreiben ist. Als Gründe werden unter anderem genannt: eine schwache Korrelation zwischen Persönlichkeitseigenschaften und politischen Überzeugungen, Abnahme der Voraussagekraft von Facebook Likes im Zeitverlauf („Liking Bernie Sanders five years ago is different from liking him right before the 2016 election") oder die Kontextabhängigkeit des Wählerverhaltens („What might work for the Obama campaign might not have worked when Clinton was the messenger, and what works in the summer might not work in the fall.").[28]

Besonders die Kommunikations- und Marketingwissenschaft liefert gewichtige Argumente, warum die Erklärungs- und Prognosekraft von Big Data kritisch zu sehen ist. Bereits vor geraumer Zeit konnte in Sekundärauswertungen der beiden Markt-Media-Studien Typologie der Wünsche (TdW) und der Verbraucheranalyse gezeigt werden, dass die in diesen Zielgruppentypologien erhobenen Daten nicht wesentlich mehr Varianz erklären als mit soziodemografischen Variablen allein erklärt wird. Die Dominanz soziodemografischer Merkmale ist unverkennbar. Typologien, die Daten aus den Bereichen Einstellungen, Bedürfnisse, Interessen etc. zu Typen (Clustern) vernetzen, sind bisher „den Beweis schuldig geblieben, dass durch sie Konsum- und Mediennutzungsverhalten besser erklärt werden können als durch andere Konzepte"[29], wie eben die einfache soziodemografische Zielgruppenbeschreibung.

Zu einem ähnlichen Ergebnis kommt eine andere Untersuchung, in der die Erklärungskraft von Lebensstiltypen mit Zielgruppen verglichen wird, die soziodemografisch mittels Alter, Bildung und Geschlecht beschrieben werden.

## 2.1 Gibt es Dark Arts der Verführung?

> „Es stellt sich die Frage, ob der Aufwand, kostspielige und zeitintensive Lebensstil-Typologien zu entwickeln, den Ertrag in Form der höheren Erklärungskraft der Lebensstilvariable bzw. psychografischen Variablen im Vergleich zu dem einfach handhabbaren und kostengünstigen Einsatz der soziodemografischen Variablen rechtfertigt. Nach dem vorliegenden Befund muss dies eher verneint werden."[30]

Selbst in der Praxis wird mittlerweile erkannt, dass die Wirksamkeit datenbasierter, auf das einzelne Individuum gerichteter Verführungskommunikation wohl vollkommen überschätzt wird. Zumindest bei den Vordenkern der Branche setzt sich diese Erkenntnis mehr und mehr durch:

> „Man muss den Mut haben, auch unschöne Wahrheiten auszusprechen. Und die lautet in diesem Fall, dass die Daten-Euphorie auf einer Individual-Ebene eben nicht zu besseren Kampagnen-Ergebnissen geführt hat."[31]

Ebenso empfiehlt die World Federation of Advertisers (WFA), sich schlicht mit der Alternative anzufreunden, sich vom Streben nach Präzision in der Zielpersonenansprache mittels Targeting zu verabschieden. Die werbungtreibenden Unternehmen würden bessere Ergebnisse mit digitalem Marketing erzielen, wenn sie unter anderem die Targeting-Kosten reduzieren, die Ausgaben im Bereich Werbetechnologie, die keine verbesserten Geschäftsergebnisse mit sich bringen, reduzieren und von Behavioural Targeting und Microtargeting abrücken und sich den Basics des Marketings zuwenden.[32]

Das psychografische Microtargeting mit seinem Big-Data-Prinzip der Vernetzung von Daten hat also anscheinend in der Tat nicht das Zeug einen Super-Algorithmus zwecks Verführung des Verbrauchers auszubilden. Woher kommt es aber, dass über diese Marketing-Technik mit einer der Dunklen Künste entlehnten Sprache berichtet wird? Die Antwort ist historisch begründet und verdankt sich der Entwicklung der Verführungsbemühungen der Konsumindustrie, die häufig von einer mythischen Aura umgeben sind.

*Entwicklung der mytischen Aura: Die Kunst dunkler geheimer Verführung*
Die Vorstellung, dass wir beeinflusst werden können, ohne dass wir uns davor schützen können, ist keineswegs neu. Wenn wir weit zurückgehen in das frühe zwanzigste Jahrhundert, stoßen wir bereits auf die Idee der Verführung des ausgelieferten Menschen. Geschuldet ist dies der Vorstellung der Beeinflussbarkeit einer Massenpsyche, die auf Überlegungen von Gustav LeBon aus dem Jahr 1895 zurückgeht.[33] Weiterverarbeitet wurde die Idee der Massenpsyche in einem

Lehrbuch der Markentechnik, in dem der Leser 1939 erfahren konnte, dass Produkte mit der Markentechnik beseelt und im Gehirn der Masse verankert werden können.[34]

Derartige Vorstellungen und Redeweisen waren nach der Nazidiktatur nicht mehr kommunizierbar. Die Beeinflussung der Masse wich der Beeinflussung durch Suggestion. In seiner Kritik der Reklame hat Theodor Geiger bereits 1943 Suggestion als das zentrale Wirkungsprinzip der Reklame herausgearbeitet.[35] Er ging von dem Suggestionsbegriff von Bechterew aus, wonach Suggestion die „Einimpfung von Ideen, Gefühlen, Emotionen und anderen psychischen Zuständen unter Umgehung des persönlichen Selbstbewusstseins und der Kritik des Individuums"[36] ist. Geiger bestritt, dass Reklame jemals an ein selbstständiges Denken des Verbrauchers appelliert und verwies darauf, dass auch die meisten der damaligen neueren Autoren der Meinung sind, dass Reklame suggestiv ist.

Kaum hatte sich die Werbebranche dann in den 1950er Jahren unter dem Einfluss US-amerikanischer Agenturen auf den Weg gemacht von der propagandistischen, suggestiven Massenmarkt-Reklame auf ein modernes Zielgruppendenken umzuschalten, sah sie sich mit dem Vorwurf der geheimen Verführung konfrontiert. Zu verdanken hatte sie die Verbreitung der Vorstellung einer allmächtigen geheimen Wirksamkeit der Werbung dem Konsumkritiker Vance Packard. Er brachte in seinem Buch „Die geheimen Verführer" 1958 diese Thematik zu Papier.[37] Er übte harsche Kritik an der Werbebranche, weil sie die Tiefenpsychologie und die Motivforschung nutzt, um ins Unterbewusstsein der Menschen einzudringen. Packard machte auf die unterschwellige Werbung aufmerksam und berichtete von einem Artikel, der in der London Sunday Times Mitte 1956 auf der Titelseite erschienen ist und in dem vom einer neuen Verkaufstechnik berichtet wird, die unmittelbar an George Orwells „1984" anknüpft (Abb. 2.1).[38]

In diesem Artikel, so Packard, wird ein Kino in New Jersey genannt, in dem mit unterschwelligen Effekten experimentiert wurde. Und zwar würden „angeblich während des regulären Filmablaufs plötzlich Werbedias für Eiskrem auf der Leinwand erscheinen. Diese Einschaltungen dauerten nur Sekundenbruchteile, zu kurz, um von den Zuschauern bewußt wahrgenommen zu werden, aber lang genug für eine unterbewußte Aufnahme."[39] In Besprechungen dieses Buchs von Packard wird häufig eine andere Studie genannt, auf die Packard angeblich hingewiesen habe.[40] Und zwar handelt es sich demnach um die Studie „Iss Popcorn – Trink Cola", die James M. Vicary, Inhaber der New Yorker Werbeagentur Subliminal Projection Co., 1957 durchgeführt hatte. Laut dieser Studie wurden Besucher eines Kinos in Fort Lee, New Jersey, durch sehr kurze, nicht wahrnehmbare Werbebotschaften (alle fünf Sekunden wurde jeweils 1/3.000stel Sekunde lang: „Trink Coca-Cola!" und „Hungrig? Iss Popcorn!" eingeblendet)

## 2.1 Gibt es Dark Arts der Verführung?

**Abb. 2.1** Ausschnitt aus der Titelseite der The Times vom 10. Juni 1956. (Quelle: Sunday Times Correspondent. „Sales through the Sub-Conscious." Sunday Times, 10 June 1956, p. 1. The Sunday Times Historical Archive, https://link.gale.com/apps/doc/FP1800505821/STHA?u=times&sid=STHA&xid=a919f328, Zugriff am 13.07.2020)

unterbewusst dazu gebracht, den Absatz von Popcorn und Cola an der Kinokasse in die Höhe zu treiben (Coca-Cola: +18 %, Popcorn: +57 %).

Unabhängig von der konkreten Studie hat das Thema des Eindringens in das Unterbewusstsein die Menschen jedenfalls stark beunruhigt und führte zu ängstlichen Reaktionen in der Öffentlichkeit. Die Menschen stellten sich die grundsätzliche Frage, welche Botschaften unterschwellig noch in unser Unterbewusstsein befördert werden können.

Im Werbefachblatt Advertising Age räumte Vicard dann 1962 in einem Interview ein, dass die Studie „a gimmick" gewesen sei und keine Wirkung nachgewiesen werden konnte. Er habe sich einfach neue Kunden für seine Agentur erhofft, was Gerüchten zufolge aufgegangen sein soll. 4,5 Mio. Dollar soll er im Anschluss an die Studie an Beraterhonoraren kassiert haben.

Auch wenn es sich offensichtlich um eine Fake-Studie gehandelt hat, wäre es aber voreilig aus diesem Case zu schließen, dass sich das Thema unterschwellige oder auch suggestive Verführungen der Konsumindustrie grundsätzlich erledigt hat. Im Gegenteil. So ist 2006 im renommierten Journal of Experimental Social Psychology eine Studie veröffentlicht worden, in der die Autoren explizit an „Vicary's fantasies" anschließen und die Wirkung nicht bewusst wahrnehmbarer Werbung experimentell unter Laborbedingungen nachgewiesen haben. Sie kommen zu dem Ergebnis, dass unterbewusstes Werben dann Einfluss auf unsere Entscheidung nimmt, wenn wir bereits ein generelles Bedürfnis für das Produkt haben.[41] Ähnliche Studien stützen dieses Ergebnis. Sind wir in einem motivationalen Zustand (z. B. durstig sein), der zum Konsum des beworbenen Produkts passt (z. B. Softdrink), sind wir durchaus mit unterschwelligen Botschaften beeinflussbar.[42] Auch beeinflusst unser Gewohnheitsgrad der Markennutzung die Effektivität derartiger Botschaften. Marken, die wir bereits aus Gewohnheit nutzen, bevorzugen wir in Folge unterschwelliger Botschaften nicht noch stärker. Wohl aber können bislang weniger aus Gewohnheit genutzte Marken von derartigen Botschaften profitieren.[43]

Ebenfalls ist auf den Mere-Exposure-Effekt hinzuweisen, der in der Wirkungsforschung als gut belegt gilt. Demzufolge ist die wiederholte kurze Darbietung (<1 Sek.) eines bewusst nicht weiter verarbeiteten Reizes („mere exposure") eine hinreichende Bedingung dafür, dass wir rein auf der Gefühlsebene, affektiv, reagieren und wir diesen Reiz bei einer späteren erneuten Begegnung positiver wahrnehmen.[44] Die Werbung wirkt also dadurch, dass sie lediglich nebenbei, unbewusst wahrgenommen wird. Eben weil wir ihr keine Aufmerksamkeit schenken und uns nicht auf sie konzentrieren, kann sie uns verführen.

*Die dunkle Seite der Verführung lässt sich nicht sichtbar machen!*
Schließlich ist auf die Neurowissenschaften hinzuweisen. Sie weben seit den frühen 2000er Jahren die kommunikativen Methoden der Konsumindustrie erneut in eine magische Aura der Beeinflussungsmacht, des Geheimnisvollen und Verborgenen ein. So geht auch das Neuromarketing von der Existenz unbewusster

Mechanismen in den Gehirnen aus, die Auswirkungen auf unsere Entscheidungen und unser Kaufverhalten haben.[45] Unsere scheinbare Ohnmacht gegenüber diesen scheinbaren Dark Arts der Konsumindustrie lässt an den berühmten pawlowschen Hund erinnern, der auf bestimmte Reize mit Speichelfluss reagiert. So heißt es beispielsweise bei Hans-Georg Häusel:

> „Auf die eigene Kaufentscheidung hat das ‚Ich' des Kunden und des Konsumenten fast keinen Einfluss. Das limbische System ist das Machtzentrum im Kopf des Kunden."[46]

Das limbische System wäre demnach also unser „innerer Dämon" – um bei der Begrifflichkeit von Ex-Cambridge Analytica-Mitarbeiter Chris Wylie zu bleiben – auf das die Konsumindustrie mit ihren Maßnahmen zielt. Und diese lassen sich als Cue-Management zusammenfassen. Sie sind die neue „hohe Schule der Verführung".[47] Mit einem guten Management der Signale und Reize (Cues), die eine Marke oder ein Produkt ausstrahlen, lasse sich unser Bewusstsein umgehen und eine hohe Wirkung erzielen.

Wie schon bei der oben geschilderten Wirkungsvorstellung unterschwelliger Werbeeffekte, wie sie Vance Packard aufbereitet hatte, haben auch hinsichtlich des Neuromarketings wieder die Medien maßgeblich zu der Vorstellung beigetragen, dass wir nicht Herr unserer eigenen Kaufentscheidungen sind. Die Verführer bräuchten lediglich unseren Kaufknopf im Gehirn aktivieren und schon sind wir dank unserer „roten Flecken der Gier" willenlos ausgeliefert (Abb. 2.2).

Den sogenannten bildgebenden Verfahren ist es zu verdanken, dass sich die Medien diesem Thema gerne angenommen haben. Das bekannteste dieser Verfahren ist die funktionelle Magnetresonanztomographie (fMRT). Mit ihr können die Struktur des Gehirns und die in ihm ablaufenden Prozesse visualisiert werden. Ein Fenster in den menschlichen Kopf, das uns intuitiv ermöglicht, dem Gehirn beim Denken zusehen zu können – könnte man meinen. Medial sind solche Bilder jedenfalls gut verwertbar.

Ein differenzierter Blick liefert ein schärferes Bild. Dazu ist es hilfreich, zwischen expliziten und impliziten Effekten zu unterscheiden.[48] Diese Unterscheidung geht auf die Klassifikation von Gedächtnisleistungen zurück, wobei zwei Grundtypen unterschieden werden: das deklarative, elaborierte beziehungsweise kontrollierte, explizite Gedächtnis auf der einen Seite und das prozedurale, automatisierte, implizite Gedächtnis auf der anderen.[49]

Die Informationsverarbeitung impliziter Prozesse ist überwiegend paralleler Art. Sie orientiert sich an auffälligen Merkmalen, ist flach und hat einfache

**Abb. 2.2** Shoppen ohne Verstand – Ein Gehirn im Kaufrausch („Bild"-Zeitung vom 6.11.2003)

Bedeutungen zum Ergebnis. Sie dient der schnellen und intuitiven Handlungssteuerung, beispielsweise bei unmittelbar zu treffenden Entscheidungen, dem automatischen Analysieren und dem Lernen von Mustern und Schemata.

Explizite Prozesse beruhen hingegen auf serieller Informationsverarbeitung, die komplexe Bedeutungen produziert. Sie konstituieren alles, was Menschen bewusst und durchdacht sagen oder tun, seien es bewusste Erinnerungen, geäußerte Meinungen oder Erklärungen für eigene Handlungen. Auch wenn es um die Lösung neuartiger, kognitiv oder motorisch schwieriger Probleme geht, kommen immer explizite Prozesse im Gedächtnis zum Tragen.

Das Verhältnis von expliziten und impliziten Prozessen der Informationsverarbeitung formuliert Manfred Spitzer treffend:

> „Wir nehmen zwar nicht immer alles wahr, aber wir sind nicht in der Lage, unser Wahrnehmungssystem daran zu hindern, immer so viel wie möglich wahrzunehmen."[50]

Außer Frage steht demnach, dass in uns implizite Effekte durch die Verführungsangebote der Konsumindustrie hervorgerufen werden und Einfluss auf unsere

Kaufentscheidungen haben. Dies dürfte vor allem für Produkte und Marken des täglichen Lebens gelten, mit denen wir vertraut sind und die ein geringes finanzielles oder soziales Kaufrisiko bergen. Unser Gehirn verfügt jedoch über keinen spezifischen Kaufentscheidungsmechanismus. Die Vorstellung, dass es einen lokalen Hirnbereich, eben den „Kaufknopf", gibt, der bei Betätigung von außen einen impliziten Prozess auslöst, der in unbewusstem und automatisiertem Kaufen mündet, wird von Peter Kenning, einem der renommiertesten Wissenschaftler der neurowissenschaftlichen Marketingforschung, schlicht als „naiv" bezeichnet.[51]

Die Informationsverarbeitung ist vielmehr ein serieller und gleichzeitig parallel und iterativ ablaufender Prozess der Aktivierung eng miteinander verbundener neuronaler Netzwerke. Dabei greift unser Gehirn auf teilweise sehr alte und komplexe Entscheidungsstrukturen zurück. Eine besondere Rolle haben dabei die somatischen Marker inne.[52] Dies sind Emotionen, die sich während unserer eigenen Körperwahrnehmung im Prozess der Informationsverarbeitung einstellen. Je nachdem wie wir diesen Prozess wahrnehmen, markieren wir ihn als angenehm oder unangenehm und nehmen so bewusst oder auch unbewusst Einfluss auf unsere Kaufentscheidungen. Unsere Selbstwahrnehmung steuert also maßgeblich den Erfolg oder Misserfolg kommerzieller Verführungsbemühungen.

*Keine voreiligen Schlüsse ziehen!*
So unterschiedlich diese Forschungsansätze auch sind, haben sie interessanterweise doch ähnliche Befunde. Genau diese Unterschiedlichkeit ihrer analytischen Zugänge, auf denen sie beruhen, und die zeitliche Beständigkeit des Themas der unterschwelligen Verführung sollten uns aber zur Vorsicht mahnen. Wir dürfen uns nicht allzu voreilig von der Möglichkeit der Verführung durch Dark Arts verabschieden und es als ein reines Modethema der Medien abtun. So kommt Michelle R. Nelson im renommierten Journal of Advertising nach ihrem historischen Rückblick von Packards Buch im Kontext der Entwicklungen der letzten fünfzig Jahren zu dem Ergebnis: Alles zusammengenommen werfen die Entwicklungen in der Psychologie und der Medienpraxis neues Licht auf einige Behauptungen von Packard. Vielleicht sind die sensationellen Ansichten über geheime Verführer der 1950er Jahre heute ganz und gar nicht sensationell.[53]

Um mehr Klarheit zur Beantwortung der Frage nach der Sicherung unserer Verbrauchersouveränität und -autonomie zu erhalten, müssen wir uns etwas genauer mit unserem inneren Dämon beschäftigen – diesem inneren Machtzentrum, das uns steuert, ohne dass wir es merken. Was hat es genau damit auf sich, dass die Konsumindustrie uns gemäß den neueren Forschungsergebnissen anscheinend doch über Zugriff auf unser Unter- und Unbewusstsein zumindest eingeschränkt fremdsteuern kann? Wie können wir uns dagegen wehren?

## 2.2 Mit bewusstem Handeln den inneren Dämon bezwingen

Wenn wir genau hinsehen, können wir eine Kernunterscheidung erkennen, die für unser Leben sehr bedeutsam ist. An dieser hat sich die gesamte bisherige Diskussion über die Dark Arts der Konsumindustrie, mit denen unserer innerer Dämon beeinflusst werden soll, aufgerieben. Und genau diese für unser Leben so wichtige Unterscheidung lässt die Diskussion auch immer wieder aufs Neue aufflackern. Und zwar betrifft sie unseren Willen. Es geht um unsere Willensfreiheit auf der einen Seite und die Bestimmung unseres Willens durch innere oder äußere Ursachen auf der anderen Seite.[54]

Dank dieser Unterscheidung können die Verführer ihre Gedanken, die sie sich unentwegt über uns, die Verbraucher, machen, auf die eigentliche, für sie wichtigste Frage fokussieren. Und die lautet: Haben die Verbraucher die Hoheit über ihren Willen, um zu kaufen oder nicht zu kaufen?[55] Sind sie also in der Entwicklung ihres Willens zu kaufen autonom?

Die höchste Wichtigkeit dieser Frage ist offensichtlich. Die Verführungsbemühungen der Konsumindustrie kosten viel Geld. Dies will gewinnbringend angelegt sein. Die Verführer wollen daher wissen, ob sie sich bei ihren Investitionsentscheidungen auf kausale Wenn-dann-Zusammenhänge stützen können und wenn ja, auf welche. Nur mit diesem Wissen können Sie unseren Willen zu kaufen ursächlich steuern. Wenn sie dieses Wissen hätten, ist die Konsequenz klar: Ein spezifischer mit Dark-Arts-Wissen gestalteter Kommunikationsprozess würde unseren inneren Dämon in Form einer hinreichenden, kaufauslösenden Hirnfunktion aktivieren und so unseren Willen lenken. Die Erzielung eines definierten Return-on-Investment (RoI) wäre damit kausal planbar.

Wie können wir den Verführern einen Strich durch die Rechnung machen? Wie können wir also unterbinden, dass sie denken, über uns sicheres Wissen in Form kausaler Wenn-dann-Zusammenhänge erhalten zu können? Die zusammenfassende Antwort lautet: Wir müssen *bewusst* bewusst handeln. Wir müssen uns also über den Bewusstseinsgrad unseres Handelns im Klaren werden. Kaufe ich etwas, weil ich es bewusst will oder aus einer Routine oder gefühlsmäßigen, situativen Verfassung heraus? Alleine dadurch, dass ich mir diese Frage stelle, mache ich mir die Kaufhandlung bewusst und entscheide über ihren Verlauf. Das hilft uns, unsere Willensfreiheit und unsere Autonomie als Verbraucher zu sichern.

## 2.2 Mit bewusstem Handeln den inneren Dämon bezwingen

Wohlgemerkt, es geht nicht darum, dass wir den Einfluss des Unterbewusstseins auf unsere Handlungen leugnen und damit die Wirksamkeit entsprechender Methoden der Konsumindustrie bezweifeln. Aber das heißt nicht, dass wir uns vor ihnen fürchten müssen. Denn wenn wir wissen, dass wir diesen nicht schutzlos ausgeliefert sein müssen, können wir uns bewusst wehren. Daher möchte ich kurz aufzeigen, was wir ganz grundsätzlich tun können. Hilfreich ist dafür, zunächst einen Blick auf die Ergebnisse der berühmten Experimente von Benjamin Libet zu werfen.[56]

*Wir haben es in der Hand!*
Libet hat sich aus neurologischer Perspektive mit der Frage beschäftigt, ob wir einen freien Willen haben. Zu diesem Zweck bat er Versuchspersonen, Willenshandlungen, nämlich eine plötzliche Beugung des Handgelenks, zu einem frei gewählten Zeitpunkt durchzuführen. Die Versuchsperson saß dabei vor einer Uhr, deren Zeiger mit einer Geschwindigkeit von 2,56 Sekunden pro Umdrehung lief. Jede auf dem Zifferblatt markierte Sekunde entsprach in Wirklichkeit etwa 43 Millisekunden. Die Versuchsperson sollte sich mittels der Uhr den Zeitpunkt des Handlungsentschlusses als Zeigerstellung merken und anschließend mitteilen. Während des Experiments waren an dem zu aktivierenden Muskel der Versuchsperson Messelektroden angebracht. So konnte mittels des gemessenen Elektromyogramms (EMG) der Handlungszeitpunkt festgestellt werden. Zudem wurde an der Kopfhaut der Versuchsperson das elektrische Potenzial gemessen, das vor der Muskelaktivierung auftrat.

Die Ergebnisse lassen die Willensfreiheit des Konsumenten bei seiner Kaufentscheidung scheinbar zur Illusion werden. Denn sie zeigen, dass Gehirnprozesse bewusste Handlungen ursächlich bestimmen und der vom Handelnden sich selbst zugeschriebene Willensakt keine kausale Rolle spielt. Der freien Willenshandlung, so der Befund, geht nämlich eine elektrische Veränderung im Gehirn voraus – das so genannte Bereitschaftspotenzial (BP), welches 550 Millisekunden vor der Handlung einsetzt. Die Versuchspersonen wurden sich ihrer Handlungsintention erst 350–400 Millisekunden nach dem Beginn des BP bewusst, aber 200 Millisekunden vor ihrer motorischen Handlung (Abb. 2.3).

Die Ergebnisse untermauern damit, dass wir uns in der Tat zurecht vor der Wirksamkeit des Einsatzes von Dark-Arts-Techniken seitens der Verführer fürchten müssten. Entscheidend ist nun jedoch, wie wir selbst und nicht die Verführer unseren Willen beeinflussen können. Denn Libets Schlussfolgerung lautet, dass unser Willensprozess zwar unbewusst eingeleitet wird, aber unserem Bewusstsein die Funktion zukommt, den Ausgang dieses Prozesses der Willensbildung immer noch steuern zu können. Wenn wir zu dem Zeitpunkt, an dem uns erstmalig unser

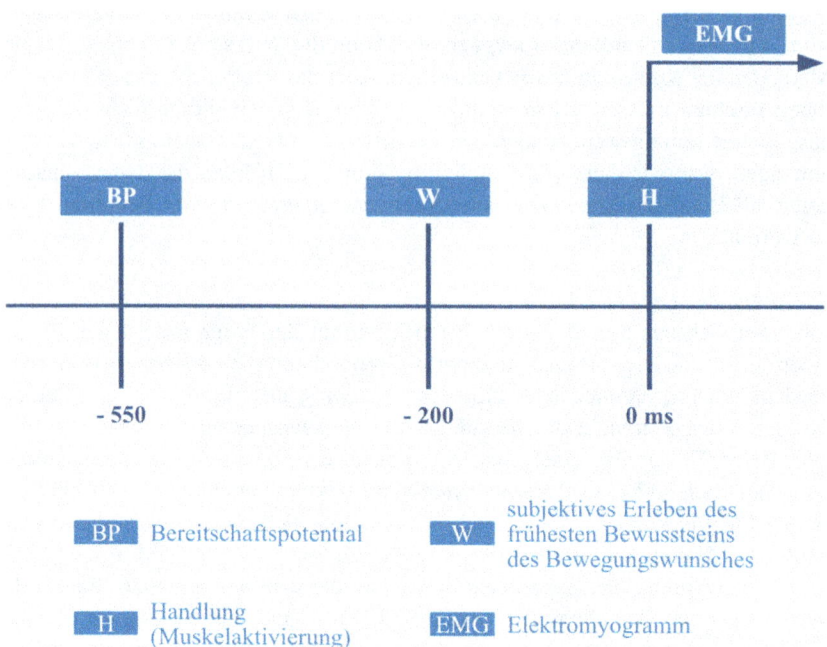

**Abb. 2.3** Abfolge einer selbst eingeleiteten Handlung (in Anlehnung an Libet (2004, S. 276; 2005, S. 176))

Wille zu handeln bewusst wird (= W, s. Abb. 2.3), ein Veto einlegen, können wir den Prozess der Willensbildung und somit den Ausgang der Handlung gezielt beeinflussen. Der Schlüssel zur Zähmung unseres inneren Dämons und damit zur Sicherung unserer Autonomie und Souveränität als Verbraucher liegt also darin, sich bewusst zu machen, warum wir etwas kaufen wollen.

Weitere Argumente, die uns Mut machen können, sind:

*Unsere Handlungen und damit auch Käufe finden nicht im luftleeren Raum statt. Auch die Kontexte, in denen Handlungen immer eingebettet sind, haben Einfluss auf unseren Willensbildungsprozess*

Unsere Handlungen sind immer das Ergebnis von zahlreichen Wechselwirkungen. Dieser Punkt wird im Untersuchungsdesign von Libet nicht reflektiert. Alle bewussten Handlungen resultieren aus einer komplexen Verkettung von Absichten und Überlegungen in bestimmten Situationen. In diesen Überlegungen verbinden wir Handlungsziele und alternative Mittel zur Zielerreichung und zwar unter Abwägung von Gelegenheiten, Ressourcen und Hindernissen.[57]

*Die Ursachen unserer Kaufhandlungen sind nicht unsere Bewegungen, sondern unsere Gründe. Und die beeinflussen wir selbst*
Kaufhandlungen sind komplexer als die plötzliche Beugung des Handgelenks. Stellen wir uns vergleichbar zur Handgelenksbeugung in den Experimenten von Libet einen Verbraucher in einem Supermarkt vor. Ausgehend von dem Befund, dass es ein ursächliches Bereitschaftspotenzial (BP) für die Bewegung des Greifens-nach-einem-Produkt-im-Regal gibt, stellt sich die Frage, ob dieses BP beispielsweise mit den Handlungen variiert,

a) wenn der Verbraucher am Morgen einen Radiospot gehört hat, in dem das Produkt, nach dem er greift, beworben wird,
b) wenn der Verbraucher nach einem Produkt greift, das sich im Regal in seiner Sichtzone (Augenhöhe) und nicht in der Bückzone befindet,
c) wenn der Verbraucher nach einem Produkt greift, das er regelmäßig seit vielen Jahren kauft.

Liegt also allen drei verschiedenen Handlungen ein gleiches Bereitschaftspotenzial zugrunde?[58] Oder sind drei spezifisch unterschiedliche BPs am Werk, die sich nach a) Werbekontakt, b) Produktpräsentation und c) Konsumhäufigkeit differenzieren lassen? Würde es nur ein Bereitschaftspotenzial für alle drei Handlungen geben, da ja alle Handlungen rein physikalisch betrachtet die gleichen Bewegungen realisieren, wäre das Bereitschaftspotenzial lediglich eine notwendige, aber keine hinreichende Bedingung für die Ausführung der Handlung. Gehen wir berechtigterweise des Weiteren davon aus, dass drei verschiedene Handlungen durch die gleiche Körperbewegung ausgeführt werden, können wir beruhigt folgern, dass wir uns vor unserem inneren Dämon nicht fürchten müssen. Er kann in naturalistischer Hinsicht zwar unsere Ursachen von Bewegungen beeinflussen, durch die Kaufhandlungen ausgeführt werden, aber in mentalistischer Hinsicht nicht die Ursachen unserer Kaufhandlungen.

*Wir sind fähig zu erkennen, dass wir auch ohne bewussten Willen handeln können. Und genau diese Erkenntnis schützt uns vor unserem inneren Dämon*
Und schließlich noch ein Gedankenspiel: Wenn es so wäre, dass unsere Willensfreiheit durch Einflussnahme auf unseren inneren Dämon ausgehebelt werden

kann, würde sich ein unauflösbares Erkenntnisdilemma ergeben. Wird die Theorie der unbewussten Determiniertheit unseres Willens auf ihre Entwickler und Verteidiger selbst angewandt, dann wäre konsequenterweise auch die Entwicklung dieser Theorie nicht frei, aus eigenem Willen heraus geschehen. Dies müsse andererseits aber auch für die These der Willensfreiheit gelten. Dies läuft jedoch darauf hinaus, dass es zu ein und derselben Frage zwei sich gegenseitig aufhebende Urteile als Kausalergebnisse unbewusster Vorgänge gäbe. Sind wir frei in unserem Kaufwillen oder haben wir keinen bewussten Einfluss auf ihn? Wie auch immer die Antworten auf diese Frage ausfallen würden. Die Frage bliebe für immer unentschieden, da die Antworten in ihrer Begründung unfreiwillig wären."[59]

*Machen wir uns auf den Weg zu einer Konsumprudenz!*
Zusammenfassend liegt also die Lösung zur Bezwingung unseres inneren Dämons in unserer Fähigkeit des bewussten Handelns. Unsere Autonomie und Souveränität als Verbraucher sichern wir daher mit klugem, im Sinne von bewusstem und damit reflektiertem konsumtivem Handeln. Wie frei wir in unserem Konsumverhalten sind, es also willentlich steuern können, ist daher abhängig von unserem Bewusstsein über das Wissen, das wir über die Konsumindustrie und unsere Handlungen in den diversen Konsumkontexten haben, in denen wir uns tagein, tagaus befinden. In Analogie zum Konzept der Sozioprudenz, wie es Clemens Albrecht entwickelt hat[60], kann man sagen, dass wir eine Konsumprudenz ausbilden müssen. Gemeint ist damit, dass wir klug konsumieren und zwar einschließlich unserer klugen Wahrnehmung der Verführungsangebote der Konsumindustrie, wie sie uns täglich begegnen. Albrecht knüpft mit seinen Überlegungen an den Historiker Johann Gustav Droysen[61] an, der vor rund 140 Jahren eine prägnante Formel entwickelt hat, wie sich in unseren Handlungen Determinanten und Entscheidungen vermischen: $A = a + x$.

> „Wenn man alles, was ein einzelner Mensch ist und hat und leistet, A nennt, so besteht dies A aus $a + x$, indem a alles umfaßt, was er durch äußere Umstände von seinem Land, Volk, Zeitalter usw. hat, und das verschwindend kleine x sein eigenes Zutun, das Werk seines freien Willens ist. Wie verschwindend klein immer dies x sein mag, es ist von unendlichem Wert, sittlich und menschlich betrachtet allein von Wert."[62]

Entscheidend ist nun, dass Menschen lernen können und wir damit x, unsere menschliche Handlungsfreiheit, beeinflussen können. Wenn wir nämlich die Determinanten unseres Handelns (a) kennen, können wir sie uns bewusst und damit zu Bestandteilen unseres Entscheidungsspielraums machen. Dies gilt natürlich nicht für alle. So können wir beispielsweise nicht über die Determinante der neuronalen Struktur unseres Gehirns entscheiden. Nichtsdestotrotz können wir Kraft unseres Bewusstseins aber auf unsere Handlungsfreiheit einwirken. Albrecht schlägt daher vor, die Formel von Droysen zu erweitern: A = a + (x + y). Dieses verschwindend kleine x in der Formal von Droysen ist keine fixe Größe. Wir können sie verändern und zwar durch unser Wissen über die Bedingtheiten unseres Handelns und über die Mittel, wie wir auf x einwirken können. Dafür steht das y – für alles, was wir „lernen können, um unsere Handlungsmöglichkeiten zu erweitern – nicht zuletzt Wissen über a."[63] y ist also die reflexive Ebene unseres Handelns. Wie oben bereits geschrieben: die Ebene des *bewusst* bewussten Handelns. Hier wird uns bewusst, dass wir bewusst handeln. Dadurch erweitern wir unser Wissen und können uns so willentlich neue Handlungsoptionen erschließen. Und das gilt selbstverständlich auch für unser Wissen über die Verführungskünste der Konsumindustrie, unsere Reaktionen auf deren Verführungsangebote, unsere Willensfreiheit bezüglich Kaufentscheidungen und damit über das Ausmaß und die Steuerungsmöglichkeiten unserer Autonomie und Souveränität als Verbraucher. Zusammengefasst. Wir müssen lernen, klug zu konsumieren.

## 2.3 Alles dreht sich um Vernetzung!

Wir haben gesehen, dass die Verführungen der Konsumindustrie seit Beginn des zwanzigsten Jahrhunderts von einer Aura der Dark Arts umgeben sind. Und daran hat sich, wie der Cambridge Analytica Case eindrucksvoll zeigt, bis heute nichts geändert. Die Redeweise von den Dark Arts der Konsumindustrie, so lässt sich daher bislang festhalten, ist die moderne Fortsetzung des Mythos deterministischer, geheimer Verführung. Aber die neuen, heutigen Verführungstechniken zielen weniger auf unser Unterbewusstsein.

Stattdessen ist es ein anderes Merkmal, das die Dark Arts der Konsumindustrie heute im Gegensatz zu ihren früheren Verführungsformen auszeichnet. Und dieses Merkmal ist das der Vernetzung, wie ich es beispielhaft mit dem datenvernetzen psychografischen Microtargeting aufgezeigt habe.

Worin liegt der Unterschied? Damals sorgten sich die Menschen, dass die Konsumindustrie über Methoden verfügt, sie geheim, ohne ihr Wissen zu etwas zu verführen, was sie eigentlich gar nicht wollen.

Heute wissen oder ahnen zumindest die Menschen, dass die Konsumindustrie über Methoden verfügt, mittels Technologien und Datenvernetzung ein Wissen über den Einzelnen zu erzielen, auszunutzen und weiterzureichen, ohne dass dies für den Einzelnen noch nachvollziehbar ist. Diverse Studien bestätigen diese Befürchtungen der Verbraucher.[64] Auch seitens der Politik wird die Dark-Arts-Gefahr gesehen und unter dem Stichwort des Rechts auf Privatsphäre behandelt. So hat Timo Wölken, Mitglied des Rechtsausschusses des Europäischen Parlaments und Mitgestalter des Digital Services Act (DSA) – ein gesetzlicher Rahmen, der die Grundlage schaffen soll, um die einzelnen europäischen Märkte im Bereich der Digital Services zu stärken – in einem Bericht für die Europäische Kommission festgestellt, „dass die allgemeine und unterschiedslose Sammlung personenbezogener Daten bei jeder Nutzung eines digitalen Dienstes unverhältnismäßig stark in das Recht auf Privatsphäre eingreift, da die Online-Aktivitäten eines Individuums tiefe Einblicke in sein Verhalten erlauben und Manipulation ermöglichen".[65] Woelken geht in seinem Bericht soweit, dass er die EU-Kommission auffordert, „Optionen für die Reglementierung der gezielten Werbung zu prüfen, einschließlich einer allmählichen Abschaffung, die in einem Verbot mündet."

Diese Forderung ist durchaus ernst zu nehmen. Anfang 2021 hat sich eine fraktionsübergreifende Gruppe von EU-Parlamentarierinnen und Parlamentariern zusammengefunden, die die Initiative „Tracking-Free Ads Coalition" gegründet haben. Ihr Anliegen ist es, Werbung, die uns auf Basis von Tracking und Microtargeting „ausspioniert", gesetzlich zu verbieten.[66] Unterstützung bekommt die Initiative von Wojciech Wiewiórowski, dem European Data Protection Supervisor (EDPS), der die europäischen Gesetzgeber ebenfalls auffordert, ein Verbot von datenbasierter Targeting-Werbung zu prüfen:

„Furthermore, the European legislators should consider a ban on online targeted advertising based on pervasive tracking and restrict the categories of data that can be processed for such advertising methods."[67]

*Verführer verfangen im eigenen Netz*
Sogar die Verführer und die Online-Medien selbst stehen heute vor der schwierigen Herausforderung, Transparenz, Nachvollziehbarkeit sowie Rechts- und Datensicherheit bei der Produktion und Distribution ihrer eigenen Medienangebote sicherzustellen. Eine Studie der Ruhr-Universität Bochum aus 2020[68] befasst sich mit Third-Party (TP)-Cookies[69], die über Websites an die Nutzer ausgespielt werden. 10.000 Websites wurden auf ihre jeweiligen Third-Party-Trees (TPT) untersucht. Dabei handelt es sich um eine Metrik, die die hierarchischen Beziehungen zwischen den einzelnen TP-Cookies einer Website aufzeigt, die diese bei

dem Visit eines Nutzers ausspielt. An folgendem Beispiel machen die Autoren der Studie die Problematik deutlich:

Auf adidas.com ist ein Skript eingebettet, dass Content von Adobe lädt (3rd party). In diesem ist wiederum ein Skript von Tealium (4th party) integriert, das wiederum ein Skript von Akamai (5th party) lädt. Das Einbetten eines einzelnen TP-Cookies kann also zur Integration einer nicht-bestimmbaren Menge weiterer TP-Cookies führen, was ein äußerst ernst zu nehmendes Risiko in den Bereichen Datenschutz und Sicherheit darstellt.

Interessant ist auch das Ergebnis, dass der Website-Betreiber keinesfalls das Augenmerk seiner Traffic-Messungen nur auf die Landing Page seiner Website richten darf. Die Studie zeigt, dass die Subsites einer Website weitaus mehr TP-Cookies laden (über 45 %) und ausspielen als die Landing Page einer Website.

Weitere, in der Tat Besorgnis erregende Ergebnisse der Studie, die den Dark-Art-Mythos heutiger vernetzter Verführungen der Konsumindustrie nähren, sind:

- 99 % der Cookies auf Websites dienen dazu, Benutzer zu verfolgen oder gezielte, individualisierte Werbung auszuspielen.
- 72 % der Cookies werden von vierten Parteien gesetzt, die heimlich über Trojaner, in Form von Cookies Dritter, auf den Rechner des Nutzers geladen werden.
- Fast 62 % der TP-Cookies, die Cookies einer weiteren Partei beinhalten (Trojaner), wechseln diese Partei in Abhängigkeit von den geladenen unterschiedlichen Subsites.
- Über 18 % der Cookies stammen von einer fünften oder sogar noch weiteren Partei, also von tieferen Trojanern.

*Sie wissen alles über uns*
Geheime Datengewinnung und Ausspionieren des Menschen ist ja nun keineswegs eine neue Erscheinung. Einmal mehr ist es Vance Packard gewesen, der auch auf diesen Punkt früh hingewiesen hat. In seinem Buch The Naked Society[70] beschrieb er 1964 die Bedrohung der Freiheit des Einzelnen durch technologische Entwicklungen und zwar in Form der Überwachung mittels diverser elektronischer Geräte sowie durch den Handel mit Informationen über die Menschen. Es ist verwunderlich, wie nah an den heutigen Zuständen Packards rund 60 Jahre alte Situationsbeschreibung ist.

Zweifelsohne sind aber heute im digitalen Zeitalter die Techniken weitaus ausgereifter. Unternehmen können auf Daten aus sozialen Medien zugreifen, wie Likes, Kommentare, Fotos oder Videos (inkl. Standortangaben). Sie können über unterschiedliche Websites hinweg anhand von Cookies Surf-Profile erstellen und vermarkten oder anhand von Apps oder Wearables wie beispielsweise Fitness Trackern oder Smart Watches weitere, sehr persönliche Daten sammeln. Dies alles und vieles mehr, beispielsweise situationsspezifische Daten wie der Aufenthaltsort, können heute genutzt werden, um über die Vernetzung der Daten unsere Einstellungen zu Ereignissen, Produkten und Services zu ermitteln, um aktuelle Bedürfnisse und konsumrelevantes individuelles Handeln zu prognostizieren und um schließlich die Verführungsangebote passgenau auf uns zuzuschneiden.

Die Situation ist sehr ernst zu nehmen. Mittlerweile haben sich die Gerichte der Sache angenommen. Ein Urteil des Bundesgerichtshofs aus dem Juni 2020 untersagt nun Facebook seiner Datensammelwut pauschal nachzugehen. Wer ein Facebook-Konto hat, musste bislang der Sammlung seiner Daten zustimmen. Dies galt jedoch nicht nur für Daten, die bei der Facebook-Nutzung anfallen. Auch wurden Nutzungsdaten von WhatsApp und Instagram, die beide zum Facebook-Konzern gehören, sowie von anderen Diensten zur Wissensanhäufung über den jeweiligen Nutzer miteinander verknüpft. Gemäß dem Urteil muss Facebook den Nutzern nun eine Wahlmöglichkeit lassen und die Zustimmung des Nutzers zur Datensammlung aktiv einholen.[71]

An einem trüben Novembersonntag finde ich in meinem Postfach eine Mail von einem berühmten Vergleichsportal zur Buchung von Reise-Unterkünften. Nennen wir es VBRU. Im Betreff steht „Spanien – nur für Dich!" Da ich Spanienfan bin und jedes Jahr um diese Jahreszeit meinen Urlaub für das kommende Jahr plane, macht mich die Mail neugierig. Ich lösche sie daher nicht sofort, wie ich es mittlerweile mit allen Mails von Unternehmen mache, die ich spontan als Werbung identifiziere. Ich klicke die Mail an und bin überrascht. Da steht: „Hier ist Deine persönliche Spanienreise – bei Nichtbuchung erhältst Du 50 Euro!" Der Link bringt mich auf eine ansprechend, im spanischen Look gestaltete Subsite bei vbru.com (vbru.com/joerg-tropp), auf der ich auch ein Foto meiner letzten Spanienreise finde, das ich auf meinem Instagram-Account gepostet habe. Meine Überraschung wird noch größer. Denn begrüßt werde ich dort mit „Hola Jörg! Leider musstest Du im letzten Frühjahr Deine Spanienreise wegen der Corona-Pandemie absagen. Hier ist Deine Reise noch einmal." Aufgelistet sind flexibel kombinierbare Hin- und Rückflüge nach Malaga zu unterschiedlichen Daten im April und Mai und dazu jeweils passend eine Unterkunft – und zwar genau das Hotel und die Zimmerkategorie, wie ich es für meinen geplant gewesenen Aufenthalt im letzten Jahr gebucht hatte – aber nun 15 % günstiger als letztes Jahr. Natürlich alles mit Best-Preis-Garantie! Ich buche noch am selben Abend.

Zwei Tage späte finde ich in meinem Postfach ein Päckchen von amazon. Komisch, denke ich, ich habe doch überhaupt nichts bestellt. Ich öffne es und finde als Geschenk eingepackt den neusten Krimi von Susanne Hottendorff mit dem Titel „Tödlicher Sherry: Kommissarin Juana ermittelt in Andalusien". Dabei liegt eine Karte „Viel Spaß mit Deiner Urlaubslektüre. Bei Nichtgefallen einfach kostenlos zurücksenden! Dein vpru.com-Team". Bestens, dachte ich als Susanne Hottendorff-Fan und freute mich auf die Lektüre unter der Sonne Andalusiens im nächsten Jahr.

Seitdem werde ich immer pünktlich van amazon informiert, sobald ein neuer Krimi von Susanne Hottendorff oder ein anderer Spanien-Krimi erschienen ist.

*Dark Arts – Fingerprinting: Unsere exakte Identifizierung*

Näher an dem Überwachungsszenario von Vance Packard als dieses Beispiel eines heute alltäglichen, datenbasierten Verführungsversuchs ist die äußerst datenschutzbedenkliche Methode des Device Fingerprinting. Jedoch distanzieren sich davon sowohl Google mit seinem Chrome-Browser als auch Mozilla mit seinem Firefox-Browser. Besonders das aktive Fingerprinting, bei dem ein Programmcode direkt auf unserem Gerät ausgeführt und Informationen mittels Javascript oder Flash gezielt ausgelesen werden können[72], erinnert an die Szenarien in George Orwells Buch 1984.[73] Dieses Buch wird übrigens auch von Vance Packard als Referenzwerk angeführt.

Beim Fingerprinting wird ein Abdruck der Systemeinstellungen zur Profilerstellung der Nutzer erstellt. Dazu werden auf unseren Computern, Smartphones, Tablets oder anderen Endgeräten (Devices) gespeicherte Informationen, beispielsweise zu installierten Schriften, Bildschirmauflösung, Plugins, Treibern, Browserversionen, MAC- oder IP-Adressen ausgelesen. Beim Besuch einer Website werden diese Informationen auf dem Server des Website-Betreibers gespeichert und beim nächsten Visit mit den gespeicherten Daten – dem Fingerprint – abgeglichen. Die Identifizierung des Nutzers erfolgt dabei relativ genau. Denn die Kombination der Vielzahl an individuell veränderbaren Einstellungsoptionen ergibt in ihrem Gesamtbild ein relativ einzigartiges Nutzerprofil.[74]

Testen Sie doch einmal, wie gut Sie gegen Fingerprinting geschützt sind (Abb. 2.4).

*Dark Arts – Face recognition: Unsere Gesichter führen zu unseren Daten*

Die Vorstellung, dass unsere eigenen Gesichter als Türöffner zu unseren Daten dienen, ist erschreckend – aber realisierbar. Stellen Sie sich vor, Sie sind in der Computer-Abteilung eines Elektromarkts und werden von einem Verkäufer, den Sie noch nie zuvor gesehen haben, persönlich mit Ihrem Namen begrüßt. Anstelle der sich anschließenden, obligatorischen, allgemeinen Frage, ob er Ihnen weiterhelfen könne, fragt der Verkäufer Sie, ob die Bluetooth-Verbindung zwischen Ihrem Kopfhörer und Ihrem Computer nun funktioniert, oder ob er Ihnen

**Abb. 2.4** Test auf Schutz vor Fingerprinting. Electronic Frontier Foundation (EFF) (o. J.): Cover your tracks. See how trackers view your browser. https://coveryourtracks.eff.org/, Zugriff am 17.05.2021

dabei behilflich sein kann. Sie fragen sich, woher der Verkäufer Sie kennt und weiß, dass Sie in der letzten Woche dieses Problem hatten? Er trägt eine Augmented-Reality-Brille, die es ihm ermöglicht, Sie in Echtzeit über ihr Gesicht zu identifizieren und Daten über Sie aus dem Internet und den sozialen Medien zu erhalten. (Letzte Woche posteten Sie in einem sozialen Medium, ob Ihnen jemand bei dem Anschluss Ihres Kopfhörers weiterhelfen kann.)[75]

Technisch möglich ist dies durch eine mobile Gesichtserkennungssoftware, wie beispielsweise Clearview AI (https://clearview.ai/). Mit der App wird auf eine Datenbank zugegriffen, in der rund drei Milliarden öffentlich zugängliche Fotos aus sozialen Medien gespeichert sind und die der Identifizierung des Gegenübers dienen. Besonders US-Sicherheitsbehörden nutzen die Technologie.[76] Vergleichbar analysiert und speichert die polnische Suchmaschine Pimeyes (https://pimeyes.com/) Gesichter auf Fotos, die von Nutzern hochgeladen werden. Laut eigenen Angaben der Suchmaschine geht es dabei nicht um die Identifizierung von Personen, sondern darum, erkennen zu können, wo Fotos der Nutzer ohne ihr Wissen im Netz veröffentlicht werden.

Die Nutzung der Face-Recognition-Technologie ist weltweit sehr unterschiedlich verbreitet. Während in China das biometrische Gesichtsprofil der Person (Face-ID) vollkommen selbstverständlich für Einlasskontrollen zu Messen genutzt wird, ist in Europa die Verarbeitung biometrischer Daten zur eindeutigen Identifikation einer natürlichen Person nur unter Berücksichtigung der engen Grenzen des Artikel 9 der DSGVO, § 22 BDSG möglich. Es wäre aber zu prüfen, ob diese Grenzen tatsächlich eng genug gesteckt sind, damit die Konsumindustrie über die Erkennung unserer Gesichter keinen ungewollten Zugriff auf unsere Daten erhalten kann.

Diese Prüfung ist durchaus dringlich. Auch hier ist es das Prinzip der Vernetzung, das ein genaues Hinsehen einfordert – nicht nur betreffend die

Vernetzung von Daten, sondern auch die von Organisationen. So ist Facebook -Aufsichtsratsmitglied Peter Thiel Investor von Clearview AI. Die Ernsthaftigkeit der Facebook-Forderung, dass Clearview AI mit dem Scraping von Daten von Facebook- und Instagram-Nutzern aufhören soll, da dies die Facebook-Richtlinien verletze, bleibt somit abzuwarten.[77]

*Dark Arts – der gehackte Mensch: düsterer geht es nicht mehr*
Werfen wir einen Blick in die Zukunft. Wohin könnten sich die vernetzten Verführungen der Konsumindustrie und ihr assoziierter Dark-Arts-Mythos weiterentwickeln? Ein äußerst düsteres Szenario tut sich auf: Menschen können gehackt werden.[78] In diesem Szenario werden die Methoden der Motivforschung und Tiefenmanipulation, wie sie Vance Packard beschrieben hat, ausgetauscht gegen die der Biometrik. Die zusammenfassende Konsequenz mit der Packard (1958) vor über 60 Jahren sein Buch beendet hat, bleibt dabei im Wesentlichen dieselbe:

> „Das schwerste Verbrechen, das viele Tiefenmanipulatoren begehen, scheint mir ihr Versuch, in unsere geheimsten Gedanken einzudringen. Gerade dieses Recht auf Geheimhaltung – sei sie rational oder irrational – müssen wir schützen."[79]

Uns zu hacken soll bedeuten, uns besser zu verstehen und zu durchschauen, als wir das selber können. Führen würde dies zu einer vollkommen neuen Art des Verbraucher-Targetings. Der Schlüssel dazu ist die biometrische Vermessung des Menschen. So ließen sich beispielsweise aus der Aufzeichnung der Augenbewegungen bestimmte sexuelle Vorlieben ableiten, die unsere persönliche Ansprache durch die Verführer in eine komplett neue Dimension katapultieren würde – nämlich in Form der Manipulation unseres Innersten. Denn allgemein ließen sich aus biometrischen Daten anhand von Algorithmen unsere verborgenen Gefühle, Wünsche, Ängste und Gedanken ermitteln. Unsere daraus resultierenden Handlungen könnten antizipiert und auch gesteuert werden, da auf unsere inneren Abläufe immer besser biometrisch geschlossen werden kann. Wer meint, das sei doch Stoff aus einem Science-Fiction, der irrt. Das Digital Media Institute berichtet in seinem Blog von digitalen Plakatstellen mit integriertem Facetracking-System, mit dem, angeblich völlig datenschutzkonform, Metriken wie Alter, Geschlecht, Emotionen, Blickrichtung, Blick- und Verweildauer von Personen erfasst werden können. Das Ziel:

> „Wir arbeiten derzeit vor allem daran, weitere Metriken erfassen zu können: Je mehr wir über den Betrachter ableiten können, desto gezielter kann er mit einer auf ihn angepassten Werbung adressiert werden."[80]

Diese mechanistische Sicht auf den Menschen ist nicht neu. Neu ist aber, dass dank dem dieser Sicht nun zugrundeliegenden Paradigma des Computers alles, bis hin zum sexuellen Begehren, als verarbeitete Information aufgefasst wird.

> „Das Auge oder die Nase nimmt etwas wahr, das Hirn erkennt die Muster der eingespeisten Daten und gibt daraufhin seine Befehle aus. Ob wir uns zu jemandem hingezogen fühlen oder nicht, ist also eine reine Frage der Mustererkennung."[81]

Interessant ist, wie wir uns in diesem Szenario wehren könnten. Es ist deswegen interessant, weil die Lösung nahtlos an die beschriebene Methode anknüpft, wie wir unseren inneren Dämonen bezwingen können. Wollen wir nicht gehackt werden und unsere Willensfreiheit erhalten, bedarf es der Reflexion. Vergleichbar zum oben beschriebenen Libetschen Veto in Form des Bewusstseins, das den inneren Dämon ausbremsen kann, kommt in diesem Szenario des hackbaren Menschen dem Bewusstsein die Funktion zu, uns zu ermöglichen, dass wir begreifen können. Zu begreifen, dass unser Denken und unsere Handlungen maßgeblich von biologischen, kulturellen und sozialen Faktoren geprägt werden. Erst wenn uns dies bewusst ist, können wir uns überhaupt Freiheit und Souveränität erkämpfen, da wir überlegt auf unsere Welt einwirken können. Unsere konsumindustrielle Verführungsimmunität und Entscheidungsfreiheit sind uns also nicht gegeben. Wir müssen sie uns immer intensiver erarbeiten.

*Vernetze Verführung: Dunkel, weil wir eingewoben sind*
Die Entwicklung des düster anmutenden Verführungshandwerks der Konsumindustrie können wir nun folgendermaßen zusammenfassen. Es hat sich von

- der Manipulation des Gehirns der Masse über
- die suggestive Beeinflussung des Verbrauchers durch Reklame,
- dem Angriff auf unser Unterbewusstsein mit den tiefenpsychologischen Techniken der „Meinungskneter"[82],
- der Vorstellung eines programmierbaren Gehirns durch Neuromarketing
- zu einem komplexen, undurchsichtigen Datenmanagement in einer technologisch hochgerüsteten und vernetzten Konsumindustrie gewandelt. Und dass obwohl bereits seit längerem die Kommunikations- und Marketingwissenschaft und mittlerweile auch die Praxis gewichtige Argumente liefern, warum die Erklärungs- und Prognosekraft, die sich die Verführer von der Datenvernetzung, von Big Data, erhoffen kritisch zu sehen sind – was aber keinen Nachrichtenwert für die Medien hat und daher in der Öffentlichkeit so gut wie nicht bekannt ist.

Vernetzung, als das heutige zentrale Kennzeichen smarter kommerzieller Verführung, ist aber nicht nur die datenbasierte Methode heutiger Verführung. Diese Methode mag trotz ihrer anscheinend geringen Wirksamkeit aus Sicht der Verbraucher in der Tat zuweilen eine Dark-Art-Anmutung haben. Die Algorithmen gestützten Produktionen von Verführungsangeboten könnten dann aufgrund ihrer Intransparenz und Komplexität metaphorisch als die Dark Arts des digitalen Zeitalters der Verführung aufgefasst werden.

Vernetzung ist aber gleichzeitig auch das Ziel der Verführungsbemühungen und deswegen das eigentlich Gefährliche, das Dunkle. Egal, ob wir als vehemente Verfechter des Dark-Arts-Mythos die heutigen Verführungsmethoden der Konsumindustrie analysieren oder wir uns aus einer eher nüchternen sozialwissenschaftlichen Perspektive mit dem Vernetzungsphänomen der Konsumindustrie befassen. Bei beiden Zugänge werden wir feststellen, was das eigentlich Dunkle der heutigen Verführungsbemühungen ist. Dass nämlich die Verführungsangebote der Konsumindustrie integraler Bestandteil unseres Lebens, unseres Alltags, unserer Persönlichkeit werden. Dass sie sich in uns einweben, mit uns vernetzen, mit uns eins werden, unser Alltag also gewissermaßen, um eine sprachliche Figur von Jürgen Habermas zu bemühen, von der Konsumindustrie kolonialisiert wird.[83]

*Vernetzte Verführungen der Konsumindustrie können somit ganz allgemein als Methode zur Vernetzung von unternehmerischen Zielen und Interessen mit Medien, individuellen Lebenswelten sowie gesellschaftlichen Werten und Normen aufgefasst werden.*

Die Kraft unseres Bewusstseins, dass wir verstehen und begreifen können, schützt uns dabei davor, dass wir nicht unserem inneren Dämon erliegen und uns unbewusst und willenlos im Verführungsnetz der Konsumindustrie verfangen. Unsere Autonomie und Souveränität müssen wir uns aber erarbeiten.

Der zentrale Grund, dass sich Vernetzung als neues Leitmerkmal der Verführung herausbilden konnte, ist die Entwicklung der Vernetzungslogik zum neuen Sinngeber in der Konsumindustrie. Heute gibt die Logik der Vernetzung dem Denken und Handeln der Verführer aber auch der Verbraucher und Medienutzer ihren Sinn. Sie steuert maßgeblich, was wir für sinnvoll und sinnlos halten.

Begleitet und unterstützt wird diese Entwicklung von einem allgemeinen Wandel des Menschenbildes. Demnach wird die Auffassung, Menschen als selbstzentrierte Individuen zu verstehen, zunehmend als Anachronismus betrachtet. Abgelöst wird dieses Menschenbild von einer Vorstellung, dass wir eine proteische Persönlichkeit haben, die sich durch eine extreme Anpassungsfähigkeit und Flexibilität auszeichnet.[84] Treiber dieses Wandels sind Vernetzungen, auf denen beispielsweise auch der Erfolg des Internet beruht. Wir verbringen heute in Netzwerken sehr viel Zeit. Dabei nehmen wir in unseren vielfältigen Interaktionen unterschiedliche Rollen ein, die mit vollkommen unterschiedlichen Erwartungen verknüpft sind. Interrollenkonflikte, wie sie typisch für das frühere Menschenbild waren, treten in den Hintergrund. Ein Leben mit Vieldeutigkeit und komplexen sich häufig widersprechenden Prioritäten entwickelt sich zu unserer neuen Lebensnorm. Es resultiert ein Selbstverständnis des Menschen als Knoten unterschiedlichster Beziehungen, das Jean Baudrillard zusammenfasst mit:

> „Wir existieren nicht mehr länger als Subjekte, sondern eher als Terminal, in dem zahlreiche Netze zusammenlaufen."[85]

Um detaillierter zu erfahren und verstehen, womit wir im Verführungsnetz der Konsumindustrie verwoben sind, was also alles auf uns direkt und indirekt einwirkt, werfen wir nun einen näheren Blick auf die Entwicklungen in diesem Netz. So werden wir uns bewusst über die Zusammenhänge. Wie wir gesehen haben, ist dies die Voraussetzung dafür, dass wir unsere Verbraucherautonomie sichern und souverän, gemäß unserem Willen mit den auf uns unentwegt einprasselnden Verführungsbemühungen der Konsumindustrie umgehen können.

# Das Netz der großen Vier der Verführung 3

Machen wir uns also die Zusammenhänge im Netz der Verführung bewusst. Was liegt näher als dafür eine vernetzte Perspektive einzunehmen? Erst damit wird die Komplexität der Zusammenhänge überschaubar.[86] Vernetzung ist nämlich nicht nur Methode und Ziel konsumindustrieller Verführungen, sondern auch die geeignete Methode zur Beobachtung des Phänomens selbst. Denn so können wir erkennen, dass nicht einzelne der im folgenden genannten Ereignisse und Entwicklungen für die Herausbildung vernetzter Verführungen der Konsumindustrie alleinverantwortlich sind. Vielmehr hat erst das Netzwerk aus Kommunikationen, Handlungen und Entwicklungen den neuen Verführungstyp der vernetzten Verführung geschaffen.

Wie lässt sich das erklären?

Die Konsumindustrie können wir auf der Makroebene als ein gesellschaftliches Teilsystem des Wirtschaftssystems auffassen. Dieses System wird heute im Kontext der Digitalisierung des Marketings als kommunikatives Ökosystem bezeichnet.[87] Es ist das Netzwerk der großen Vier, die durch Kommunikationen und Handlungen einen gemeinsamen spezifischen konsumindustriellen Sinnzusammenhang schaffen. Dieser Sinnzusammenhang bildet die Logik der Konsumindustrie. Er ist dynamisch. Er resultiert aus dem multilateralen, vernetzten Interaktionsprozess, den die großen Vier mit ihren Handlungen und Kommunikationen jeden Tag aufs Neue realisieren: Verführungsangebote werden von 1) Verführern produziert, von 2) Vermittlern verteilt, von 3) uns, den Verbrauchern, wahrgenommen und passiv oder aktiv genutzt und von 4) Kommentatoren schließlich weiterverarbeitet (Abb. 3.1).

Im Laufe der Zeit bildet dieser Prozess ein gemeinsames, vernetztes Wissen inklusive seiner eigenen Logik heraus. Dieses Wissen dient den großen Vier dazu, dass sie im kommunikativen Ökosystem konsumindustriell sinnvoll und aufeinander abgestimmt handeln und kommunizieren können. Es umfasst Normen, Werte,

© Der/die Autor(en), exklusiv lizenziert durch Springer Fachmedien Wiesbaden GmbH, ein Teil von Springer Nature 2021
J. Tropp, *Vernetzte Verführungen*,
https://doi.org/10.1007/978-3-658-35971-3_3

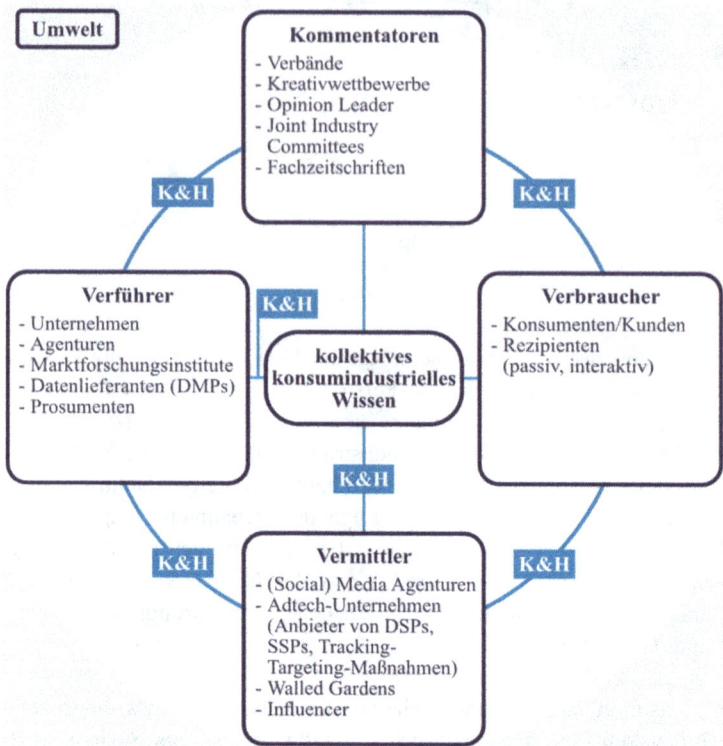

**Abb. 3.1** Das Netz der großen Vier der Verführung. (eigene Abbildung). Legende: DMP = Data Management Platform, DSP = Demand Side Platform, SSP = Sales Side Platform, K & H = Kommunikationen und Handlungen

Beeinflussungstaktiken, Produkt-, Marken- und Unternehmenskenntnisse, Moralvorstellungen, Rollenerwartungen oder Symbolgebrauch – kurzum alles, was für die Sinngebung konsumindustrieller Handlungen und Kommunikationen benötigt wird.

Dieses konsumindustrielle Wissen ist nicht statisch. Mit ihren eigenen Kommunikationen und Handlungen sorgen die großen Vier für eine fortlaufende Modifikation ihres kollektiven Wissens – und damit für einen sich ständig wandelnden Orientierungsrahmen für ihre Kommunikationen und Handlungen. Was gestern noch sinnvoll war, z. B. Bannerwerbung, mag daher heute für alle oder einige der großen Vier nicht mehr sinnvoll sein.

Es lassen sich im Folgenden unmöglich alle aktuellen Merkmale und Entwicklungen in diesem Netz der großen Vier der Verführung auflisten. Das wäre an dieser Stelle aber auch gar nicht zielführend. Um zu verstehen, wie wir in das Netz eingewoben sind, was also alles auf uns direkt und indirekt einwirkt, langt es, wenn wir uns jeweils ein paar Punkte herauspicken. Wir können dann die Heterogenität und Vielschichtigkeit der Einflüsse nachvollziehen, die die Logik der vernetzten Verführung in der Konsumindustrie hervorgebracht haben.

## 3.1 Verführer: immer digitaler, immer persönlicher, immer komplexer

*Immer mehr Geld für digitale Verführung*

Während die Konsumindustrie seit Jahren immer weniger Werbegelder in die klassischen Massenmedien wie TV oder Zeitungen und Zeitschriften fließen lässt, weist auf der anderen Seite die digitale Verführung ein beachtliches Wachstum auf. Je nachdem, welche Werbeformen berücksichtigt werden, lag in Deutschland der Umsatz mit Geldern für Werbung in digitalen Medien 2019 zwischen 3,6[88], 8,5[89] oder gar 18,4[90] Mrd. Euro. Nach der eigenen Website fließt der größte Teil der Gelder in Search Engine Marketing und damit an Google. Die Wachstumsrate im Bereich der digitalen Werbung lag 2019 zwischen sechs und sieben Prozent gegenüber 2018. Die Studien sind sich einig, dass die Wachstumsrate in den kommenden Jahren anhält, wenn auch etwas gebremst.

Im Jahr 2020 musste bedingt durch die Corona-Pandemie die Werbewirtschaft deutliche Einbußen verbuchen. Die Gesamtinvestitionen sanken auf 44,9 Mrd. Euro, was einem Rückgang um 7,2 % gegenüber 2019 (48,3 Mrd. EUR) entspricht.[91] Während alle klassischen Werbeträger empfindliche Verluste in 2020 einstecken mussten (z. B. Radio −7,8 %, lineares Fernsehen −8,8 %, Print −17,4 %, Außenwerbung −19,4 %) und wegen Corona-Pandemie bedingter Schließungen Kino sogar ein Minus von 78,5 % gegenüber dem Vorjahr zu verzeichnen hat, machten sich die pandemiebedingte gestiegene Online- und E-Commerce-Nutzung bei den Werbenettoumsätzen der Internetwerbung äußerst positiv bemerkbar (+10,7 %).[92]

Die ZAW-Mitglieder sind gespaltener Meinung darüber, was die Aussichten auf Erholung der Netto-Werbeeinnahmen angeht und wann sich die Umsätze wieder auf Vorkrisen-Niveau bewegen. 5 % sehen dies bereits für das 2. Halbjahr 2021. Die Mehrheit von 32 % glaubt jedoch, dass die Zahlen erst im 1. Halbjahr 2023 wieder auf dem Niveau von 2019 liegen werden.

*Bedeutungsverlust des Marketings*
Die von der Marketing-Wissenschaft in der Vergangenheit stets propagierte Bedeutung des Marketings als marktorientiertes Führungskonzept der Unternehmen wird in der Praxis zunehmend angezweifelt. Durch die Beiträge der Autoren, die anlässlich des 80. Geburtstags von Heribert Meffert – dem Nestor dieses Verständnisses von Marketing als Führungsphilosophie – den Stand des Marketings reflektieren, zieht sich wie ein roter Faden als Grund für diese Entwicklung, dass strategische Themen wie digitale Transformation, Marktdynamik oder Branchendisruption im Unternehmen Wandlungsprozesse erfordern.[93] Deren Management wird aber dem Marketing nicht zugetraut. Stattdessen werden Abteilungen wie Corporate Development oder Business Development auf- oder ausgebaut, die sich mit der Veränderung und der Weiterentwicklung des bestehenden Geschäfts befassen. Das Marketing ist dabei weitestgehend außen vor. Am ehesten trauen die Unternehmen diese Aufgaben Mitarbeitern mit einem IT-Hintergrund zu, wie ein Blick auf die Stellenausschreibungen zeigt.[94] Der zusammenfassende Status quo ist:

- Der Anteil der Unternehmen, in denen Marketing als Führungsphilosophie verstanden wird, ist seit Ende der 1990er Jahre von rund 80 auf unter 40 % gesunken.
- In den Unternehmen überwiegt heute ein funktionales, reduziertes Verständnis von Marketing auf Kommunikation und Werbung.
- Der Beitrag der Marketingverantwortlichen zum finanziellen Erfolg des Unternehmens ist schwierig nachzuvollziehen.
- Nur rund ein Viertel der Vorstandsvorsitzenden hat einen Marketing-Hintergrund. Das Gros kommt aus dem Finanz- und Personalbereich sowie der Produktion. Techniker und Finanzexperten sind heute in Unternehmen mächtiger als Marketingführungskräfte.
- Noch 2003 hatten die meisten Vorstandsvorsitzenden einen Marketing-Hintergrund. Marketing hat ein organisatorisches „Downgrading" erfahren und ist nur noch auf der zweiten oder dritten Führungsebene personell vertreten.
- Die Öffentlichkeit ist gegenüber den datenbasierten Verführungstechniken des Marketings kritisch eingestellt.[95]

*Aus der Cookies – Was nun?*
Justin Schuh, bei Google verantwortlicher Direktor für das Engineering des Chrome-Browsers, sorgte mit seinem Blog-Beitrag vom 14. Januar 2020, dass Google in zwei Jahren keine Third-Party-Cookies mehr unterstützen wird[96], bei den Verführern der Konsumindustrie für eine Sinnkrise. Nachdem bereits schon

seit längerem die Browser von Mozilla (Firefox) und Apple (Safari) per Standardeinstellung Third-Party-Cookies blockieren, ist nun mit der Ankündigung von Google für das Cookie-basierte Retargeting und der damit personalisierten maßgeschneiderten Werbung in der bislang bekannten Form das endgültige Aus besiegelt worden. Kein (Re-)Targeting, kein User-Profiling, keine Conversion-Attribution (Zurechnung eines getätigten Kaufs zu einem Klick auf eine Ad), aber auch kein Frequency Capping (Begrenzung der Kontakte des Users mit einer Ad) sind dann mehr möglich. Und Apple lässt seit April 2021 im Zuge einer Initiative für mehr Datenschutz der Nutzer ihres iOS-Betriebssystems ein Tracking für Werbezwecke nur noch zu, wenn die Nutzer dem ausdrücklich zugestimmt haben. Mit der sogenannten App Tracking Transparency (ATT) regelt Apple, dass App-Nutzer explizit einwilligen müssen (Consent), dass sie getrackt werden dürfen und ihre Advertising-ID für Werbezwecke genutzt werden kann. Willigt der Nutzer nicht ein, heißt dies nicht, dass er keine Werbung mehr erhält – wohl aber keine personalisierte mehr.

Es dürften vor allem Datenschutzgründe und -initiativen sein, die Google und Apple zu diesem Schritt veranlasst haben. Denn am 25. Mai 2018 ist die neue Datenschutz-Grundverordnung (DSGVO) in Kraft getreten, die einen gemeinsamen Datenschutzrahmen in der Europäischen Union schafft. In ihrem Mittelpunkt steht, dass Website-Betreiber einen Consent, eine Einwilligung des Nutzers für Cookie-Einsatz, benötigen. Der Nutzer muss diesen Consent aktiv selbst geben (Setzen eines Hakens und/oder mit einem Klick), womit von einem empfindlichen Verlust der Cookie-Reichweite ausgegangen werden kann. Branchen-Insider rechnen zukünftig mit bis zu 85 % Cookie-freiem Internet-Traffic in Deutschland.[97] Die ePrivacy-Verordnung erweitert noch die DSGVO und soll personenbezogene Daten in der elektronischen Kommunikation schützen, beispielsweise dahingehend, dass Nutzer ein Recht auf Vergessenwerden erhalten. Wir sollen demnach die Möglichkeit haben, eine bereits erteilte Einwilligung alle sechs Monate widerrufen zu können. Unternehmen müssen Datenbanken deshalb so anlegen, dass sie jederzeit gezielt einzelne Einträge entfernen können. Dieser Prozess muss dann auch Backups betreffen.[98]

Die Third-Party-Cookie-Alternativen, die diskutiert werden, sind vielfältig und unterscheiden sich in ihrer Funktionsweise von Anbieter zu Anbieter. So arbeitet zum einen Google unter dem Namen Privacy Sandbox an Vorschlägen, die auf Tracking-Cookies verzichten, die Daten der Nutzer besser schützen, aber gleichzeitig auch Möglichkeiten für zielgerichtete Onlinewerbung ermöglichen sollen. So schreibt David Temkin, Googles Director of Product Management, Ads Privacy and Trust, in einem Blogpost:

„Today, we're making explicit that once third-party cookies are phased out, we will not build alternate identifiers to track individuals as they browse across the web, nor will we use them in our products."[99]

Google setzt stattdessen auf das „Federated Lerning of Cohorts (FLoC)". Bei dieser Methode setzt die Personalisierung von Werbeinhalten im Browser auf dem Rechner des Nutzers an. Mittels Techniken des Maschinenlernens erstellt der Browser ein Interessensprofil, mit dem Nutzer datenschutzkonform zu Kohorten (engl.: „Flocks") – Menschen mit gemeinsamen Interessen – zusammengefügt werden. Auf das Interesse eines Nutzers wird anhand seiner besuchten Webseiten („behavioral data") geschlossen. In solchen Kohorten persönlich nicht identifizierbarer Gleichinteressierter werden jeweils mindestens 1.000 Nutzer zusammengefasst, wobei ein Nutzer nicht gleichzeitig mehreren unterschiedlichen Kohorten angehören kann. Alle sieben Tage werden die Kohorten auf Basis des Surfverhaltens aktualisiert.[100] Im Kern ist FLoC eine terminologisch modern verpackte Rolle rückwärts, da es im Prinzip auf das bekannte Zielgruppenmarketing hinausläuft, wie es über Jahrzehnte die Werbung geprägt hat.

Andererseits wird großes Zukunftspotenzial der Log-in basierten Identifikation und Authentifizierung des Nutzers zugeschrieben (z. B. European NetID, Unified ID 2.0, Liveramp ID-Graph), bei der verschlüsselte E-Mail-Adressen der Nutzer zur Plattform übergreifenden Identifizierung dienen (Universal IDs). Auch wird damit die Geräte übergreifende Identifikation des Nutzers möglich sein, was aus Marketingsicht als großer Vorteil gegenüber der Third-Party Cookie-Identifikation gilt, mit der dies nicht möglich ist. Nachteilig ist für die Unternehmen, dass für den Nutzer die Barriere sich mit seiner E-Mail-Adresse für eine ID einzuloggen höher sein dürfte als einfach mal schnell der Platzierung eines Cookies auf seinem Rechner zuzustimmen. Daher kann von einem Rückgang an personalisierter Werbung ausgegangen werden.[101]

Welche Authentifizierungslösung sich durchsetzen wird und ob sich eventuell ein neuer Standard entwickeln wird, ist vollkommen offen. Grundsätzlich geht es darum, ein Verfahren zur Schaffung der Advertising Identity zu schaffen. Damit ist die Wiedererkennung eines pseudonymisierten Profils gemeint, das eine effiziente Platzierung von Werbemitteln ermöglicht. Diese realisiert sich, indem eine Personalisierung, Lokalisierung und Verifizierung des Nutzers sowie eine Erfolgsmessung und eine kontakt- und reichweitenoptimierte Budgetaussteuerung für die Platzierung der Werbemittel erfolgen kann. Keinesfalls soll die Advertising Identity aber der Identifizierung von uns, den natürlichen Personen, dienen.[102] Die Pseudonymität der Advertising Identity ist jedoch bei Log-in basierten Verfahren weniger gesichert als bei Cookie-basierten Methoden, die Bezüge zu konkreten Nutzern nicht ermöglichen. Dies dürfte nicht im Sinne des Gesetzgebers sein.

Neben den Entwicklungen in den Feldern des automatisierten Zielgruppenmarketings („FLoC") und der Advertising Identity erlebt parallel das Contextual Targeting einen Aufschwung. Hierbei handelt es sich um ein Revival der Umfeldorientierten Werbung, dem aktuell verstärkte Aufmerksamkeit zukommt. In der Kommunikations- und Medienwissenschaft aber auch aus der Praxis der massenmedialen Werbung ist bereits seit langem bekannt, dass Kontextualität ein notwendiges Kriterium für Kommunikation ist und maßgeblich die Wirkung von Kommunikationsangeboten konstituiert.[103] Kontexte steuern die Sinnzuschreibung von Kommunikationsangeboten, womit das mediale Umfeld einer Werbung signifikanten Einfluss auf die Wirksamkeit dieser Werbung, besonders in Form des Engagements des Empfängers nimmt.

Beim Contextual oder auch Semantic Targeting erfolgt entsprechend auf Basis der automatisierten semantischen Analyse des Inhalts, beispielsweise von einer Website, die zu diesem Inhalt passende themenspezifische Auslieferung von Ads, wie zum Beispiel einer Autowerbung im Kontext eines Berichts über Autofahren. Doch nicht nur anhand des Textes einer Website kann kontextuell geworben werden. Die heutigen Technologien erlauben auch eine kontextuelle Analyse von Bild-, Ton- und Videodaten, die damit für das Targeting genutzt werden können.

Durch die Passung der Werbung zum situativen thematischen Interesse und der gegebenen Aufmerksamkeit des Nutzers für das Thema soll, so die grundsätzliche Hoffnung, die entsprechende Werbung als relevant wahrgenommen werden. Dadurch dass Werbung im Internet heute programmatisch gebucht wird[104], kommt dem Kriterium der Brand Suitability besondere Bedeutung zu. Gemeint ist damit, dass das kontextbezogene Targeting oder auch Blocking der Ads sich auf diejenigen digitalen Umfelder bezieht, die für die Marke als am besten beziehungsweise am wenigsten geeignet definiert wurden. Hinsichtlich des Blockings kommt der Brand Safety[105] besondere Beachtung zu. Werbung soll nicht im Umfeld von extremistischen oder sonstigen negativen Inhalten erscheinen. Um dies zu vermeiden, definieren Unternehmen Begriffe, die sie auf ihre Blacklist setzen. Diese verhindert, dass sobald ein gelisteter Begriff in einem möglichen Werbeumfeld erscheint eine Anzeige der Marke dort programmatisch gebucht wird. Davon kann auch seriöse Berichterstattung zu unliebsamen Themen betroffen sein. Dazu zählte beispielsweise im Februar 2020 der Begriff „Coronavirus", der in den USA auf Platz drei der meistgeblockten Keywords lag. Dies führte zu der paradoxen Situation, dass trotz erheblicher Nachfrage nach verlässlichen Informationen zu der Corona-Pandemie, die Werbeumsätze der Medien sanken.

Die New York Times hatte beispielsweise laut dem Fachmagazin Adage ihre Umsatzerwartungen um 10 % gesenkt.[106]

Nichtsdestotrotz ist der Vorteil des Contextual Targeting, dass es unabhängig von irgendwelchen Nutzerdaten realisiert werden und damit kein Dark-Art-Verdacht aufkommen kann – natürlich zu Lasten einer persönlich eventuell relevanten Werbung.

*Künstliche Intelligenz pusht Personalisierungshype*
Die Aufgeregtheit der Verführer über das nahende Ende der Third-Party-Cookies müssen wir im Kontext des Personalisierungshypes sehen. Die Macher versprechen sich von der persönlichen, passgenau auf unsere individuellen Bedürfnisse abgestimmten Ansprache, dass ihre Kommunikationsangebote dadurch einen Relevanzschub erhalten. Es sind aber keineswegs nur die Cookies, die dieser Hoffnung Nährboden verliehen haben. Seit kurzem ist auch und gerade die Künstliche Intelligenz (KI) zu nennen.

Verkürzt können unter KI alle Unterstützungssysteme verstanden werden, die selbstständig lernen können – unabhängig davon, ob ein Mensch daran beteiligt ist oder nicht.[107] Untersuchungen prognostizieren, dass vor allem in den Bereichen Konsumenten-/Kundendaten und -wissen (Consumer Data/Consumer Insights) der Einsatz von KI deutlich zunehmen wird. Dies gilt als Voraussetzung für die Realisation von Personalisierung, Individualisierung und die Verbesserung der Customer Experience. Die größte Herausforderung wird dabei in der Qualität der zur Verfügung stehenden Daten gesehen.[108]

Bei allem Hype um das Thema KI in den Medien und der Marketingbranche gilt es nüchtern zu konstatieren, dass seit 2019 die Nutzung von KI in den Unternehmen in Deutschland, Österreich und der Schweiz auf relativ niedrigem Niveau seit 2019 stagniert. Obwohl zunehmend mehr Experten sagen, dass KI wichtig für das Marketing sei (2019: 81 %, 2021: 93 %), wird es unverändert lediglich von 28 % der befragten Experten in ihrer Marketingarbeit genutzt. Als Barrieren der Nutzung wird angegeben: unzureichendes eigenes Wissen über KI, Einstellung der Mitarbeiter gegenüber neuen Technologien, Projekte stagnieren in der Pilotphase, unklare Kompatibilität von KI und Datenschutzgrundverordnung (DSGVO) sowie mangelnder Reifegrad von KI-Tools.[109]

Realisiert wird die Personalisierung über die sogenannte Dynamic Creative Optimization (DCO). Dahinter verbirgt sich die KI-gesteuerte automatisierte Anpassung dynamischer Ad-Formate an den jeweiligen Verbraucher. Die vorhandenen Daten werden von der KI analysiert und in Abhängigkeit von dem Ergebnis wird dem Nutzer seine individuelle inhaltlich und formal konfigurierte Ad ausgespielt. Als Beispiel kann der im Januar 2020 von IBM vorgestellte IBM

3.1 Verführer: immer digitaler, immer persönlicher, immer komplexer 47

Advertising Accelerator genannt werden. Er basiert auf der KI-Plattform Watson und erlaubt auch Vorhersagen, welche Kombination visueller Elemente das höchste Engagement eines Nutzers bewirken wird.[110]

Ein Beispiel für eine DCO-basierte Kampagne stammt von der Werbeagentur Ogilvy, die mit der Deutsche-Bahn-Kampagne „Spar Dir den Flug" in 2018 eine viel beachtete und mit diversen Kreativpreisen bedachte automatisierte Digitalkampagne für das Produkt „Sommer-Ticket" entwickelt hat (Abb. 3.2).

**Abb. 3.2** Deutsche-Bahn-Kampagne „Spar Dir den Flug". (Quelle: https://twitter.com/andyschroeder11/status/1266346943367782401/photo/1, Zugriff am 07.01.2021)

Mit Hilfe von Geotargeting wurde für jede einzelne Person der nächstgelegene Flughafen ermittelt. Ein weiterer Algorithmus ermittelte den Ziel-Flughafen im Ausland und in Echtzeit den aktuell günstigsten Flugpreis.

Nach demselben Prinzip der Dynamisierung funktioniert das Hyperdynamic Pricing, bei dem sich beispielsweise die Preise von Reisen KI-gestützt in Abhängigkeit von Daten betreffend Wettervoraussagen, Social Media Posts, lokalen/regionalen Veranstaltungskalendern, globalen Nachrichten u. a. ändern – und das auch mehrmals am Tag.

Zuweilen bringt der KI-Einzug in die Verführungsbemühungen der Konsumindustrie bizarre Sprachblüten hervor, sodass man hoffen muss, dass als Begleiteffekt der KI sich keine künstliche Verführungsrhetorik in der Konsumindustrie entwickelt:

> „Nike Fit is a new scanning solution that uses a proprietary combination of computer vision, data science, machine learning, artificial intelligence and recommendation algorithms to find your right fit in every Nike style."[111]

Wenn solche Statements eins deutlich machen, dann, dass es gilt, nüchtern und unaufgeregt zu konstatieren, dass KI unterschiedliche Dimensionen umfasst und sich die Konsumindustrie mit überwältigender Mehrheit (noch) auf der untersten KI-Ebene, also der Artificial Narrow Intelligence befindet – was sie aber sprachlich gehörig aufpeppt. Hier geht es um ein einfaches Machine Learning, bei dem Algorithmen Daten zu Clustern zusammenfassen, um Verhaltensweisen klassifizieren (z. B. wertvolle Kunden, nicht-wertvolle Kunden), Verhalten prognostizieren und passende automatisierte Marketingmaßnahmen auslösen zu können. Ein Beispiel ist die italienische Dessous-Marke Cosabella. Das Unternehmen nutzt für sein Marketing die KI-Software Albert (https://albert.ai/). Ein Algorithmus lernt aus den gesammelten Daten des jeweiligen Kunden, gibt Vorschläge für die Budget-Optimierung, kauft automatisiert Werbeplätze bei Medien ein und gestaltet durch DCO autonom Werbemittel.[112]

Deep Learning geht einen Schritt weiter, weil es nicht mehr auf vordefinierten Regeln basiert und das KI-System strukturell nach dem Prinzip neuronaler Netze des menschlichen Gehirns funktioniert. Um zu brauchbaren Ergebnissen zu gelangen, benötigen Deep-Learning-Plattformen sehr große Datenmengen, die sie verarbeiten können. Hier kann als Beispiel ein deutscher Direktversicherer dienen, der die Software Spendworx https://analyx.com/ nutzt, die aus historischen Daten (über 400 Variablen zu Absatz, Spendings, Provisionen, Wettbewerbsverhalten etc.) dynamisch (bspw. monatlich) optimale Budget-Allokationen ableitet.

Neben ökonometrischen Modellen nutzt die Software algorithmenbasierte neuronale Netze. Bei regelmäßiger Nutzung der Plattform erfolgt ihre selbstständige Rekalibrierung.[113]

Uwe Storch, Mediachef bei Ferrero und Herrscher über das zweithöchste Werbebudget Deutschlands, dürfte den aktuellen KI-Stand in der Konsumindustrie treffend zusammenfassen, wenn er konstatiert, dass die Diskussion über KI künstlich, aber nicht intelligent ist: „Tatsächlich werden unter dem Buzzword KI häufig Mess- und Regeltechniken sowie auf Vergangenheitswerten basierende Algorithmen missverstanden."[114]

Passend zu diesem Befund aber eigentlich auch überhaupt nicht überraschend ist, dass keine KI-Beispiele aus dem Bereich Marketingstrategie vorliegen.[115] Und vielleicht auch nie vorliegen werden. Der Grund ist im Mangel der benötigten Daten zu sehen, die aber die Algorithmen der KI-Systeme benötigen, um Lernen zu können. Denn dies würde bedeuten, dass für den Einsatz von KI im Bereich Strategie und Planung die Software auf Strategien von hunderttausenden Firmen der letzten Jahre zugreifen können muss, damit aus der Lernerfahrung heraus die KI sinnvolle neue Strategien entwickeln kann. Dies ist jedoch aktuell nicht möglich.

Dieser Punkt verweist auf eine grundsätzliche Differenzierung, die die Verführer in der Konsumindustrie nicht aus dem Auge verlieren sollten. KI eignet sich für die Unterstützung bei und Automatisierung von Maßnahmen im Bereich der vernetzten Verführung, die ein „rechnendes Denken" des technischen Verstands erfordern. Ein Denken, das planend, forschend, kalkulierend ist, das stets mit gegebenen Umständen rechnet und auf definierte Ziele ausgerichtet ist. Das „besinnliche Denken" hingegen ist das Denken Out-of-the-box. Es ist das Denken der philosophischen Vernunft, das gegenwartsbezogen ist, das den Kontext berücksichtigt und das über den Sinn nachdenkt. Also das Denken, das selbstreferentiell über den Sinn des Sinns der erdachten Strategie nachdenkt und damit den Nährboden für kreative Lösungen und Innovationen stellt. Ein Denken im Rahmen versus ein Denken über den Rahmen – beide sind für die Verführung notwendig, aber, so bereits Martin Heidegger, wird das besinnliche Denken immer mehr vom rechnenden Denken verdrängt.[116] Das sollte der Konsumindustrie hinsichtlich ihres Kreativitätsanspruchs zu denken geben.

*Das große Engagement-Missverständnis*
„Wir haben zu viel in digitale Werbung investiert", sagte Simon Peel, Global Media Director bei Adidas, auf einer Konferenz Mitte Oktober 2019. Adidas habe sich zu sehr auf Effizienz und zu wenig auf Effektivität konzentriert.[117] Diese Aussage wirkte wie ein Weckruf unter den Verführern der Konsumindustrie

und zeigt auf, was für ein großes Missverständnis in der Branche vertreten war und wohl Großteils immer noch ist. Gemeint ist das falsche Verständnis vom Engagement der Verbraucher.

Seit den Research Priorites 2006–2008 des Marketing Science Institute (MSI) findet sich Customer Engagement in den MSI-Priorities regelmäßig als ein zentrales Forschungsthema im Bereich Customer Understanding und Experience. Die Customer-Engagement-Forschung trägt dem Umstand Rechnung, dass aufgrund des hohen Kommunikationswettbewerbs und der Digitalisierung der Verführung die klassische Mediawerbung an die Grenzen ihrer Effektivität stößt. So merkt der weltweite Marketing-Chef von Procter & Gamble[118] in einem Interview an, dass unter anderem aufgrund der hohen Werbefrequenzen 71 % der Konsumenten sich heute von Werbung belästigt fühlen und sich die Marketing-Kommunikation des P&G-Konzerns heute auf Customer Engagement konzentriert. Mit innovativen Ansätzen soll die Kommunikation mit vorhandenen und potenziellen Kunden optimiert und somit das Engagement der Konsumenten und Kunden gesichert werden.

Auch hat der Anstieg der Social-Media-Marketingausgaben zur Karriere des Customer-Engagement-Konstrukts beigetragen. Viele Branchenerhebungen haben ergeben, dass das Erzielen von Engagement auf großen Plattformen wie Facebook ein wichtiges Ziel für Unternehmen und Social-Media-Marketingagenturen geworden ist. Die Einnahmenmodelle dieser Agenturen sind vertraglich zunehmend auf der Basis von Customer Engagement geregelt, das diese Agenturen für ihre Kunden, die Unternehmen, erzielen. Und genau hier setzt das Missverständnis an.

Denn Engagement wird im Social-Media-Praxiskontext in der Regel nur eindimensional mittels des Verhaltens konzipiert, indem Nutzeraktivitäten (Posts, Likes, Shares, Comments etc.) als Indikatoren zur Messung von Engagement genutzt werden. Angebrachter wäre jedoch gemäß dem vorliegenden Erkenntnisstand eine dreidimensionale Engagement-Konzeption zu verfolgen, bei der die Absicht zu handeln (Konation) nur eine Dimension neben der affektiven und der kognitiven Dimension ist. In ihrer Gesamtheit regulieren diese drei Dimensionen das Engagement des Verbrauchers, verstanden als das Level der Verarbeitungstiefe der Interaktionen mit einem Werbemittel.[119] Folglich kann Engagement in unterschiedlichen Formen und Intensitäten der Verarbeitung von Verführungsangeboten zum Ausdruck kommen. Während bei Consumption, der passiven Mediennutzung, das Intensitätslevel noch relativ gering ausgeprägt ist und sich auf die psychische Ebene beschränkt sowie vornehmlich das Ergebnis der Interaktion der werblichen Maßnahme (z. B. Anzeige, Brand Post, Placement) und Medium ist, z. B. einen Film sehen, in dem ein Harley Davidson-Motorrad gezeigt wird, steigt das Engagement über Contribution, z. B. einen Marken-Post kommentieren oder liken, bis hin zu Creation, wo die Realisation der kommunikationsstrategischen Maßnahme in Co-Kreation mit dem werbenden Unternehmen erfolgt, z. B. ein Consumer-generated-Spot, der im TV gesendet wird.[120]

Diese Ausdifferenzierung des Engagementphänomens ignoriert die auf Behavioral Data-fixierte Konsumindustrie jedoch und erlebt einen Rückfall in längst überwunden geglaubtes Stimulus-Response-Denken des frühen 20. Jahrhunderts. Verführungserfolge werden lediglich am Verhalten des Verbrauchers festgemacht und letzteres bewirkt wiederum künstlich-intelligente Reaktionen beim Unternehmen.

> „Zukünftig kommen vermehrt Algorithmen zum Einsatz, die in Echtzeit auf Reaktionen von Konsumenten reagieren. Die Erfassung von kundenspezifischen Werten, Motiven und Bedürfnissen bleibt dabei außen vor."[121]

Von der Vernachlässigung der Gefühlswelt der Verbraucher ganz zu schweigen. Zur Erinnerung: Es geht um Verführung!

Der Irrglaube, auf dem dieses Engagement-Missverständnis beruht, ist, dass die Verführer der Konsumindustrie glauben, dank Daten und Algorithmen die Verführung gemäß einer Rechenaufgabe lösen zu können und zwar mit naturwissenschaftlicher Präzision. Das Resultat ist eine Performance-Gläubigkeit und die Verkürzung des Engagement-Verständnisses auf Verhalten, was in der oben von Simon Peel genannten, viel zu dominanten Effizienz-Fokussierung resultiert. Verführung soll anhand der Messung der Handlungen und des Verhaltens des Verbrauchers anhand von KPIs (z. B. Conversion Rate, View-Through-Rate, Ad Impression u. a.) exakt kontrollierbar und kalkulierbar sein.

Interessant sind in diesem Zusammenhang Ergebnisse des IAB Europe, der European-level association for the digital marketing and advertising ecosystem. In einer Befragung von über 400 im digitalen Verführungshandwerk tätigen Managern ermittelte das IAB, dass eine große Diskrepanz besteht. Unter den Managern ist durchaus die Vision vorhanden, effektivitätsorientierte, nutzerbezogene Kennzahlen wie beispielsweise Brand awareness, Weiterempfehlungsrate, Vertraulichkeit mit einer Marke oder auch die Targeting-Genauigkeit zum Management zu nutzen – deren tatsächlicher Einsatz bleibt aber weit hinter ihrer Vision zurück.[122]

Waran liegt das? Auch wenn durch den Adidas-Weckruf die Branche daran erinnert wurde, dass Unternehmenswert durch eine Marke und nicht durch klickbasierte Performance-Optimierung aufgebaut wird, darf zweifelhaft sein, ob die heutige Dominanz kurzfristiger Effizienz und Performance gebrochen wird.

Markenzentrierte Verführung, deren Verbraucherverständnis sich nicht auf ein reaktives Verhalten des Mediennutzers beschränkt, benötigt Zeit. Sie ist schwer mit der heutigen Dynamik und dem Wandel der Märkte zu verknüpfen, die Kurzsichtigkeit, Erfolgsdruck und damit Quick-Wins, die nachweislich ökonomisch logisch sind, nach sich ziehen.

Eine etwas entspanntere Haltung täte den Verführern gut. Natürlich muss sich Verführung in der Konsumindustrie rechnen – aber wir alle wissen, dass Verführung ihre Zeit benötigt.

*Betrogene Verführer*
Häufig wird vergessen oder einfach darüber hinweggesehen, dass das so gerne betonte Asset des Performance-Marketings – die Möglichkeit des Treffens Messergebnis gestützter Entscheidungen – keineswegs eine verlässliche Entscheidungsgrundlage liefert. In der Branche wird die diesbezügliche Diskussion unter dem Schlagwort „Ad Fraud" zusammengefasst. Gemeint sind damit Werbekontakte im Internet, die nicht gültig sind und die der Ermittlung der Invalid Traffic Rate (IVT Rate) dienen. In Deutschland beträgt die IVT-Rate durchschnittlich 4,2 %.[123] Handelt es sich dabei um manipulierte Werbekontakte, die dadurch keine Werbewirkung erzeugen (z. B.: Ads werden von Bots betrachtet oder angeklickt oder auf falschen, nicht gebuchten Seiten oder außerhalb des sichtbaren Bereichs platziert) kann eine betrügerische Absicht (engl. „Fraud") unterstellt werden. Derartiger Invalid Traffic wird von der Fokusgruppe Digital Marketing Quality (DMQ) im Bundesverband Digitale Wirtschaft (BVDW) als Sophisticated Invalid Traffic (SIVT) bezeichnet und vom General Invalid Traffic unterschieden.[124] Letzterer Traffic wird von „gutartigen" Bots (z. B. Crawler, Chat bots)[125] ausgelöst, die sich zu erkennen geben und somit als nicht abrechnungsrelevant aus den Reportingdaten herausgefiltert werden können.

Die Lösung, die die Organisation Werbungtreibende im Markenverband (OWM) hinsichtlich SIVT einfordert, lautet, dass alle buchbaren Werbeplätze im Vorfeld durch zertifizierte Verification-Anbieter geprüft werden und zusätzlich noch während der Ausspielung der Werbung umfassende Fraud-Prüfungen durch neutrale Instanzen vorgenommen werden müssen.[126]

In jüngster Zeit sind im Bereich des SIVT auch nicht-organische, also bezahlte App-Installationen betroffen. AppsFlyer, ein Unternehmen, das auf die Analyse von Internet-Marketing spezialisiert ist, ermittelte, dass weltweit 22,6 % derartiger App-Installationen als SIVT einzustufen sind. Besonders betroffen sind Apps aus den Bereichen Finanzen, Business, Reisen und Shopping.[127]

Neben dem SIVT-Problem floriert auch das vollkommen legale Geschäft mit gekauften Likes, bei dem kommerzielle Betreiber von Facebook-, Instagram- oder

YouTube-Accounts – beispielsweise Influencer – profitieren. Sie gaukeln damit den Unternehmen und ihren Agenturen hohe Follower-Zahlen vor, was sie als mögliche Werbepartner attraktiv macht.

So bietet das Unternehmen Boost Social Media ganz legal Instagram Follower, Instagram Likes oder Facebook Fanpage Likes an. Beispielsweise kosten 5.000 Instagram Follower rund 80 €.[128] Ein anderes Beispiel ist die Firma Snata, die in Russland rund 20 Automaten betreibt, an denen Instagram Likes gekauft werden können. So kosten bspw. 100 Likes 200 Rubel (ca. 3 €).[129] Und bei der Firma Paidlike in Magdeburg sind Clickworker aktiv, die nichts anderes machen als auf vorgegebene Netzseiten zu klicken und damit Engagement-KPIs wie Likes, Shares oder Follower in die Höhe zu treiben. Der Verdienst liegt aktuell bei 2–6 Cent pro Click auf Like, Folgen oder Abonnieren.[130]

Weitere gängige Methoden der Influencer zwecks Täuschung der Unternehmen sind beispielsweise Fake-Kommentare zu den Posts des jeweiligen Influencers oder die Nutzung von Instagram-Pods, wo sich mehrere Influencer zusammenschließen und gegenseitig ihre Posts liken oder kommentieren. Erstaunlich ist, dass besonders in Deutschland die Fraud-Rate der Influencer sehr hoch ist. Im Vergleich mit USA, UK, Frankreich und Japan belegte Deutschland in 2019 den ersten Platz. Nahezu zwei Drittel (64,4 %) der deutschen Influencer manipulieren ihre eigentlichen Follower- und Engagement-Werte (Likes, Kommentare) (+1,1 % gegenüber 2018).[131]

Zusammengefasst ergibt sich das Bild eines betrogenen Verführers, der für legal oder illegal manipulierte, ineffektive Leistungen bezahlt und Entscheidungen auf der Basis fragwürdiger Messergebnisse fällt.

*Die Reise zurück zu AIDA*
Es ist eine bemerkenswerte Entwicklung, die die Verführer hinsichtlich der strategischen Konzeption ihrer Verführungskommunikation durchlaufen. Sie orientieren sich rückwärts an einer Vorstellung des Wirkungsprozesses von Kommunikation, wie er 1898 von E. St. Elmo Lewis entwickelt wurde.

Dessen bekanntes AIDA-Modell gliedert das Verkaufsgespräch als eine Abfolge von Aufmerksamkeit (attention), Interesse (interest), Wunsch (desire) und Handlung (action) und war als eine Art Verkaufsleitfaden für Handelsvertreter gedacht. Schnell ist dieses Modell dann von der medialen Werbung aufgegriffen worden. Der Wirkungsprozess gestaltet sich demnach so, dass zuerst die Werbebotschaft wahrgenommen wird, was durch entsprechende Werbemaßnahmen erreicht wird. Wir, die Verbraucher sollen durch das Versprechen eines neuartigen, ungewöhnlichen Nutzens ein persönliches Interesse entwickeln.

Durch die Verknüpfung unserer spezifischen Problemstellung mit der dargestellten Problemlösungseigenschaft sollen wir zu der Bewertung gelangen, dass das Produkt das für seine Zwecke richtige ist. Es resultiert unser Wunsch, dieses Produkt zu erhalten. Den letzten Schritt bildet unsere Kaufhandlung.[132]

Kritisch sind diese Modelle zu betrachten, weil empirische Untersuchungen ergeben haben, dass die in den Modellen angenommene, strenge hierarchische Reihenfolge der Effekte oft nicht gegeben ist. Darüber hinaus sind diese Modelle individualzentriert und klammern in ihren Erklärungen von Werbewirkungen soziale und situative Kontexte unseres Handelns ebenso aus wie unsere inneren Kontexte wie Wissen, Meinungen Einstellungen etc. Angebrachter ist es, davon auszugehen, dass die einzelnen Effekte miteinander interagieren und sich bedingen – die Wirkung der Verführungskommunikation also ein relationales Konstrukt ist.

Eingebettet in das angebrochene Marketing 4.0-Zeitalter mit

- seiner Internet- und Social-Media-Fokussierung,
- der hohen Bedeutung von Content, der aus Sicht der Verbraucher unterhaltend und informativ sein soll,
- der damit verbundenen inhaltlichen Abwendung des Marketings von der herkömmlichen Verkaufsorientierung
- und der Online-Offline-Integration in der Kommunikation (mit dem Smartphone im Internet die Preise des Produkts checken, das man sich gerade in einem Geschäft ansieht)

hat sich nun ein strategisches Modell zur Konzeption des Verführungsprozesses der Konsumindustrie herausgebildet, das nahtlos an die Vorstellungen der Stufenmodelle anknüpft: die Customer Journey. Dies ist deswegen bemerkenswert, weil trotz radikal veränderter Marketing 4.0-Rahmenbedingungen und nachweislich berechtigter Kritik an den Stufenmodellen ein Denkansatz aus dem späten 19. Jahrhundert genutzt wird, um den heutigen Verführungsprozess zu beschreiben und zu managen. Wie kann das sein?

Customer-Journey-Modelle definieren – wie auch die Stufenmodelle – die einzelnen Phasen, die wir bis zum Kauf eines Produktes und darüber hinaus durchlaufen. Zum Beispiel: aware, appeal, ask, act, advocate.[133] Der einzige konzeptionelle Unterschied gegenüber den althergebrachten Stufenmodellen ist die hinzugefügte, differenzierte kommunikative Bearbeitung der einzelnen Wirkungsphasen des Modells mittels eines Touchpoint-Managements. Es geht um das Management der Kontaktpunkte in den einzelnen Phasen, an denen wir Kontakt zu einem Unternehmen, einer Marke, einem Produkt, oder einem Service bekommen. Mögliche Touchpoints können jegliche mediale Inhalte (z. B. Preisvergleiche), Werbung (z. B. Display Ad), der Vermarktungsgegenstand selbst oder die Kommunikation mit Vertriebs- oder Service-Mitarbeitern (z. B. Callcenter) sein. Ziel ist es, während unserer gesamten Reise bis zum Kauf, also über alle Phasen hinweg, ein optimales Kundenerlebnis („Customer Experience") zu schaffen.

Den Verführer interessiert natürlich besonders die Antwort auf die Frage nach demjenigen Touchpoint, der den größten Wirkungsanteil für den Kauf hat. Die Budgetverteilung auf die einzelnen Kontaktpunkte kann dann entsprechend ausgesteuert werden. Die Antwort auf diese Frage liefert das Attribution Modelling, mit dem den einzelnen Touchpoints einer Customer Journey jeweils ein eigener Wert für Verkäufe zugeordnet wird. Diese Zuordnung ist das Ergebnis des gewählten Attributionsmodells, das man verfolgt.[134]

Deutlich wird, dass das Customer-Journey-Denken und damit das Revival der Stufenmodelle ein Produkt der Digitalisierung und des geschilderten, großen Engagement-Missverständnisses ist. Die viel zu kurz greifende (standardmäßig fehlerhafte) Konzentration auf die Messung von Verhalten (s. o. „Der betrogene Verführer") zur Analyse und zum Management der Verführung des Verbrauchers findet im Customer-Journey-Ansatz seinen konkreten operativen Niederschlag in der Praxis. Die IT-Branche darf sich freuen. Trägt sie doch mit ihrem Customer-Journey-Instrumentekoffer zum weiteren Bedeutungsverlust des klassischen Marketings bei.

*Die Krise der Agenturen*
Seit 2015 hat sich die Rendite der Mitgliedsagenturen im Gesamtverband Kommunikationsagenturen GWA um rund 25 % von 12 auf 9 % (2020) verringert.[135] Der Schluss liegt nahe, dass dies Ausdruck der stattfindenden digitalisierungsbedingten Disruption der Konsumindustrie ist. Noch genauer lässt sich diese am Beispiel der Konsolidierungen im Bereich der Marketing-Dienstleister ablesen. In 2019 fanden in diesem Sektor weltweit 1.410 Mergers and Acquisition Deals im Wert von 30,1 Mrd. US-Dollar statt, was einer Zunahme von 9 % gegenüber 2018 entspricht. Besonders betroffen ist der Subsektor Marketing-/Werbetechnologie (martech/adtech), in dem 40 % der Deals (557) stattgefunden haben. Dies sind 37 % mehr als in 2018.[136]

Die Agenturen muss es bedenklich stimmen, dass neue Player aus dem Private-Equity-Geschäft immer mehr die M&A-Aktivitäten in ihrem Geschäftsfeld übernehmen. Von den elf aktivsten Käufern in 2019 waren fünf Private-Equity-Unternehmen. Diese vereinen auf sich rund ein Viertel (24 %) aller Deals und verbuchen seit 2017 eine Zunahme von 94 %. Von den großen Werbekonzernen

(z. B. WPP, Omnicom, Interpublic) findet sich unter den elf aktivsten Käufern in 2019 nur eine einzige Agenturgruppe (Dentsu), die mit 12 getätigten Akquisitionen aber immerhin noch die Top-Buyers-Liste anführt, vor den beiden Beratungs- und Technologieunternehmen Accenture und Insight mit jeweils 10 Akquisitionen. Diese Entwicklung sollte die Agenturbranche deswegen nachdenklich stimmen, weil sie Gefahr läuft, die Kontrolle über ihr Geschäft aus der Hand zu geben, da Finanzinvestoren immer stärker die Verführungsaktivitäten der Konsumindustrie kontrollieren. Dies dürfte ein Nährboden für die weitere Karriere des Performance Marketings sein. Messbarkeit, Skalierbarkeit, Planbarkeit, Kontrolle – alles Kriterien, die die Finanzwelt liebt und die für ein simples Return-on-Investment-Management notwendig sind.

Die Agenturen sind aktuell sehr mit ihrer eigenen organisatorischen Transformation beschäftigt. Besonders die Abschaffung der internen Profitcenter-Strukturen ist ein großes Thema. So hat beispielsweise die zum WPP-Werbekonzern gehörende Agenturgruppe Ogilvy im Zuge ihres „Next Chapter"-Transformationsprozesses in 2018 alle Einzel-GmbHs abgeschafft und unter einer Marke (in Deutschland: Ogilvy Germany) mit einer einzigen Gewinn- und Verlustrechnung integriert gebündelt. Unter der neuen Mission „to serve as an integrated creative network that Makes Brands Matter"[137] soll integriertes silofreies Arbeiten möglich werden. Ein ähnliches Bild findet sich bei Publicis, wo es den einzelnen Agenturmarken unter dem Leitspruch „The Power of One" ermöglicht werden soll als Einheit zusammenarbeiten. Gleichzeitig können durch die Reduktion und Bündelung von Administrationsfunktionen Kosten eingespart werden.

Und dann ist da noch der Wunsch der Agenturkunden nach ihrer eigenen Customized Agency – eine exklusiv für ihre Marken geschaffene und tätige Agentur. 2014 hat dies in Deutschland McDonald's mit der extra für sich geschaffenen Agentur Leo's Thjnk Tank – ein Joint Venture der Agenturen Leo Burnett und Thjnk – vorgemacht. Agenturen stellt dies vor beachtliche Herausforderungen, besonders hinsichtlich wirtschaftlicher Abhängigkeit aber auch was die Mitarbeiterzufriedenheit angeht. Denn gerade für die im Kreativbereich tätigen Mitarbeiter, die ihre Tätigkeit über Vielfältigkeit und Betreten von Neuland definieren, ist es keine motivierende Aussicht, dauerhaft für nur eine Marke arbeiten zu können.

Neue Wettbewerber, die sich im Verführungshandwerk breitmachen, tun ein Übriges, um heute den Agenturen das Leben schwer zu machen. So gehen die Vermarkter der Medien-Häuser immer häufiger ohne Zwischenschaltung der Agenturen direkte Geschäftsbeziehungen mit den werbungtreibenden Unternehmen ein. So schreibt beispielsweise Republic, der neue gemeinsame

Vermarkter von Frankfurter Allgemeine und Süddeutscher Zeitung, anlässlich seines Markteintritts in sein Manifest, dass sie für ihre Kunden „wirksame Lösungen aus einer Hand" entwickeln, die „von der klassischen Anzeige bis zu von uns konzipierten und plattformübergreifend ausgespielten Content-Marketing-Kampagnen [reichen]".[138] Hinzu kommen die Consulting-Companies und Software-Schmieden, die Services im Bereich Digitalisierung der Kommunikation und Datamanagement anbieten.

Die Krise der Agenturen wird komplettiert durch Nachwuchssorgen. Geringe Einstiegsgehälter (2017: EUR 2.000–2.300 brutto mtl.)[139] bei gleichzeitiger gegebener höchster Wichtigkeit, die Studierende einem attraktiven Grundgehalt als Faktor für die Wahl des ersten Arbeitgebers zuschreiben (74 %)[140], sind keine gute Voraussetzung für die weitere Entwicklung. Deutlich präferiert wird eine Einstiegsposition im Marketing eines Unternehmens. Zur Beschreibung des Images von Agenturen als Arbeitgeber macht unter den heutigen Studierenden das in den 1970er Jahren entstandene Bonmot des französischen Werbers Jacques Séguéla die Runde: „Sag meiner Mutter nicht, dass ich in der Werbung arbeite. Sie glaubt, ich bin Pianist in einem Bordell." Passend dazu ist die Einschätzung der Vertrauenswürdigkeit der Werbefachleute. Ihr Beruf landet im Ranking des Vertrauens in Berufsgruppen in Deutschland auf dem drittletzten Platz. Weniger Vertrauen genießen nur noch Versicherungsvertreter und Politiker.[141]

## 3.2 Vermittler: lauter Daten, ummauerte Geschäftsfelder und Influencer, die keiner mehr mag

Fügen wir nun der Analyse des Netzes der großen Vier der Verführung (s. Abb. 3.3) ein paar aktuelle Merkmale und Entwicklungen aus dem Bereich der Vermittlung hinzu. Die Player, die diesen Bereich vornehmlich prägen, sind die (Social)Media-Agenturen und die diversen Adtech-Unternehmen. Sie haben sich im Zuge der Digitalisierung der Konsumindustrie herausgebildet und entwickeln sich vernetzt, in wechselseitiger Beeinflussung mit den Entwicklungen in den anderen drei Bereichen (Verführer, Verbraucher und Kommentatoren) weiter. Zu nennen sind besonders Anbieter von Demand Side Platforms (DSPs) und Supply Side Platforms (SSP) sowie von Tracking-/Targeting-Maßnahmen.

*Daten-Hype sorgt für Ineffizienz*
Es ist eine vertrackte Situation. Bei den Verführern kann eine Entwicklung beobachtet werden, die im vorherigen Kapitel mit „Aus der Cookies – Was nun?" überschrieben ist und in deren Zuge die Relevanz des Contextual Targeting

wiederentdeckt wird. Nun haben aber die Vermittler eine technische und organisatorische Infrastruktur aufgebaut, die zu einem Shutdown des Kontextes bei der Planung der Platzierung der diversen Verführungsangebote in den Medien geführt hat. Im Netzwerk der Entwicklungen dürfte diese Kontextblindheit nun aber auch bei den Vermittlern zu Gunsten von Möglichkeiten des Contextual Targeting wieder zurückgehen.

Dass es dazu gekommen ist, lässt sich mit dem Begriff „Programmatic" zusammenfassen. Er ist das sprachliche Symbol schlechthin, welches für den Daten-Hype bei der Vermittlung von Verführungsangeboten in den Medien steht.

Bei programmatisch geschalteter Werbung (engl.: „programmatic advertising") bucht der Werbungtreibende keine festen Plätze mehr in vorab definierten Umfeldern. Die Platzierung der Ads erfolgt stattdessen dynamisch gemäß den Profilen und Interessen der Nutzer. Zusammenfassend ist Programmatic der Oberbegriff für die strukturierte systematische und automatische Vorgehensweise bei der Planung und dem Einkauf von Online-Werbeplätzen mit Hilfe von Software.[142] Dieser Prozess vollzieht sich über Handelsplattformen. Seitens der Vermarkter und Site-Betreiber (Anbieter/Verkäufer von Werbeplätzen) kommen Supply Side Platforms (SSP) und seitens der Media-Agenturen und Trading Desks (Nachfrager/Käufer) Demand Side Platforms (DSP) zum Einsatz (s. Abb. 3.3).

Das besondere Charakteristikum dieses Prozesses ist, dass er ein Realtime Advertising ermöglicht – die automatisierte Aussteuerung digitaler Werbung auf Basis einzelner Werbekontaktchancen in Echtzeit. Mit „Echtzeit" ist gemeint, dass der gesamte Prozess von der Entstehung der Werbekontaktchance über deren Bewertung, den Buchungsabschluss und die Abwicklung bis hin zur Anzeige des Werbemittels beim Nutzer im Regelfall circa 50 Millisekunden dauert. Mittlerweile findet er über DSPs und SSPs millionenfach pro Sekunde statt.[143]

Der Kontext-Shutdown in diesem Prozess beruht darauf, dass in den Datenbanken umfassende demographische und psychographische Daten von Nutzern hinterlegt sind. Diese werden zusammen mit Daten zum Surfverhalten (Behavioral Data) und zu Produkt- und Kaufinteresse genutzt, um ein zielpersonenspezifisches Targeting vorzunehmen. Wird dies mit der oben unter „Künstliche Intelligenz pusht Personalisierungshype" erwähnten Dynamic Creative Optimization (DCO) kombiniert, findet eine programmatische Werbung statt, der nicht nur das individuelle Surfverhalten des Nutzers zugrunde liegt. Vielmehr, so die Idee, wird durch die Vernetzung einer Vielzahl unterschiedlicher Datentypen dem Nutzer sein richtiges, im Sinne von relevant, Werbemittel ausgespielt. Der Kontext, sprich: das Werbeumfeld, in dem das Werbemittel ausgespielt wird, bleibt dabei weitestgehend unberücksichtigt.

## 3.2 Vermittler: lauter Daten, ummauerte Geschäftsfelder und Influencer ...

| Vermarkter / Site-Betreiber | An- und Verkauf der einzelnen Ad Impressions. Der Kauf erfolgt entweder per Gebot auf dem Markt oder über Private Networks zu vorab vertraglich festgelegten Bedingungen. | Media-Agenturen / Trading Desks |
|---|---|---|
| Um sein Inventar im Realtime Advertising (RTA) optimal zu monetisieren, legt der Vermarkter für alle Platzierungen Bedingungen fest. Durch die Rahmenverträge (Menge, Rabatte, Priorisierungen etc.) kategorisiert er zudem seine Kunden- und Media-Agenturen. Dann wählt der Anbieter für jede einzelne Ad Impression aus, ob sie per Gebotsverfahren oder zu einem Festpreis verkauft wird. | **Supply Side Plattform** — Die Technologieplattform für die Verkäufer-Seite (Sell Side bzw. Supply Side) optimiert den Verkauf für die Vermarkter. / **Demand Side Plattform** — Die Technologieplattform für die Käufer-Seite (Demand Side) optimiert Einkauf und Aussteuerung der Media für werbetreibende Unternehmen und Mediaagenturen. | Für den Einkauf der einzelnen Werbekontakte und für die Kampagnenoptimierung nutzt die Media-Agentur einen oder mehrere Trading Desks. Die großen Media-Agenturen bauen eigene Units für die Durchführung von Realtime Advertising auf. Die unabhängigen Media-Agenturen besitzen entweder ebenfalls eine eigene Lösung oder sie arbeiten mit spezialisierten Trading-Desk-Service-Anbietern zusammen. |

**Abb. 3.3** Akteure und Wertschöpfungskette im Realtime Advertising via Supply Side- und Demand Side Platforms. (Quelle: Oliver Busch (2014): Das Realtime-Advertising-Prinzip. In: Oliver Busch (Hrsg.): Realtime Advertising: Digitales Marketing in Echtzeit: Strategien, Konzepte und Perspektiven. Wiesbaden: Springer Gabler. S. 10)

Die Digitalisierung von Out-of-Home (Plakate) und TV ermöglicht programmatische geräteübergreifende Targeting-Möglichkeiten. Beispielsweise können Nutzer, die bestimmte TV-Sendungen oder Streaming-Angebote gesehen haben, gezielt angesprochen werden. Ebenso lassen sich Passanten anhand ihrer GPS-Daten ermitteln, die sich in der Nähe bestimmter digitaler Plakate aufgehalten haben.

Zu ergänzen ist, dass die Unternehmen die Intransparenz beklagen, die Programmatic inhärent ist. Dies betrifft sowohl die Technologie und die Algorithmen als auch die Kostenstruktur des Prozesses. Dies hat 2019 den Bundesverband digitale Wirtschaft (BVDW) veranlasst, das Whitepaper „Gebühren- und Kostentransparenz im Programmatic Advertising"[144] zu veröffentlichen. Denn die aktuelle Situation ist nämlich wie folgt:

Der Mediaagentur wird ein Budget zur Verfügung gestellt, von dem deren Dienstleistung abgezogen wird. Die Gebühren und Kosten, die an DSPs, Vermarkter und deren SSPs, Werbeplatzanbieter (Publisher), Datamanagement-Plattform-und Ad-Verification-Anbieter gehen, bleiben im Verborgenen. Damit verschließt sich den Unternehmen die Möglichkeit der Optimierung der Wertschöpfungskette.[145] Eine aktuelle Studie kommt zu dem erschreckenden Ergebnis, dass der Publisher lediglich 51 % der Werbespendings erhält. 15 % der Spendings können keiner beteiligten Partei zugeordnet werden und verschwinden im Nichts.[146] Nach einem neuen Modell, mit dem der sogenannte Etat-Werbemittel-Effizienz-Faktor der verschiedenen Medien ermittelt wird, sind von dem Geld, das die Verführer in ihre Online-Werbung (Display Ads) investieren, letztlich sogar nur zehn Prozent tatsächlich werbewirksam. Konkret: von 1.000.000 € bereitgestellter Werbegelder verbleiben nach Abzug von Agenturhonoraren, Targeting- und anderen Dienstleistungen, Sophisticated Invalid Traffic (SIVT) inklusive Ad Fraud sowie Brand Safety Management lediglich 95.000,- - Euro für tatsächlich im Netz ausgelieferte Online-Werbung, die mindestens eine Sekunde sichtbar ist. Ausgenommen sind bei dieser Berechnung sogar noch die angefallenen Kosten für die Kreation und Produktion der Ads.[147] Effiziente Verführung geht anders.

*Die Macht der Walled Gardens*
Walled Gardens, ummauerte Gärten, werden in der Branche Online-Plattformen genannt, die Dritten und damit auch werbungtreibenden Unternehmen keinen direkten Zugriff auf ihre Daten gewähren, die diese Walled Gardens von ihren registrierten Nutzern haben. Sie sitzen auf einem riesigen Berg an First-Party-Daten, den sie zu Werbezwecken vermarkten. Die Daten können nur in Kombination mit dem eigenen Werbeinventar dieser Plattformen für die Platzierung von Ads, beispielsweise im Zuge von Programmatic Advertising, genutzt werden. Walled Gardens könnten auch als Player des Mediensystems und nicht in der Konsumindustrie verortet werden. Dies weist auf die Besonderheit der Walled Gardens hin, dass ihr Geschäft ein Netzwerk aus ineinander verwobenen und nicht entflechtbaren Leistungen in den Bereichen Medien, Technologie und Daten ist. Walled Gardens sind daher ein Paradebeispiel für Organisationen, die sich konsequent an der neuen Logik der Konsumindustrie, nämlich der wirtschaftlich sinnhaften Vernetzung im kommunikativen Ökosystem orientieren.

In einem Atemzug mit den Walled Gardens fällt immer wieder das von der Europäischen Union eingeführte Akronym GAFA, das als Mahnung vor der finanziellen Macht großer Internet-Unternehmen steht und das auf die vier Unternehmen *G*oogle, *A*pple, *F*acebook und *A*mazon verweist. Aufgrund der enormen Werbegelder, die vor allem Google, Facebook und Amazon auf sich vereinen, stehen diese Unternehmen stets im Mittelpunkt der Walled-Garden-Diskussion. Stein des Anstoßes ist, dass derartige Unternehmen eben nur nicht filetierbare Pakete aus Medien, Daten und Technologien anbieten. Sie haben bedingt durch

## 3.2 Vermittler: lauter Daten, ummauerte Geschäftsfelder und Influencer ...

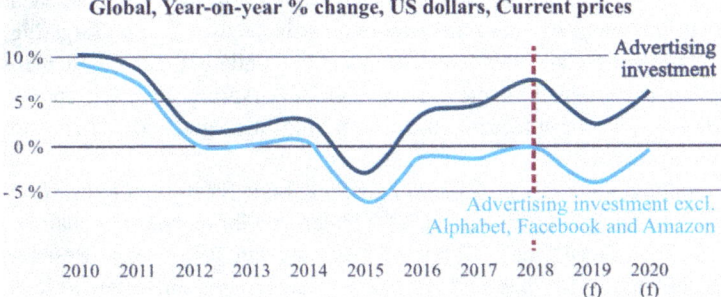

**Abb. 3.4** Globale Werbeausgaben mit und ohne dem „Tripoly" (Google, Facebook, Amazon). (Quelle: WARC (2019): Global Ad Trends: Global ad investment forecast to grow 6 % to $656 billion in 2020, https://www.warc.com/newsandopinion/news/global_ad_trends_global_ad_investment_forecast_to_grow_6_to_656_billion_in_2020/42822, Zugriff am 07.04.2020)

ihre Marktmacht im Online-Werbebusiness eine Gatekeeper-Position inne und vereinen je nach Schätzung im deutsen Markt 65 bis 75 % der digitalen Werbespendings auf sich. Weltweit verbuchen allein Facebook und Google über die Hälfte (56 %) des globalen Digitalwerbebudgets auf ihren Konten.[148] Wie mächtig die GAFA den Online-Verführungsmarkt im Griff hat, zeigt auch ein Blick auf die Entwicklung der Werbeausgaben. Seit dem Jahr 2016 ist ein jährlicher Anstieg der weltweiten Werbeausgaben nur dank den Werbegeldern zu verzeichnen, die zu dem „Tripoly", nämlich Alphabet (Google), Facebook und Amazon fließen (s. Abb. 3.4).

Vor allem kleineren Unternehmen, die nicht über die Ressourcen (z. B. Fachpersonal, Werbebudgets) für ein ausgeklügeltes differenziertes Online-Marketing verfügen, bietet sich die Schaltung von Werbung auf den Tripoly-Plattformen an. Sie erhalten in einem One-Stop-Shopping alle Notwendigkeiten (Technologie, Daten, Media) aus einer Hand und können sich so das Internet und die sozialen Medien in einer Art Convenience Marketing erschließen. Dies birgt aber – selbst für Großunternehmen, die ein ausgefeiltes Online-Marketing betreiben – einige Nachteile:

- Die marktbeherrschende Stellung der GAFA verleiht ihr gegenüber den Unternehmen und ihre Agenturen eine Verhandlungsmacht, die andere Anbieter von Online-Werbeflächen, auch große, in dieser Art nicht haben.

- Dadurch, dass die Unternehmen keinen direkten Zugriff auf ihre eigenen Daten haben, können gewonnene Erkenntnisse, beispielsweise zum Targeting, nicht auf Kampagnen, die die Unternehmen über andere Plattformen realisieren, verglichen werden. Ein integriertes Online-Marketing, das sich an einer einheitlichen plattformübergreifenden Targeting-Strategie und Metrik orientiert, ist nicht möglich.
- Unternehmen werden dazu gezwungen, nicht nur für die Buchung von Werbeflächen zu bezahlen, sondern auch für Daten, die ihr eigenes Geschäft betreffen (z. B. Targeting-Daten). Wenn sie Websites mit sehr vielen Besuchen und Seitenaufrufen betreiben und auf Support-Leistungen zugreifen wollen, fallen darüber hinaus auch Kosten für die Mediatechnologien der Walled Gardens an (beispielsweise kostet Google Analytics 360 für bis zu 500 Mio. Hits pro Monat rund EUR 135.000 € jährlich, Stand April 2020).

Zusammenfassend ergibt sich aus der Sicht der Mediaverantwortlichen und -einkäufer ein ambivalentes Meinungsbild zu den Walled Gardens. Einerseits sind Reichweite, Usability, Technologie und Skalierbarkeit von Google und Facebook wichtige Vorteile, andererseits sind die Media-Manager genötigt, dann eben nur diese Mediakanäle auswählen zu können sowie einen Verlust der Datenhoheit akzeptieren zu müssen.[149]

Dank des von der EU-Kommission in 2020 verabschiedeten Digital Markets Act, mit dem besonders das Geschäftsgebaren großer Plattformen transparenter gestaltet werden soll, soll sich diese Situation jedoch jetzt ändern. Die Plattformen müssen nun den werbungtreibenden Unternehmen unter anderem Zugriff auf ihre Daten ermöglichen und sie mit Informationen und Tools versorgen, die ihnen ihre eigene unabhängige Überprüfung ihrer werblichen Aktivitäten auf den Plattformen ermöglichen.[150]

*Likes? Nicht mehr ganz so wichtig*

Eigentlich hielt sich der Aufschrei der Instagram-Nutzer in Grenzen als im November 2019 Instagram die sukzessive Abschaltung der Like-Anzeigen unter den Instagram-Posts in Deutschland ankündigte. Nachdem in mehreren Ländern erste Tests erfolgreich verlaufen waren, testete Instagram auch die Akzeptanz der Like-Abschaltung in Deutschland. Nicht alle Nutzer waren davon betroffen. Die jedoch betroffenen Account-Inhaber sahen nur noch selbst die Anzahl der Likes ihrer Posts, andere Nutzer sahen nicht mehr wie viele Likes der Post des Account-Inhabers bekommen hat.

Mittlerweile hat Instagram jedoch eine Rolle rückwärts gemacht und die Kontrolle, ob überhaupt und wenn ja, welche Likes angezeigt werden, in die Hände der Nutzer gelegt.[151] Wesentlichen Einfluss auf diese Umorientierung von Instagram dürften die Influencer gehabt haben. Denn in ökonomischer Hinsicht hätte die konsequente Abschaltung der Likes folgenschwere Folgen für die Influencer und damit letztlich auch für Instagram gehabt. Influencer vermitteln im Auftrag von Unternehmen Content zu bestimmten Themen oder Marken (Texte, Bilder, Videos etc.) in ihren sozialen Netzen. Die Personen (Fans, Follower, Abonnenten), die Influencern auf den Social Media (z. B. Instagram) folgen, tun dies aufgrund ihres Interesses für die Inhalte und vor allem auch, weil sie den Influencer als glaubwürdige und authentische Person erleben und ihr für das jeweilige Thema oft einen Expertenstatus zusprechen. Aus der Anzahl der Likes und der Kommentare zu einem Post wird die Engagement-Rate ermittelt, indem erfolgte Likes und Kommentare zur Followerzahl des Influencers ins Verhältnis gesetzt werden. Aus Sicht der Unternehmen sind in vielen Fällen die Anzahl der Follower und die Engagement-Rate wichtige Kriterien für die Auswahl eines Influencers.

Ein Grund, warum Instagram die Währung „Likes" aufweicht, dürfte – so absurd es auf den ersten Blick erscheinen mag – sein, dass durch die Möglichkeit des Verzichts auf die Ermittlung der Erfolgskennzahl Engagement-Rate das Influencer Marketing auf Instagram für die Unternehmen attraktiver werden soll. Bedingt durch die oben im Absatz „Betrogene Verführer" erwähnte Problematik des Invalid Traffic durch Bots sowie gekaufte Follower und Likes hat die Aussagekraft der Engagement-Rate stark an Vertrauen verloren. Weiterhin ist anzuzweifeln, ob ein Like tatsächlich für „Gefallen" steht oder der Klick auf den Like-Button mittlerweile bei der Generation Z nicht schlicht „Gesehen" bedeutet. Instagram und dessen Mutterkonzern Facebook sind daher gefordert, neue validere Kennzahlen zu entwickeln.

Durch Aufweichung der strikten Likes-Orientierung kann davon ausgegangen werden, dass sich die Erzeugung von Posts zukünftig weniger nach der Maxime der Aufmerksamkeitsökonomie, dokumentiert über die Like-Anzahl richtet, sondern verstärkt auch qualitativ-inhaltliche Aspekte der Post-Produktion zugrunde liegen.

Dass nicht Menge, sondern Qualität zu einem zentralen Erfolgskriterium des Influencer Marketings geworden ist, wird durch den Trend zu Nano-Influencern (1.000–5.000 Follower), und Micro-Influencern (5.000–20.000 Follower) bestätigt, die gemeinsam mit jeweils 35 bzw. 43 % den deutschen Markt dominieren. Macro-Influencer (100.000–1.000.000 Follower) sind mit 0,16 % deutlich unterrepräsentiert.[152]

Mögliche alternative aussagekräftigere Kennzahlen für das Management des Influencer Marketings könnten beispielsweise der Brand Fit (Passung des Influencers zur Marke) oder der Audience Fit (Passung des Influencers zur Zielgruppe) sein. Aber auch die Glaubwürdigkeit, Beziehungs-/Interaktionsnähe zwischen Influencer und Follower, wahrgenommene Attraktivität (Coolness des Influencers) oder die inhaltliche Güte des Follower-generated Content (Kommentare, Hashtags) können beispielhafte Erfolgsparameter sein.

Grundsätzlich weist der Schritt von Instagram, den Stellenwert von Likes herabzusetzen, darauf hin, dass sich die Konsumindustrie zumindest im Bereich der Vermittlung ihrer Verführungsangebote anscheinend langsam des großen Engagement-Missverständnisses (s. den Absatz oben) bewusstwird – was wir natürlich sehr begrüßen.

## 3.3 Verbraucher: Bitte nicht zu persönlich werden!

Damit kommen wir im Netz der Großen Vier der Verführung zu uns, den Verbrauchern (s. Abb. 3.1). Wir sind aber nicht nur Verbraucher und Kunden, sondern während unseren Mediennutzungen auch in der Rolle passiver oder (inter)aktiver Rezipienten von Verführungsangeboten. Auch hier gilt im Folgenden, dass die beschriebenen Merkmale und Entwicklungen nur im Zusammenhang, also im Netzwerk mit den Entwicklungen in den anderen drei Bereichen (Verführer, Vermittler und Kommentatoren) des kommunikativen Ökosystems entstanden sind und folglich auch nur in diesem Kontext verstanden und interpretiert werden können.

Welche Hinweise finden wir nun bei uns selbst, die uns Aufschluss über den Zustand unserer Verbrauchersouveränität und -autonomie geben?

*Verführung gewünscht? Ja. Nein. Vielleicht. Aber nicht zu persönlich*
So kann das Ergebnis eine Studie zu unserer Akzeptanz von Werbung und unserem Autonomieempfinden in der Konsumindustrie zusammengefasst werden. Schwarz-weiß davon auszugehen, dass es einerseits Werbemuffel und andererseits Werbefans gibt, greift zu kurz. Stattdessen kann ein Spektrum an Verbrauchertypen identifiziert werden, die sich durch ihr unterschiedliches Erleben der Verführungsangebote auszeichnen:[153]

- Kategorisch distanzierter Typ: „Jedes Mal, wenn ich Werbung sehe, bin ich so genervt, weil es mich wirklich aufregt."
- Indifferent kontingenter Typ: „Die Werbung ist so weit weg von mir, dass ich hierzu eigentlich gar nichts sagen kann."
- Ambivalent pragmatischer Typ: „Werbung ist halt da, und das ist auch ok."

- Hedonistisch selektiver Typ: „Eine Welt ohne Werbung wäre für mich langweilig."
- Konsumorientiert impulsiver Typ: „Ich ertappe mich regelmäßig dabei, dass ich auf gewisse Dinge anspringe."

Dass wir eine ablehnende Haltung gegenüber den Verführungsversuchen der Konsumindustrie haben können, darf nicht verwundern. Ist dies doch in der Natur dieses Verführungstypus fest verankert. Jeder weiß, dass Werbung eine Form beeinflussender Kommunikation ist, die zur Erreichung bestimmter Ziele des Verführers dient. Dies kann mit gefühlter Freiheitseinschränkung einhergehen, die in Reaktanz mündet, deren Ausmaß individuell variieren kann. Wir werden dann dazu motiviert, den subjektiv wahrgenommenen eingeengten Freiheitsspielraum wiederherzustellen – vor allem dann, wenn man uns regelrecht bedrängt, etwas bestimmtes zu tun.[154]

Wie lässt sich unsere ablehnende Haltung gegenüber heutiger Werbung näher konkretisieren und was sind die Folgen?

Zunächst einmal glauben heute 86 %, dass Werbung grundsätzlich lügt, 82 % fühlen sich von Werbung gestört und 55 % Prozent von Werbung getäuscht.[155]

Mit Blick auf das Internet empfinden rund 87 %, dass die Masse an Online-Werbung immer mehr zugenommen hat und 74 % fühlen sich bei der Nutzung gewünschter Inhalte gestört.[156]

Je nach Messmethodik schwankt die Rate der deutschen Internet-Nutzer, die einen Adblocker nutzen zwischen 23 % (4. Quartal 2019)[157] und 48 % in 2020[158]. In der Altersgruppe der 15–35-Jährigen nutzen mehr von uns einen Ad-Blocker als dass wir keinen nutzen (Abb. 3.5).

Damit zusammenhängend weisen zahlreiche Studien eine geringe Akzeptanz von Display Ads nach, die sich der immer noch häufig zu beklagenden Irrelevanz der Werbung verdankt. Nur fünf Prozent von uns halten Display Ads für relevant, 54 % halten sie für nicht relevant und 27 % sind neutral eingestellt.[159] Die Ads, so die überwiegende Meinung, passen selten zu unseren momentanen Bedürfnissen und Interessen trotz Cookie-basiertem Targeting.[160]

Die diversen Tracking-Methoden und die Verknüpfung von bislang voneinander getrennten Daten nähren unseren Dark-Arts-Verdacht, der zu Überwachungsangst und zum sogenannten Lurking, unserer rein passiven Nutzung von Internet Foren und Social Media, führt.

„User müssen eben wirklich vor allem darauf achten, dass man nicht zu viel im Internet von sich selber preisgibt."[161]

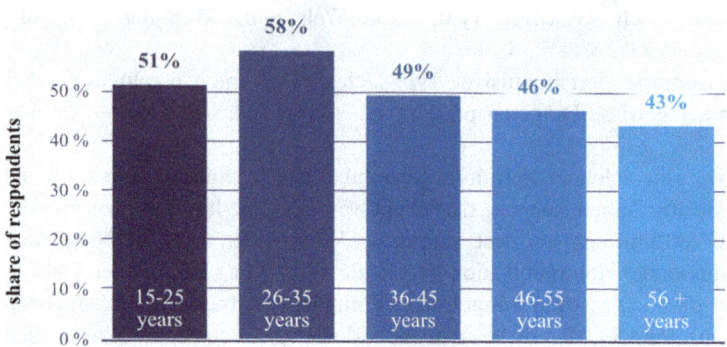

**Abb. 3.5** Ad-Blocker-Nutzer in Deutschland 2020, nach Alter. (Quelle: AudienceProject (2020), https://www.statista.com/statistics/875609/ad-blocker-users-in-germany-by-age-group/, Zugriff am 13.01.2021)

So beläuft sich der Anteil der Facebook-Lurker auf rund 53 %.[162]

Weiterer sehr konkreter Ausdruck unseres Dark-Arts-Verdachts ist die Angst vor Manipulation. Wir lehnen Online-Werbung mit einem hohen Maß an Interventionstiefe ab. Zu viel Personalisierung, das Gefühl beobachtet zu werden und ein Mangel an Transparenz betreffend die Nutzung, Funktionsweise und Ziele eingesetzter Algorithmen schüren unseren Verdacht, dass wir manipuliert werden könnten (Abb. 3.6). Immerhin sehen sich aber rund ein Drittel von uns lieber personalisierte als nicht-personalisierte Werbung an (Abb. 3.6). Dies könnte darauf hindeuten, dass einige von uns anscheinend keine Ängste vor den heute eingesetzten digitalen Verführungstechniken der Konsumindustrie haben.

Ein ähnliches Meinungsbild zeigt sich, wenn nur die sozialen Medien fokussiert werden. Erinnern wir uns daran, dass sich Facebook in seiner 2017-Kampagne „Mache Facebook zu deinem Facebook" dazu genötigt sah, uns zu erklären, wie wir die Hoheit über unsere Daten behalten können. Das hat aber nichts daran geändert, dass über die Mehrheit der Social-Media-Nutzer in Deutschland und Frankreich (57 %) keine personalisierten Anzeigen in den sozialen Medien sehen will. Besonders die Nutzung von Daten aus den Bereichen Einkommen, Gesundheit und politische, sexuelle oder religiöse Orientierung wird abgelehnt (>80 %). Aber selbst das Alter sollte nach mehrheitlicher Meinung nicht für kommerzielles Targeting genutzt werden (52 %). Lediglich 11 % der Social-Media-Nutzer haben kein Problem damit, dass ihre persönlichen Daten für Werbezwecke genutzt werden.[163]

## 3.3 Verbraucher: Bitte nicht zu persönlich werden!

**Abb. 3.6** Einstellung gegenüber personalisierter Online-Werbung (Stimme voll und ganz bzw. stimme eher zu). (Quelle: PwC (2019): Personalisierte Werbung und E-Privacy 2019. PricewaterhouseCoopers GmbH Wirtschaftsprüfungsgesellschaft, n = 1.000, > 18 Jahre, https://www.pwc.de/de/technologie-medien-und-telekommunikation/bevoelkerungsbefragung-personalisierte-werbung.pdf, Zugriff am 10.04.2020. S. 22)

*Verführt zu werden, lohnt sich*

Es ist, zumindest bislang, keine Entwicklung auf wirklich breiter Ebene, dennoch soll sie hier nicht unerwähnt bleiben. Veranschaulicht sie doch plakativ die strukturellen Umwälzungen, die aktuell im Netz der großen Vier der Verführung vonstattengehen. Gemeint ist, dass im Zuge der Vermittlung der Verführungsangebote in der Konsumindustrie nicht mehr wie bislang nur Geld von den Verführern zu den Medien fließt, sondern auch von den Verführern und den Vermittlern zu uns, den Verbrauchern, und darüber hinaus sogar von uns zu den Vermittlern. Kurzum, nicht mehr nur für die Vermittlung von Verführungsangeboten, sondern auch für deren Rezeption wird bezahlt. Dies können wir als ein Zeichen dafür deuten, dass die Verführer unsere Autonomie und Souveränität hinsichtlich unserer Entscheidung, ob wir uns verführen lassen wollen oder nicht, im wahrsten Sinne des Wortes einkassieren wollen.

Eigentlich ist das Prinzip des *Rewarded Advertising* nicht neu. Werden wir doch heute vor nahezu jedem Video, das wir gerne sehen möchten, zum Ansehen eines Werbevideos (Preroll Ad) verdammt, bevor wir uns dann nach Ablauf der Ad – oder nach fünf Sekunden, nach denen die Ad übersprungen werden kann (In-Stream Ads) – mit dem gewollten Video belohnen können. Ähnlich ließe sich argumentieren, dass auch im klassischen linearen TV wir nach jedem Werbeblock mit dem Beginn oder der Fortsetzung des Films, den wir gerade sehen wollen, belohnt werden.

Im Gaming-Bereich hat sich besonders im Zuge von Video Advertising nun aber eine mittlerweile sehr beliebte Form des direkten Rewarded Advertising etabliert. Spieler erhalten für den Konsum von Werbespots virtuelle Güter – beispielsweise ein Extraleben oder einen neuen Charakter –, einen Testzugang oder ähnliches.

Dieses Prinzip findet sich mittlerweile auch außerhalb des Gaming- im App- und Social-Media-Bereich. Beispielsweise bietet Google mit seinem Werbenetzwerk AdMob die Möglichkeit der Integration von Rewarded Ads in Apps an[164] und Facebook ermöglicht die Platzierung von Rewarded Video Ads.[165] Mittlerweile hat sich eine ganz Branche von App-Anbietern herausgebildet (beispielsweise Slidejoy oder Fronto), die sich darauf spezialisiert haben, Nutzer dafür zu vergüten, dass sie sich Werbung ansehen, etwa beim Entsperren ihres Bildschirms. Immerhin finden 84 % von uns, die zwischen 16–54 Jahre alt sind, dieses Modell Belohnung-für-Werbung-sehen gut.[166]

Auch im Browser-Bereich hat das Rewarded Advertising Einzug gehalten. Im Browser Brave (brave.com) ist ein Blockchain-basiertes Werbemodell integriert, das unsere Aufmerksamkeit in eine Währung umrechnet, die sogenannten Basic Attention Tokens. Diese können wir an Websites spenden, die wir gerne unterstützen möchten.[167]

Auch sind über 70 % von uns der Meinung, dass Internet-Anbieter nicht unentgeltlich unsere persönlichen Daten für Marketingzwecke verwenden sollten, sondern für alle Daten, die für die Erbringung ihrer technologisch einwandfreien Kommunikation hinausgehen, bezahlen sollten.[168]

Schließlich findet sich mittlerweile auch das genau gegenteilige Phänomen, dass wir Vermittler dafür bezahlen, dass wir deren kommerzielle Botschaften empfangen dürfen.[169] So bietet beispielsweise auf Instagram Gabi Abrão (122.000 Instagram Follower, Stand Juni 2021) unter dem Namen Sigh Swoon die Möglichkeit, im Rahmen eines Abos – wobei drei Pakete von USD 3,33 bis

USD 13,--/monatlich zur Auswahl stehen – auf ihre „Enge-Freunde"-Liste gesetzt zu werden und ihr zu folgen. Abgewickelt wird dies über die Creators-Plattform Patreon (patreon.com), die die Inhalte von über 200.000 Creators (Menschen, die kreativen Content im weitesten Sinn produzieren), auf diese Weise vermarktet.

„Mit Patreon gibst du deinen Fans die Möglichkeit, durch einen monatlichen Beitrag aktiv zu den Projekten beizutragen, die ihnen am Herzen liegen. Du gibst ihnen Zugang zu exklusiven Inhalten sowie einer Community und bietest Einblicke in deinen kreativen Schaffensprozess."[170]

Schließlich ist darauf hinzuweisen, dass wer partout keine Werbung sehen will auf die zunehmenden Angebote im Bereich werbebefreiter Medienangebote zurückgreifen kann. Dies sind Medienangebote, bei denen sich Nutzer gegen eine monatliche Gebühr weitestgehend von Werbung und Tracking freikaufen können, beispielsweise das Spiegel PUR-Abo für EUR 4,99/monatlich oder YouTube Premium (werbefrei) für EUR 11,99/monatlich.

*Sehnsucht nach Vernetzung – oder: „Ich bin eine Werbeagentur!"*
Wirklich überraschend ist der Befund nicht, dass unser tägliches Mediennutzungsportfolio abhängig vom Alter ist. Die Generation Z verbringt täglich über zwei Stunden auf Social-Media-Plattformen und damit rund 20 Minuten mehr als vor dem TV-Gerät (Abb. 3.7). In den anderen Generationen ist immer noch das TV das Medium mit der höchsten täglichen Nutzungsdauer.

Auch überrascht nicht das Ergebnis, dass mit zunehmendem Alter Printmedien (Zeitungen, Zeitschriften) stärker genutzt werden. Die Nutzungsintensität von Radio hingegen ist zwar bei den jüngeren Jahrgängen (geb. ab 1981) niedriger, bei den älteren (geb. vor 1981) finden sich dann jedoch keine Unterschiede mehr.

Viele Studien bestätigen diesen tiefgreifenden Wandel der Mediennutzung. Er wird von der Generation Z vorangetrieben, die als »Digital Natives« maßgeblichen Einfluss auf die Zukunft der traditionellen Medien haben. Das bisherige Leitmedium TV wird dabei weiter verlieren. Das klassische lineare TV wird in den nächsten zehn Jahren im Durchschnitt und über alle Zuschauergruppen hinweg an Sehdauer zwischen 20 und 38 % verlieren.[171] Neben den Social Media werden auch die Audio- und Video-Streaming-Dienste (z. B. Netflix) die Gewinner sein. Es liegt auf der Hand, dass diese Entwicklung im Wechselspiel mit den übrigen Entwicklungen in der Konsumindustrie zu einschneidenden Veränderungen im Verführungshandwerk führen wird.

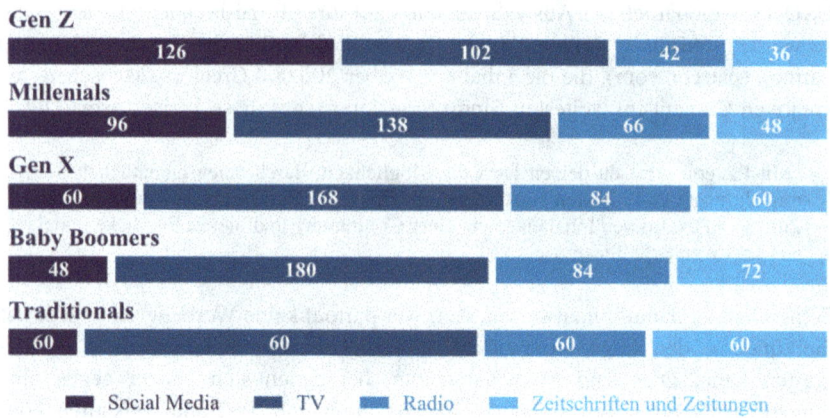

**Abb. 3.7** Tägliche Mediennutzung nach Medien in Minuten. (Quelle: Readly-Befragung (2019): Scrollst Du noch oder liest Du schon?(n = 2.000), https://storiesde.readly.com/reading-habits/, Zugriff am 15.04.2020) Legende: Gen Z: geb. ab 1996, Millenials: geb. 1981–1995, Gen X: geb. 1966–1980, Baby Boomers: geb. 1956–1965, Traditionals: geb. bis 1955

Auch in qualitativer Hinsicht müssen die etablierten Medien Abstriche in Kauf nehmen. Diese Medien werden nicht mehr mit dem Grad an Vertrauen genutzt, wie es bislang der Fall war. Misstrauten 2008 nur 9 % der Deutschen grundsätzlich den Medien, sind es 2019 28 %. Trotz zunehmenden Widerspruchs in der Bevölkerung gegen Lügenpresse-Vorwürfe, zeigt die Fake-News-Debatte also ihre Wirkung. 18 % meinen, dass die Medien uns systematisch betrügen.[172]

Besonders beachtenswert ist die gleichzeitige Social-Media-Nutzungsexplosion in der Generation Z. Sie ist Ausdruck der Sehnsucht nach Vernetzung in dieser Generation.

Zwei konkrete Gründe der Nutzung sozialer Medien konkretisieren diese Sehnsucht:

- mit anderen in Kontakt treten und in Verbindung bleiben zu können
- den Eindruck, den man auf andere macht, beeinflussen zu können.

Diese Motive gab es schon lange bevor Facebook, Instagram, TikTok und andere soziale Medien entstanden sind. Es handelt sich um grundlegende menschliche soziale Antriebe, die nun medial ausgelebt werden können.[173] Vernetzung ermöglicht die Zugehörigkeit zu einer sozialen Gruppe, was für Menschen ebenso

## 3.3 Verbraucher: Bitte nicht zu persönlich werden!

wichtig ist, wie grundlegende biologische Bedürfnisse (z. B. Essen). Die sozialen Medien ermöglichen die mediale Befriedigung des Vernetzungsbedürfnisses, indem sie besonders die folgenden Handlungen ermöglichen:

- Informationen senden (z. B. Text, Bilder, Videos, Links etc.)
- Feedback zu gesendeten Informationen erhalten (z. B. Kommentare, Likes etc.)
- Informationen beobachten, die Andere senden
- Feedback zu Beiträgen von Anderen geben
- soziale Vergleiche vornehmen (z. B. Anzahl der Likes, Größe der sozialen Netzwerke, Feedback von Nutzern).[174]

Vor allem das Senden von Informationen dient der Beeinflussung des Eindrucks, den wir auf andere machen. Es geht um Selbstdarstellung. Dass Selbstdarstellung grundsätzlich sinnvoll ist, liegt auf der Hand. Sie wird benötigt, wenn wir Mitglied in sozialen Gruppen sein wollen, sozial akzeptiert werden möchten, unserer Person ein bestimmtes Image geben und uns damit von anderen personellen Inszenierungsoptionen abgrenzen möchten. Es geht also, wie die Selbstdarstellungstheorie postuliert, zusammenfassend um die Kontrolle und die Steuerung des Eindrucks, den wir auf andere machen möchten.[175]

Die sozialen Medien sind prädestiniert dazu, unsere Selbstdarstellung zu managen. Dank ihnen kann jeder zu seiner eigenen Werbeagentur werden. Ihre medialen Spezifika ermöglichen eine idealisierte Selbstdarstellung, da der Nutzer die Möglichkeit hat, auszuwählen, welche Aspekte er von sich darstellen möchte und welche nicht. Die Asynchronität der Kommunikationssituation begünstigt die Idealisierung, da – anders als in der Face-to-Face-Situation eines direkten Gespräches – mehr Zeit für ein strategisch abgewogenes Vorgehen ist.

Die mediale Befriedigung der Sehnsucht nach Vernetzung wird in den Social Media als besonders intensiv erlebt, da sie mit sozialen Belohnungen einhergeht, die wir erhalten. Studien der Hirnforschung, die bildgebende Verfahren einsetzten, haben nachgewiesen, dass möglichst viele Likes als Reaktion auf einen Instagram-Post beim Post-Verfasser zu einer Aktivierung des Hirnareals führt, in dem sich das Belohnungssystem des Menschen befindet. Dieses Areal wird auch im Falle von Freundschaftsanfragen aktiviert. Folglich werden Social Media besonders auch deswegen regelmäßig genutzt, weil die Mediennutzung im Modus einer ständigen Erwartung eines positiven Feedbacks (Likes, Kommentare) oder einer Kontaktanfrage erfolgt.[176]

Zusammenfassend formuliert ist die Sehnsucht nach Vernetzung die Summe unserer Wünsche, dass wir Bedürfnisse in den Bereichen Kontakte, Selbstdarstellung und Belohnung befriedigen können.

## 3.4 Kommentatoren: Weg mit dem Schrott im Netz. Wir brauchen Kreativität und ein neues Verständnis, wie Verführung funktioniert!

Wir wollen unsere Analyse der Entwicklungen im Netz der großen Vier der Verführung mit einem kurzen Blick auf die Kommentatoren abschließen. Das sind diejenigen Player im kommunikativen Ökosystem der Konsumindustrie, die die Verführungsentwicklungen, -strategien, -angebote etc., kurzum all das, was im Bereich der Verführung der Konsumindustrie einen Nachrichtenwert hat, thematisieren. Dies können Verbände (z. B. Gesamtverband Kommunikationsagenturen GWA), Kreativwettbewerbe (z. B. International Festival of Creativity), Opinion Leader (z. B. CEOs von Agenturen) oder Medien (z. B. Fachzeitschriften) der Branche sein, die in der Branchenöffentlichkeit das Wort ergreifen und Ihre Meinung zu branchenrelevanten Ereignissen kundtun. Als professionelle Kommentatoren produzieren sie Medienangebote, mit denen sie für die Institutionalisierung von Reflexivität in der Verführungsbranche sorgen. Denn sie halten allen Beteiligten (Verführern, Vermittlern, Verbrauchern und sich selbst) einen jeweils vom Kommentator individuell ausgerichteten Spiegel vor. Die dadurch stattfindende Selbstbeobachtung kann Diskussionen, Neu-Interpretationen oder organisatorische Veränderungen anstoßen, die auch eine Neuorganisation des Sinnzusammenhangs und der Handlungslogik im Netzwerk der Verführung nach sich ziehen können.

*„Macht bessere Werbung!"*
Die öffentlichen Kommentierungen über die Qualität von werblichen Verführungsangeboten haben spätestens mit der Einführung von Werbeblocks im linearen TV richtig Fahrt aufgenommen. Sie gipfelten dann in Überlegungen, dass sich die Qualität eines Spots im zu zahlenden Preis für die Schaltung des Spots niederschlagen sollte.

> „Die Reichweite Ihres Spots ist davon abhängig, was für ein Spot vor Ihrem kommt. Wenn Ihr Spot direkt auf einen nervtötenden Spot folgt, haben Sie eine geringere Reichweite, weil mehr Menschen weggeschaltet haben. Sie zahlen den gleichen Preis,

bekommen aber weniger Leistung. Kommt Ihr Spot nach einem attraktiven Werbespot, haben Sie ein größeres Publikum – Sie bekommen mehr für Ihr Geld. Dieses Phänomen muss nur im Preis abgebildet werden."[177]

Bereits zu diesem Zeitpunkt, 2009, hatte die Qualitätsdebatte eine weitere Baustelle, die sich kontinuierlich vergrößert und mittlerweile ein beachtliches Ausmaß angenommen hat.

Es ist schon ein Zeichen von Größe, Weitsichtigkeit und natürlich Eigennutz, wenn der Profiteur des Online-Marketings schlechthin, Google, zusammen mit den Konsumgüterriesen Procter & Gamble und Unilever sowie dem Bundesverband Digitale Wirtschaft (BVDW) eine Organisation gründet, deren Ziel die Erstellung von Standards für den Einsatz von Werbemitteln bei Internetwerbung ist. So geschehen 2016 als die Coalition for better Ads (https://www.betterads.org) gegründet wurde und die heute einen Zusammenschluss aus Verbänden und Unternehmen darstellt, die im digitalen Medienbusiness involviert sind (neben den vier genannten Gründungsmitgliedern z. B. Facebook, Interactive Advertising Bureau, Microsoft oder GroupM). Ihre Mission ist es, unser Erleben von Online Werbung, vor allem im Display-Bereich, entsprechend unseren Erwartungen, den Nutzerwartungen, zu verbessern.

In umfangreichen Studien untersuchte die Koalition die Wahrnehmung von Anzeigeformaten und identifizierte unsere Akzeptanzschwellen, welche die ersten Schritte in Richtung bessere Display-Ads-Standards darstellen.[178] So erbrachte die Erforschung der „ad experiences" mit mehr als 66.000 Internet-Nutzern weltweit eine Liste der am wenigsten gemochten Display-Formate im Desktop- und im Mobile-Bereich (Abb. 3.8 und 3.9).

Anders als die weitestgehend ergebnislos gebliebene Debatte um Werbeblocks und nervtötende TV-Spots kann die Coalition for better Ads ein durchaus respektables Ergebnis vorweisen. Auf Basis der Studienergebnisse blockt der weltweit am meisten genutzte Browser Google Chrome seit 2018 standardmäßig „Bad Ads", wie Pop-Ups, bildschirmfüllende Anzeigen oder Auto-Play-Videos.

Ergänzt wurden im Februar 2020 Standards für Werbe-Kurzvideos für die eine Obergrenze von acht Minuten festgelegt wurde. Die Coalition for better Ads identifizierte auf Basis einer Befragung von 45.000 Nutzern in acht Ländern drei störende Video-Werbeformen, die von seriösen Anbietern nicht genutzt werden sollten:

- Pre Roll Ads: Videos mit einer Länge von über 31 Sekunden, die nicht innerhalb der ersten sechs Sekunden übersprungen werden können

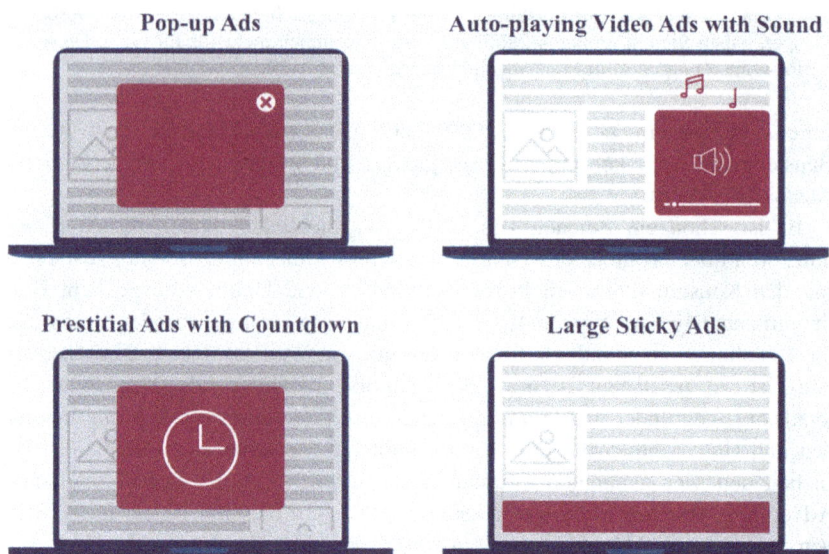

**Abb. 3.8** Am wenigsten gemochte „ad experiences", die am meisten die Nutzer nerven und frustrieren (Desktop). (Quelle: https://www.betterads.org/standards/, Zugriff am 16.04.2020)

- Mid Roll Ads: Videos, die mitten in einem Video abspielen und den Inhalt unterbrechen
- Display Ads: Statische oder animierte Werbe-Displays, die mehr als 20 % des Videoplayers überlagern oder die im mittleren Drittel eines Videoplayers erscheinen.[179]

Neben unmittelbar wahrnehmbaren Eigenschaften eines Werbemittels sind auch die Intransparenz von Datenspeicherung und -verarbeitung – und damit unser Dark Arts-Verdacht – Thema der Qualitätsdebatte. Damit setzt sich in Deutschland der Deutsche Datenschutzrat Online Werbung in Zusammenarbeit mit der European Interactive Digital Advertising Alliance (EDAA) auseinander, worauf in Abschn. 6.3 näher eingegangen wird.

Festhalten lässt sich zusammenfassend, dass in der Konsumindustrie das Thema Qualität der Verführung durchaus präsent und sogar institutionalisiert ist. Dies verdankt sich unserer Verbrauchersouveränität, mit der wir gerade in unserer Rolle als Mediennutzer sehr wohl Einfluss darauf haben, wie wir nicht verführt werden wollen. Wie konsequenzenreich diese noch jungen Initiativen

3.4 Kommentatoren: Weg mit dem Schrott im Netz. Wir brauchen ... 75

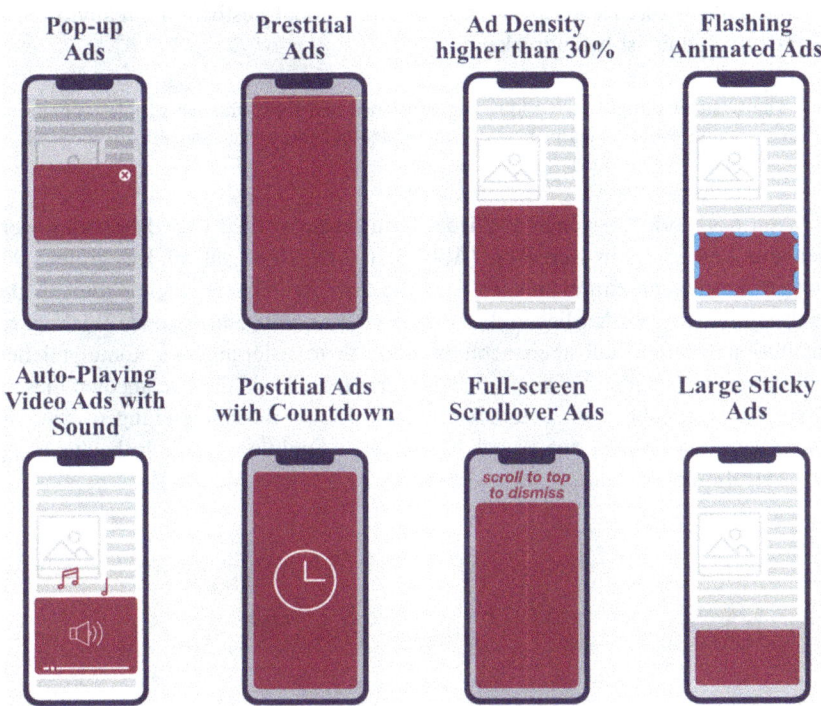

**Abb. 3.9** Am wenigsten gemochte „ad experiences", die am meisten die Nutzer nerven und frustrieren (Mobile). (Quelle: https://www.betterads.org/standards/, Zugriff am 16.04.2020)

zukünftig sein werden, wird sich durch die wechselseitigen Beeinflussungen mit den Entwicklungen in den anderen drei Bereichen (Verführer, Vermittler und Verbraucher) entscheiden. Wir werden in Kap. 6 auf diesen Punkt zurückkommen.

*„Kreativität? Aber bitte integrativ und ernsthaft!"*
Es ist das weltweit renommierteste Kreativfestival der Werbebranche, das jährlich in Cannes in Frankreich stattfindet. Erstmals veranstaltet wurde es 1954 in Venedig unter der Bezeichnung International Advertising Film Festival. 187 Werbespots aus 14 Ländern wurden von Agenturen zur Jurierung eingereicht. Der bronzenen Löwenskulptur auf der Piazza San Marco verdanken die Preise, die auf dem Festival vergeben werden, ihren Namen: goldene, silberne und bronzene Löwen. Es folgte ein Festival in Monte Carlo bevor dann Cannes dessen

Heimatstadt wurde. Heute nennt es sich International Festival of Creativity. Sein Selbstverständnis ist beeindruckend:

> „The Festival brings the world's biggest brands and most creative people together at a unique event to learn, network and celebrate the power and effectiveness of creativity"[180]

In neun Kategorien, sogenannten Tracks, mit insgesamt 28 Unterkategorien werden die Cannes Lions vergeben (Abb. 3.10). Die Vielzahl an Kategorien, der stetige Anstieg an Einreichungen und die Art der eingereichten Arbeiten, die Preise gewinnen, verdeutlichen die Komplexität und die zunehmende Wichtigkeit institutionalisierter Selbstbeobachtung und -thematisierung des kommerziellen Verführungsgeschäfts.[181] Die große Aufmerksamkeit, die die Fachmedien diesem Festival entgegenbringen, unterstreicht dies. Deren Kommentierungen ermöglichen, dass das Festival auf breiter Ebene seine Funktion der Selbstbeobachtung des Verführungsgeschäfts erfüllen kann.

**Abb. 3.10** Award-Kategorien des International Festival of Creativity 2021. (Quelle: https://www.canneslions.com/enter/awards, Zugriff am 01.09.2021)

Wirft man einen Blick auf die hier interessierende Frage, in welche Richtung sich das Kreativitätsverständnis der Branche entwickelt, wie es in den Fachmedien anlässlich des Cannes-Festivals kommentiert wird, dann sind neben anderen vor allem zwei Aspekte hervorzuheben.[182] Zum einen die zunehmende Integration von Agenturen, Consultancies und Technologieunternehmen (inkl. der Walled Gardens), die in scheinbarem Einklang sich gemeinsam und ohne Berührungsängste auf dem Festival präsentieren und die die Vernetzung aus Kreativität, Daten und Technologie als den Königsweg der Verführung im digitalen Zeitalter proklamieren.

Zum zweiten ist es der anhaltende Siegeszug der sogenannten Purpose-driven Ideen. Gemeint ist damit „die große Sehnsucht der Juroren nach echten Arbeiten, die einen positiven Eindruck in der Gesellschaft hinterlassen und obendrein noch sinnstiftend sind"[183], wie ein Werbefachblatt kommentiert. Kommerzielle kreative Verführung soll sich demnach für einen übergeordneten gesellschaftlichen Zweck einsetzen und etwas bewegen. Neu ist dieser Trend nicht, wohl aber, so die Fachpresse, die ernsthafte Prüfung der Juroren, dass das gemeinnützige Anliegen zur Marke passt und es vor allem auch in der Tat etwas bewegt hat.

Wie ernsthaft jedoch diese Prüfung von statten ging, lässt sich nicht mit Gewissheit sagen. Damit ist eine grundsätzliche Kritik am Cannes-Festival angesprochen, die mit dem Begriff der Intransparenz zusammengefasst werden kann. Es liegen keine Informationen darüber vor, weder was eigentlich das jeweilige zugrundeliegende Kreativitätsverständnis der diversen Jurys der Award Tracks betrifft, noch bezüglich des Jurierungsprozesses selbst.

In einem streng wissenschaftlichen Sinn geht es daher bei dem Festival gar nicht um die valide und zuverlässige Messung von Agenturkreativität. Dass ist aber auch gar nicht notwendig, weil die Show im Vordergrund stehen muss. Nur dann spiegelt nämlich das bedeutendste Festival der Verführungsbranche wider, wie sie selbst funktioniert. Es geht nicht um vertrauenswürdige, faktische Nachrichten. Es geht vielmehr um Botschaften, von denen jeder weiß, dass sie nicht die Realität abbilden, sondern versuchen, die Realität mehr oder weniger glaubwürdig und kreativ zu inszenieren, um Begehrlichkeiten zu wecken. Das Cannes-Festival kann daher mit Fug und Recht von sich behaupten, jährlich eindrucksvoller Repräsentant des aktuellen Selbstverständnisses kommerzieller Verführung der Konsumindustrie zu sein.

*„Wir müssen Wirkung als Vernetzungseffekt verstehen!"*
Zweifelsohne ist die Frage nach der Wirkung der Verführungsbemühungen traditionell die Gretchenfrage der mit Kommunikation und Marketing befassten Manager der Konsumindustrie. Entsprechend prägen Entwicklungen in diesen

Bereich die Themen der Kommentatoren. So ist es nicht überraschend, dass es in der Fachpresse seinen Niederschlag findet, wenn sich die in der Branche einflussreiche Organisation Werbungtreibende im Markenverband (OWM) ausführlich mit diesem Thema befasst.

Zentrales Anliegen der OWM ist es, die fragmentierte gattungsspezialisierte und sehr komplex gewordene Medienforschung in eine mediengattungsübergreifende Wirkungsforschung zu überführen. Werbewirkung soll gattungsübergreifend nachvollziehbar werden, indem auch Wirkzusammenhänge zwischen einzelnen Medien erklärt werden können. Für die Bewertung der Wirkungspotenziale von Werbekontakten soll daher zukünftig Gattungsunabhängigkeit gelten.[184]

Ein jüngerer Versuch der Praxis, der mediengattungsübergreifenden Wirkungsforschung neue Impulse zu geben, ist die Studie Medienwirkungsdifferenziale[185]. Sie hat für Printmedien, Online-Medien, TV und Social Media vier mediengattungsübergreifende Wirkungsfaktoren identifiziert: 1) die affektive Erwartungshaltung als Gefühlszustand, in dem Werbung konsumiert wird, 2) das Content-Umfeld, in dem Werbung platziert ist, 3) das Involvement für die Werbeerinnerung und 4) die Nutzungshäufigkeit des Mediums. Ein anderes Beispiel ist das der World Federation of Advertisers (WFA), die mit diversen nationalen Werbeverbänden und großen Unternehmen (z. B. Google, Procter & Gamble, Coca-Cola oder Deutsche Telekom) einen Vorschlag entwickelt hat, wie es technologisch ermöglicht werden kann, dass wir nicht mehr zu oft mit ein und derselben Werbung bombardiert werden – und zwar unabhängig davon, mit welchen Medien, Geräten und Kanälen wir Inhalte empfangen.[186]

Es hat eine enorme Verschwendung von Ressourcen stattgefunden. Die dank Digitalisierung notwendig gewordene Einarbeitung von Mediaentscheidern in technologische Aspekte der Verführungskommunikation hat aufgedeckt, dass viele Themen, Kennzahlen und Versprechen in puncto Wirkung, die von den Medien und ihren Vermarktungsorganisationen kommuniziert werden, nicht länger für akzeptabel gehalten werden. Sie seien vielfach widersprüchlich und nicht entscheidungshilfreich. So berichtet beispielsweise Uwe Storch, Mediachef bei Ferrero:

„Wir hatten mal eine Targeting-Kampagne von fünf verschiedenen renommierten Anbietern testen lassen. Wir hatten fünf verschiedene Ergebnisse. Welches hätten wir nehmen sollen? Wenn die Varianz mich ratlos macht, dann habe ich ein Problem. Meines Erachtens sind die Medien in der Pflicht, über geeignete Tools und Konventionen nachzudenken, das neutral messen zu lassen und sich auf einen Wert zu einigen."[187]

Dies ist deswegen eine Verschwendung von Ressourcen, weil einmal mehr Verführungspraxis und -wissenschaft darauf aufmerksam gemacht werden, wie dringend ihre organisatorische Vernetzung ist, um Fragen vernetzter Wirkungen der Medien effektiv und effizient beantworten zu können. Damit ist nicht nur gemeint, zusammen zunächst einmal die grundsätzliche Frage zu klären, inwiefern überhaupt aufgrund der unterschiedlichen Rezeptionsmodi der Medien (lean back, lean forward, nur visuell, auditiv-visuell, mobil, stationär etc.) eine Attribution eines einzelnen spezifischen Medienkontakts im Netzwerk der Gesamtwirkung aller Medien vorgenommen werden kann (Expertise der Wissenschaft). Dies ist aber Voraussetzung für ein effizientes Media-Management (Expertise der Praxis).

Gemeint ist damit noch grundlegender, dass zunächst einmal überhaupt voneinander Kenntnis genommen wird. So weist beispielsweise die Wissenschaft seit geraumer Zeit auf vernetzte Wirkungseffekte der Kommunikation hin, die bislang seitens der Praxis keine Berücksichtigung finden – zumindest nicht in der Öffentlichkeit. Sei es

- die Gestaltpsychologie in der ersten Hälfte des 20. Jahrhunderts, die der theoretischen Fundierung des Konzeptes der Integrierten Kommunikation diente,[188]
- der in Studien empirisch nachgewiesene Media Multiplier Effekt (MME), der nicht nur eine einfach additive, sondern eben eine multiplikative Wirkung durch den Einsatz von Anzeige und TV-Spot nachgewiesen hat,[189]
- oder auch das in 2012 entwickelte Verfahren des ComIntegration Audit zur Messung der Effektivität integrierter Marketingkommunikation.[190]

Auch könnte ausgehend vom Uses & Gratification-Ansatz eine mediennutzerzentrierte Perspektive, wie sie beispielsweise dem Konzept des Advertising Engagement[191] zugrunde liegt, zur Messung einer mediengattungsübergreifenden Wirkung nützlich sein. Nur um ein paar Beispiele zu nennen.

Als Plattform zur gegenseitigen Kenntnisnahme und darüber hinaus zur organisatorischen Vernetzung von Verführungspraxis und -wissenschaft könnte nach dem Vorbild der Joint-Industry-Committees[192] ein Forschungsgremium mit Vertretern aus Wissenschaft, Medienvermarktern und werbetreibenden Unternehmen dienen, die sich der Entwicklung vernetzter gattungsübergreifender Wirkkennzahlen und Standards annimmt.

# Wir fühlen uns ausgeliefert 4

Schauen wir uns nun in der Gesamtschau die Entwicklungen in den vier Bereichen des Netzes konsumindustrieller Verführungen an (s. Abb. 4.1), sehen wir, dass technologische Aspekte bei den aufgezeigten Entwicklungen eine zentrale Rolle spielen.

Sei es bei den Verführern das (Re)Targeting- und Künstliche Intelligenz-Thema, bei den Vermittlern der Daten-Hype und die Macht der Walled Gardens, bei den Verbrauchern eine nicht gewünschte, zu persönliche Verführung und die gleichzeitige Sehnsucht nach Vernetzung mittels sozialer Medien oder seitens der Kommentatoren das Bemühen um ein qualitativ besseres Werbeerlebnis im Netz und die propagierte Integration der Technologie in ein zeitgemäßes Kreativitätsverständnis. Vernetzte Verführungen und die Feststellung, dass ihre Methoden die neuen Dark Arts der Konsumindustrie repräsentieren, sind, so scheint es, vor allem das Resultat der Interaktionen von Entwicklungen, die technologischer Art und Thematik sind. Dies hat ja auch ganz ähnlich bereits die Diskussion des Cambridge Analytica Case ergeben.

*Kein Leben ohne Technik*
Es wäre aber zu kurz gegriffen, die heutigen Verführungsaktivitäten der Konsumindustrie einzig und allein mit dem Wandel der technologischen Verhältnisse zu erklären. Die heutigen Techniksoziologien[193] lehren uns, dass es nicht mehr angebracht ist, von einer Gegenüberstellung von Mensch und Technik, von einem Diesseits und einem Jenseits der Technik auszugehen, sondern einem Verständnis zu folgen, nach dem Mensch und Technik miteinander verschmolzen sind. Ein Denken in Gegensätzen von Mensch und Technik ist hinfällig geworden. Der Grund dafür ist offensichtlich.

© Der/die Autor(en), exklusiv lizenziert durch Springer Fachmedien
Wiesbaden GmbH, ein Teil von Springer Nature 2021
J. Tropp, *Vernetzte Verführungen*,
https://doi.org/10.1007/978-3-658-35971-3_4

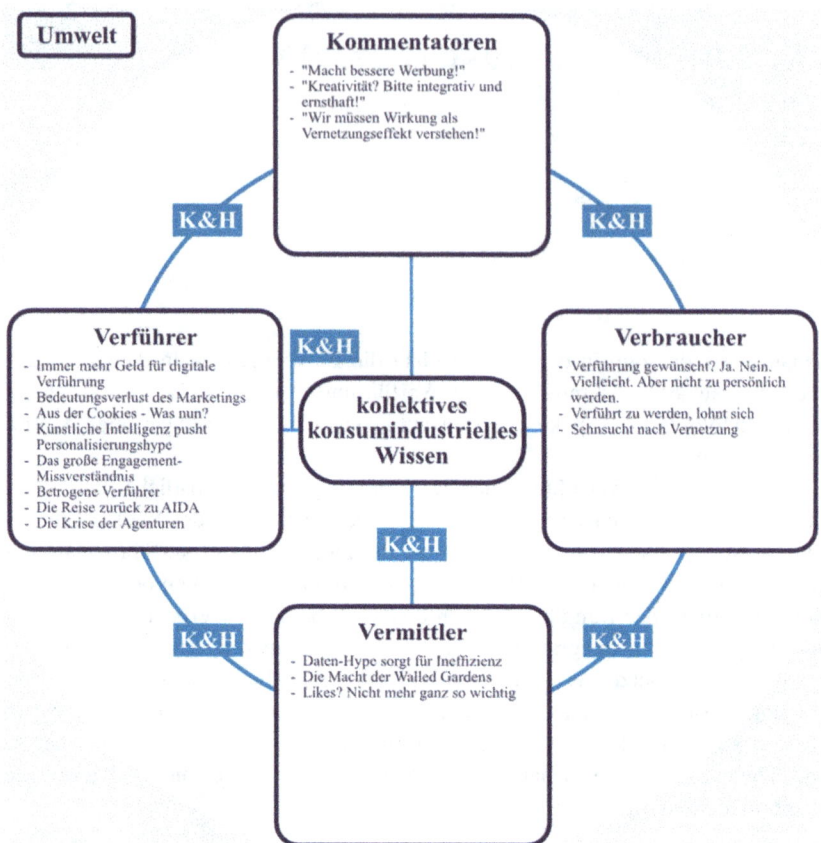

**Abb. 4.1** Entwicklungen im Netz der großen Vier der Verführung (eigene Abbildung). Legende: $K \& H$ = Kommunikationen und Handlungen

Wir leben in Technik, sind im digitalen Zeitalter ohne Technologie nicht gesellschafts- und damit auch nicht mehr überlebensfähig. Gutgemeinte Empfehlungen zum Digital Detoxing für die Generationen der Baby Boomer und Traditionals muten selbst für die Angehörigen dieser Generationen wie ein netter Postgartengruß aus der guten alten analogen Zeit an. Für die Generation Z ist die Empfehlung, sich doch einmal digital zu entgiften, gar ein Aufruf zum kommunikativen und damit sozialen Selbstmord. Die Unterscheidung von Technologie und

Mensch fällt mithin in sich zusammen. Damit ist aber auch das Auseinanderdividieren von technologischen und menschlichen Entwicklungen sinnlos geworden. Die schon erwähnte Entwicklung des Menschenbilds zu einer proteischen Persönlichkeit vervollständigt die Kritik an der Annahme, Technologie und Menschen heute noch voneinander abstrahieren zu können.

Die Entstehung vernetzter Verführung kann also nicht isoliert mit technologischen Entwicklungen erklärt werden. Und genau das verhindert ja die hier gewählte vernetzte Perspektive auf die Konsumindustrie. Die technologische Vernetzung von Geräten und Daten kann nur vernetzt mit nicht-technologischen menschlichen Entwicklungen gedacht werden. So ist beispielsweise die indifferente aber doch eher ablehnende Haltung vieler Verbraucher gegenüber den Verführungen der Konsumindustrie gleichzeitig ein technologisches wie menschliches Phänomen. Diese Betrachtung fördert eine spannende Paradoxie zutage, die die ursprünglich zutiefst menschlich, ja übermenschlich gedachten Konzepte der Magie, Mystik und damit auch der Dark Arts heute in einem anderen, technischen Licht erscheinen lassen.

*Die Angst vor dem Dunkeln*
Denn je mehr Technologie und Algorithmen Teil unseres Lebens werden und dadurch Verführern ermöglichen vermeintlich immer persönlich relevantere Werbung auszuspielen, desto stärker wird unweigerlich unser Gefühl, dass die Verführungstechniken der Konsumindustrie immer intransparenter und geheimnisvoller werden. Gute Werbung und böse Dark Arts sind die beiden Seiten derselben Medaille der Vernetzten Verführung.

Vielleicht fürchten wir ja, dass die Verführungen der Konsumindustrie auf dem Weg sind, ein integraler, selbstverständlicher, allseits akzeptierter Bestandteil unseres alltäglichen Lebens zu werden. Sie also ein persönliches Relevanzniveau erreichen können, welches dazu führt, dass wir eine kommerzielle Verführungsabsicht überhaupt nicht mehr erkennen oder wir auf Verführungsversuche zumindest nicht mehr mit Ablehnung reagieren können. Noch ist es nicht soweit und der Gesetzgeber hat diese mögliche Entwicklung auch genau im Auge – Stichworte: Schleichwerbung, Trennungsgebot von Redaktion und Werbung, DSGVO, Digital Services Act oder ePrivacy-Verordnung. Aber gerade, weil diese mögliche Entwicklung technologisch sehr plausibel und darüber hinaus von vielen als so gefährlich eingeschätzt wird, dass sie mit Gesetzen im Zaum gehalten werden muss, stehen viele von uns den heutigen Verführungen der Konsumindustrie höchst skeptisch gegenüber. Der ideale Nährboden für unser Gefühl, dass Dark Arts eingesetzt werden, die das Verführungsgeschäft verdunkeln, intransparent gestalten und mit nahezu magischen Fähigkeiten ausstatten.

Denn heute ist beobachtbar, dass die Verführer mit ihren Relevanzbemühungen alles daransetzen, dass Werbung nicht mehr als Werbung, im Sinne von Persuasion, wahrgenommen werden soll. Noch gelingt es ihnen nicht. Im Netz fühlen wir uns gestalkt und mit häufig vollkommen irrelevanten Botschaften bombardiert. Wir erleben daher heute, dass die Werbung mit ihren Verführungsangeboten ihre ersehnte aber noch nicht erreichte Entdifferenzierung zwischen Lebenswelt und Werbung kommuniziert. Sie will lebensweltlich relevant sein, schafft es aber noch nicht richtig. Um dies aber zu erreichen, setzen die Verführer immer häufiger Methoden der Vernetzung ein, die für die Verbraucher immer undurchsichtiger werden. Die kommerzielle Verführung will also nicht länger so plump wie bislang ihre eigentlichen Motive deklarieren und Interessen offenlegen. Wir haben zuweilen sogar das Gefühl, dass sie sich für ihre bisherigen vermeintlich irrelevanten Verführungsangebote schämt. Sie bemüht sich bei den Verbrauchern um einen Bewusstseinswandel, genauer, in den Worten von Niklas Luhmann, um einen Wandel der Voraussetzungen, mit denen wir der kommerziellen Verführung begegnen:

> „Die Werbung sucht zu manipulieren, sie arbeitet unaufrichtig und setzt voraus, dass das vorausgesetzt wird."[194]

Die Konsumindustrie will zukünftig also nicht mehr voraussetzen müssen, dass wir voraussetzen, dass ihre Verführungsangebote unaufrichtig sind. Deswegen setzt sie auf persönliche relevante Verführung, wofür sie aber intransparente Technologie und Algorithmisierung benötigt. Die jeweilige persönliche Einschätzung dieser Situation und folglich der Umgang mit der Paradoxie der vernetzten Verführung, gute Werbung mit bösen Dark Arts, bewegen sich auf einem Kontinuum. Wir finden Verbraucher, die rigoros die Intransparenz verurteilen. Sie lassen beispielsweise nur – und zwar gezwungenermaßen – notwendige Cookies zu, die die Grundfunktionen wie Seitennavigation und Zugriff auf sichere Bereiche einer Website ermöglichen, ohne die die Seiten nicht korrekt funktionieren können. Diese Verbraucher sind erbitterte Verfechter der Datenschutzrechte und fürchten sich in den Worten von Ex-Cambridge Analytica-Mitarbeiter Chris Wylie vor dem „inneren Dämon", der sie gegen ihren Willen gemäß den Absichten Dritter und deren Wissen instrumentalisiert.

*Keinen Bock auf Cookie-Banner*
Am anderen Ende des Kontinuums finden sich Verbraucher, die bereit sind, relevante Angebote mit ihren Daten zu bezahlen. Oder aber Verbraucher, die vielleicht einfach nur resigniert haben und schlicht keine Lust haben, sich durch

seitenlange DSGVO-konforme Datenschutzerklärungen zu kämpfen. Für sie sind die durch die DSGVO notwendig gewordenen Cookie-Banner genauso Nerv tötend wie Display Ads. Störend, lästig, irgendetwas Anklicken, Hauptsache weg damit und endlich zum Content kommen, den man eigentlich sucht. Dies gilt mittlerweile für 63 % der Deutschen. Lediglich 16 % lesen die Inhalte dieser Banner, 41 % klicken direkt auf „Alle Cookies akzeptieren" oder „Okay".[195] Zuweilen hat man den Eindruck, dass manche Unternehmen ihre Cookie-Banner trotz EuGH-Urteil vom 1. Oktober 2019[196], das der BGH am 28. Mai 2020 in einem Urteil für Deutschland bekräftigte[197], gezielt auf diesen Mediennutzertyp zuschneiden. Die Nutzer mithin sehr einfach ihr Einverständnis zur Cookie-Nutzung geben können, dadurch aber alle Cookie-Arten abgedeckt werden – also beispielsweise auch Third-Party-Cookies, die ein Online Tracking und, basierend auf den gesammelten Nutzerdaten, ein individualisiertes Retargeting ermöglichen (Abb. 4.2).

Nun hat sich die Datenschutzorganisation My Privacy is None of Your Business (Noyb, www.noyb.eu) dem Thema angenommen und geht mit einer breit angelegten, automatisierten DSGVO-Beschwerdewelle gegen Betreiber von Webseiten mit derartigen Cookie-Bannern vor. Diese verstoßen, Noyb zufolge, gegen die DSGVO, nach der Nutzer eine simple Ja/Nein-Option hinsichtlich ihrer Zustimmung zu Cookies haben müssen. Bis zu 10.000 Beschwerden sollen Unternehmen in Europa zugestellt werden, inklusive einer Anleitung für die Nutzung eines DSGVO-konformen Consent Management Systems.[198]

**Abb. 4.2** Beispiel eines nicht mehr erlaubten Opt-out-Cookie-Banners mit standardmäßiger Vorauswahl unterschiedlicher Cookie-Typen. (Quelle: https://www.it-recht-kanzlei.de/lg-rostock-opt-out-cookie-banner-rechtswidrig.html, Zugriff am 23.08.2021)

*Gegen Beeinflussung wehren wir uns*
Zentrales Kennzeichen der Paradoxie der vernetzten Verführung ist, dass sie von einem Gefühl des Sich-ausgeliefert-Fühlens begleitet wird. Dieses Gefühl ist nicht nur beängstigend, sondern erweckt bei uns sogar den Eindruck der Hilflosigkeit. Wie kann dies erklärt werden?

Zunächst einmal ist es überhaupt nicht verwunderlich, dass wir uns gegen unsere Angst vor Beeinflussungsversuchen wehren. Davon ist auch die Verführung nicht ausgenommen. Der Soziologe und Medientheoretiker Jean Baudrillad geht so weit, dass er meint, dass wir aufgrund dieser Angst sogar die Leidenschaft entwickeln, nicht verführt zu werden.

> „Wir setzen unsere ganze Kraft dafür ein, uns in unserer Wahrheit zu verschanzen, wir kämpfen gegen das, was uns verführen will ... Alle Mittel sind recht, um dem zu entkommen. Sie reichen vom unablässigen Verführen des anderen, um nicht selbst verführt zu werden, bis dahin, so zu tun, als sei man verführt, um mit jeder Verführung kurzen Proze ß zu machen."[199]

Auch weist die Psychologie mit der bereits erwähnten Reaktanztheorie darauf hin, dass Menschen danach drängen einen subjektiv wahrgenommenen eingeengten Freiheitsspielraum wiederherzustellen, wie es beispielsweise im Fall der Wahrnehmung eines kommerziellen Verführungsangebots auftreten kann.

Vergleichbar zeigt die Attributionstheorie auf, wie wir Schlussfolgerungen in Abhängigkeit davon ziehen, dass ein Kommunikator eine bestimmte Position befürwortet, sich für etwas einsetzt oder in einer bestimmten Weise handelt.[200] Unterschiedliche Arten von Attributionen führen dabei zu unterschiedlichen Persuasionsgraden. So besagt das Discounting-Prinzip, dass je mehr wir vermuten, dass die Äußerungen des Verführers auf anderweitigen Umständen beruhen, beispielsweise auf dem Erzielen von persönlichen Vorteilen – wovon wir bei Werbung in der Regel immer ausgehen –, desto weniger werden wir faktische Gegebenheiten, wie beispielsweise die tatsächlichen Eigenschaften eines Produkts, als Grund für die Mitteilung des Verführers einschätzen. Und desto mehr werden wir den Verführer als befangen wahrnehmen und desto weniger überzeugt uns seine Mitteilung.

Aber auch hier ist, wie zum Erlangen und Erhalten unserer Willensfreiheit, der eigentliche Schlüssel zur Erklärung des Gefühls des Sich-ausgeliefert-Fühlens und der Hilflosigkeit unser Bewusstsein, unser Wissen. Dieses steuert unsere Kontrolle über die Verführungsversuche der Konsumindustrie. Erklärt werden kann dies mit dem Persuasion Knowledge Model – ein Modell, das die Funktionsweise unseres Beeinflussungswissens erklärt (Abb. 4.3).

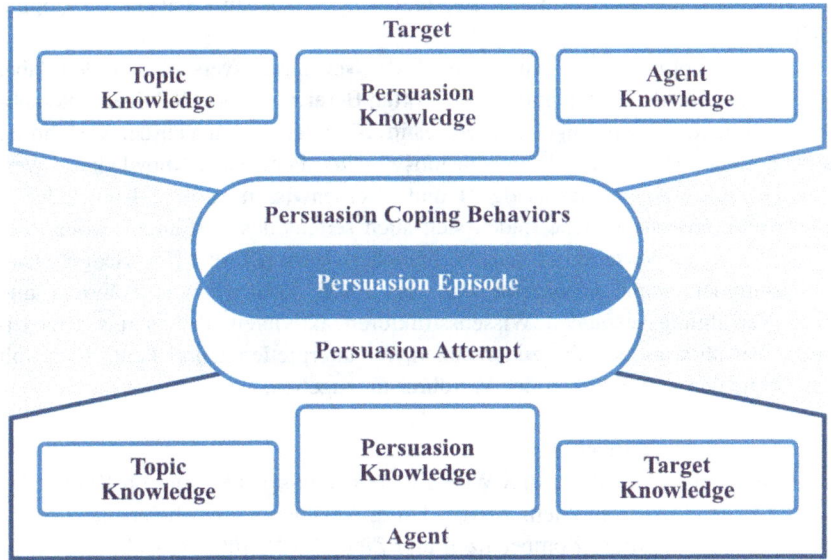

**Abb. 4.3** Das Persuasion Knowledge Model. (Quelle: Marian Friestad und Peter Wright (1994): The Persuasion Knowledge Model: How People Cope with Persuasion Attempts. Journal of Consumer Research, 21(1), 1–31. S. 2)

## 4.1 Unser Problem – Wir wissen, dass wir vieles nicht wissen

Das Persuasion Knowledge Model (PKM) beschreibt, wie Verbraucher („Target") hinsichtlich der Beeinflussungsprozesse der Verführern („Agent") versuchen, Kontrolle über den Beeinflussungsversuch („Persuasion Attempt") zu behalten.[201] Der Beeinflussungsversuch umfasst die Gesamtheit unserer Vorstellungen und Eindrücke, die das strategische Handeln eines Verführers anleiten, um unsere Meinungen, Einstellungen, Entscheidungen oder Handlungen zu beeinflussen.

Hiervon zu unterscheiden ist die „Persuasion Episode" als das von uns direkt beobachtbare Ergebnis der Verführungsbemühungen des Verführers.

Wichtig ist nun, dass bei der Wahrnehmung von Beeinflussungsversuchen wir stets das übergeordnete Ziel haben, das Ergebnis unserer kognitiven und emotionalen Prozesse kontrollieren zu können. Dies umfasst auch die Antizipation sowie die rückblickende Reflexion von Beeinflussungsversuchen („Persuasion Coping Behaviors").

Unsere Kontrollhandlungen bezüglich der Verführungsversuche werden dabei maßgeblich von drei miteinander verknüpften Bereichen des kollektiven, intersubjektiv gültigen Wissens angeleitet, wie es im Netz der großen Vier der Verführung untereinander geteilt wird:[202] Persuasionswissen („Persuasion Knowledge"), Verführerwissen („Agent Knowledge") und Themenwissen („Topic Knowledge"). Diese drei Wissensbereiche finden sich auch seitens des Verführers, wobei hier an die Stelle des Verführerwissens Verbraucherwissen („Target Knowledge") tritt.

Zusammenfassend beschreibt also das PKM, wie wir vor, während und nach Verführungsversuchen Wissensstrukturen aktivieren, die es uns ermöglichen, Verführungsversuche zu erkennen, zu interpretieren und kontrolliert mit den Strategien und Taktiken der Verführer umzugehen.

*Wir wissen viel, aber viel auch nicht!*
Ein genauerer Blick auf die drei Wissensbereiche unseres Persuasion Knowledge fördert unser Wissensproblem zutage. Unser Verführerwissen beinhaltet Wissen über die Eigenschaften, Kompetenzen und Ziele des Verführers, wohingegen das Themenwissen das Wissen über das Thema und den Inhalt des Verführungsangebots umfasst, sei es über ein Produkt, eine Marke, eine Dienstleistung etc. Beide Wissensbereiche sind unkritisch, da sie von uns aufgrund der Menge und der Qualität der öffentlich zur Verfügung stehenden Informationen gut erschlossen werden können.

Anders ist es jedoch um das Persuasionswissen bestellt, dem im PKM besondere Bedeutung zukommt. Es umfasst das in unserer Konsumindustrie breit geteilte persuasionspsychologische Wissen, das wir im Laufe unserer Sozialisation und Mediennutzung ausbilden und von dem wir annehmen können, dass jeder andere im Prinzip über dasselbe Persuasionswissen verfügt. Es wird als eine Commonsense-Konzeption der Persuasion von Verführern, Vermittlern, Verbrauchern und Kommentatoren im Netz der großen Vier geteilt. In den Worten von Marian Friestad und Peter Wright:

> „… it consists of a core set of shared beliefs about the fundamental nature of the persuasion process as it occurs across persuasion contexts that are prominent in the lives of a culture's members. In essence, it provides people a stored implicit conception, model, or theory that they use to generate situation-specific beliefs that are of immediate interest".[203]

Beispiele sind:

- *Wissen über die Effektivität und Eignung der Taktiken des Verführers*
  Wir teilen Überzeugungen hinsichtlich der kausalen Beziehungen zwischen den Handlungen eines Verführers, der psychischen Effekte, die diese Handlungen bei uns auslösen können, sowie unserer anschließenden Handlungen.
  Beispiel: Das Zeigen von Babys soll emotionale Reaktionen bei uns hervorrufen, die Einfluss darauf haben, dass das beworbene Produkt gekauft wird.

- *Wissen über die eigenen Taktiken im Umgang mit Verführungsversuchen*
  Wir entwickeln Wissen hinsichtlich unserer kognitiven und emotionalen Prozesse oder Handlungen, die wie ausführen können, um mit den Effekten aus dem Verführungsversuch umzugehen. Wir haben Überzeugungen im Hinblick darauf, welche kognitiven und emotionalen Prozesse wir bei uns einfach kontrollieren können und wie diese untereinander vernetzt sind.
  Beispiel: Eine erkannte Taktik des Verführers wird ignoriert, indem Verführungsangebote, bei denen die Verführungstaktik offensichtlich ist, gemieden werden. („Display Ads resultieren aus der Taktik der Verfolgung des Verbrauchers – vermeide sie durch Adblocker-Nutzung!")

Für das in der Paradoxie der vernetzten Verführung beinhaltete Gefühl des Sich-ausgeliefert-Fühlens und der Hilflosigkeit ist nun ausschlaggebend, dass wir wissen, dass uns wichtige Inhalte des Persuasionswissens *nicht* zugänglich sind. Wir wissen, dass wir ohne dieses Wissen angreifbar sind, weil wir es für unsere Kontrolle über Verführungsversuche benötigen.

Dies betrifft vor allem den Bereich des *Wissens über Verführungstaktiken des Verführers*. Hierunter fällt das Wissen über Gestaltungspraktiken, Mitteilungstechniken und damit dem Datenmanagement von Verführungsangeboten. Dieses Wissen verbinden wir kausal mit Wissen über bestimmte kognitive und emotionale Prozesse von uns (z. B. gefallen, vertrauen, verbinden, aufmerksam sein etc.), auf deren Instrumentalisierung die Unternehmen zielen. Dadurch können wir Persuasionstaktiken erkennen.

Zum Beispiel wissen wir, dass der Einsatz einer berühmten Persönlichkeit („Celebrity") in einem Verführungsversuch zur Gewinnung von Aufmerksamkeit (aufmerksam sein) erfolgt und zur Übertragung von Imagemerkmalen dieser Persönlichkeit auf das Produkt (verbinden).

*Wir tappen im Dunkeln*
Genau diese Verbindung bekommen wir aber im Zeitalter vernetzter Verführungen nicht mehr hin. Uns fehlt in vielen Fällen das Wissen, woher die Verführer wissen, was sie über uns wissen. Natürlich wissen wir ganz allgemein, dass unsere Daten das neue Öl konsumindustrieller Verführung sind. Wir wissen aber oft nicht, woher die Verführer im konkreten Fall ihr spezifisches Wissen über uns haben und können somit die jeweilige Verführungstaktik des Verführers nicht rekonstruieren. Das wiegt umso schwerer, als dass sich hinter einer Persuasion Episode heute immer mehr eine persönliche, auf den Einzelnen zugeschnittene Verführungstaktik verbirgt.

So kann sich beispielsweise ein User den Brief einer Bank, den er erhielt, nur mit dem offensichtlichen Verkauf seiner Daten an das Finanzinstitut erklären:

> „Als ich mir meine erste eigene Wohnung gesucht habe, habe ich dann auch im Internet nach Wohnungen geguckt. Und dann kam nach drei Wochen ungefähr von meiner Bank ein Brief [...]: ‚Wir haben erfahren, dass Sie eine Wohnung suchen und ob sie mir einen Kredit anbieten können'.[204]

Ein anderer User hat mit Schrecken festgestellt, dass anscheinend irgendwie sein Suchverhalten verführungstaktisch ausgenutzt wird:

> „Wobei das bei Facebook manchmal schon ein bisschen, schon fast erschreckend ist: Wenn ich nebenbei google, beispielsweise irgendein Land, dann [bekomme] ich oft in der Woche darauf bei Facebook für dieses Land Werbung angezeigt, obwohl es ja gar nicht bei Facebook war, sondern bei Google".[205]

Gleichzeitig wissen wir aber auch, dass die Verführer einiges über uns (noch) nicht wissen und ihr vernetztes Datenmanagement noch optimierungsbedürftig ist. Denn anders können wir uns ein stumpfsinniges und nervendes Retargeting, in dem wir an unser Interesse an einem Schuh erinnert werden, den wir uns vor einer Woche gekauft haben, nicht erklären.

So oder so, in der Konsequenz fühlen wir uns hilflos den vernetzten Verführungsversuchen ausgesetzt. Die Taktiken der Verführer liegen für uns im Dunkeln. Dies verunsichert uns, wie wir unser Denken und Fühlen kontrollieren können.

Gerade im Licht dieser unterschiedlichen psychologischen Erklärungsansätze wird zusammenfassend deutlich, dass in der Konsumindustrie die Entwicklung vernetzter Verführung eben nicht nur technologisch, sondern allumfassend lebensweltlich gedacht werden muss. Es geht, wie bereits erwähnt, um die Vernetzung der Ziele und Interessen der Unternehmen mit Menschen, Gesellschaften und ihren Medien.

# 5 Die Strategie der totalen Vernetzung – Menschen, Medien, Gesellschaft

Es erscheinen tatsächlich immer noch Bücher zum Thema Kommunikation, die dem eigentlich mittlerweile allseits bekannten Missverständnis aufsitzen, dass Kommunikation ein Transport von Informationen und Bedeutungen sei. Verführerische Kommunikation würde sich also realisieren durch die Übertragung der Bedeutungen von Wörtern, Sätzen, Bildern, Fotos, Plakaten, Anzeigen, Social Media Posts, Videos usw., die von den Verführern zu uns, den Verbrauchern, geschickt werden.

Was für ein Irrtum! Und wir müssen vorbeugen, dass wir im Zeitalter der totalen Vernetzung der Konsumindustrie nicht einem neuen Kommunikationsmissverständnis aufsitzen. Wir sollten uns daher zu aller erst über den Zusammenhang von Vernetzung und Kommunikation bewusstwerden.

## 5.1 Bitte kein neues Missverständnis!

Rufen wir uns kurz in Erinnerung, wie es zu dem hartnäckigen Missverständnis kam, dass Kommunikation der Transport von Bedeutungen sei.

Im Wesentlichen verdanken wir dies den beiden amerikanischen Mathematikern Claude E. Shannon und Warren Weaver, die 1949 eine mathematische Theorie der Fernmeldetechnik veröffentlichten.[206] In ihrem Zentrum steht ein Modell, das großen Einfluss auf eine Vielzahl der heute vorliegenden psychologischen und soziologischen Kommunikationsmodelle, einschließlich der der Marketing- und Werbeforschung, genommen hat.

Nach diesem Modell (Abb. 5.1) verwandelt der Sender (transmitter) die von einer Informationsquelle (information source) ausgewählte Botschaft (message) in ein Signal (signal), sendet dieses durch einen Kommunikationskanal an einen Empfänger (receiver), wo die Botschaft entschlüsselt und an den Zielort

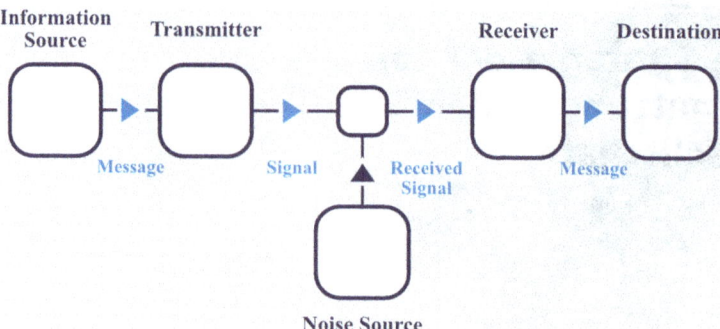

**Abb. 5.1** Kommunikationsmodell von Claude E. Shannon. (Quelle: Claude E. Shannon (1949, S. 5): The Mathematical Theory of Communication. In: Claude E. Shannon und Warren Weaver (1949): The Mathematical Theory of Communication. Urbana: University of Illinois Press. S. 3–91)

weitergeleitet wird. Während der Übermittlung des Signals können Geräuschquellen (noise sources) unbeabsichtigt die Genauigkeit der Informationsübermittlung beeinflussen (z. B. Klangverzerrungen durch das Telefon).

Semantische Kommunikationsaspekte – also Aspekte, die die Bedeutung der Botschaft betreffen – sind explizit aus dem Modell ausgeklammert.[207] Es fokussiert ausschließlich Fragestellungen syntaktischer Art, wie die nach der in Bits gemessenen Informationsmenge, die in einer bestimmten Zeiteinheit von einer Quelle zu einem Ziel übertragen werden kann. Das zentrale Interesse Shannons galt also klar dem technisch-physikalischen Aspekt der Informationsübertragung.

Das hartnäckige Missverständnis, das nun aus diesem Modell resultierte, können wir uns mit einer Container Metapher veranschaulichen.[208] Demnach ist Kommunikation ein linear verlaufender Prozess. In einer Botschaft, gedacht als Container (z. B. Werbespot, Werbebrief, Stimme eines Verkäufers), werden Inhalte (Bedeutungen, Sinn) verpackt und zu einem Empfänger geschickt, der die Inhalte genauso wieder entnimmt. Mag es hinsichtlich des Containers noch nachvollziehbar sein, ihn sich als eine physikalisch messbare Entität vorzustellen, für obige Beispiele also als elektronisches Signal, Papier und Schall, so fällt dies für den Inhalt weitaus schwerer. Denn wie sollen Bedeutungen oder Sinn als Entitäten verstanden werden, die materiell einem Container entnommen werden können? Nach dieser Metapher ist das Scheitern des Kommunikationsprozesses erst einmal ausgeschlossen. Denn es wird das dem Container entnommen, was in ihm deponiert wurde. Sollte dennoch etwas Anderes entnommen werden, so muss entweder ein Fehler auf dem Übertragungsweg vorliegen oder der Empfänger ist inkompetent oder gar böswillig. Solange Kommunikation gelingt, ist die Plausibilität dieser Metapher zur Erläuterung des Kommunikationsprozesses unproblematisch. Gleichwohl ist uns wohl bewusst, welches triviale Bild von Kommunikation damit gezeichnet wird und zu welchen Ungereimtheiten und Widersprüchen es führt. So dürfte der Empfänger eines Werbespots, den er zum zweiten Mal sieht, diesem eigentlich gar keine Inhalte mehr entnehmen können, da er dieses physikalische Material ja bereits beim ersten Mal entnommen hat. Auch dürfte es eigentlich kaum Kommunikationsprobleme im Alltag geben, was in Anbetracht der täglich passierenden Missverständnisse und Nachfragen („Meinst du damit, dass ...?") aber eine weitere Widersprüchlichkeit dieser Metapher offenbart.

Das Hauptproblem, welches das Modell von Shannon und Weaver birgt, ist, dass bei dessen Rezeption physikalische Zusammenhänge auf die Ebene von Bedeutungen und Sinn übertragen wurden. Dass also die mathematische Informationstheorie zur Erklärung kommunikativer, vor allem semantischer und pragmatischer Zusammenhänge genutzt wurde, womit ein unhaltbarer Theorieimport stattgefunden hat. Nun ist es aber nicht so, dass es bei Kommunikation nur um die technologische Realisierung von Kommunikationsprozessen im Sinne einer Botschaftsübermittlung geht.

*Was ist Kommunikation?*
Wenn wir Kommunikation als Informationsaustausch im Sinne der Container-Metapher begreifen würden, wäre vorbestimmt, was der Empfänger wie zu verstehen hat. Kommunikation wäre das Kontrollinstrument schlechthin. Eine vollständige Gleichmachung der Menschen innerhalb kürzester Zeit wäre die Folge und es wäre unmöglich, dass wir uns gegen Kommunikation wehren können. Sie würde uns einfach überwältigen. Wir wären den Verführungsabsichten der Konsumindustrie schutzlos ausgeliefert und würden ein Werbevideo exakt so verstehen, wie es von den Machern beabsichtigt ist. Jedes Zeichen wäre eindeutig einer Bedeutung zuordenbar und die Probleme der Semantik könnten gleich denen der Mathematik einer Logik folgend in Lösungen überführt werden.

In der modernen Kommunikationstheorie hat sich hingegen heute ein Kommunikationsverständnis durchgesetzt, das ganz im Gegenteil grundsätzlich von der Unwahrscheinlichkeit des Verstehens ausgeht.[209] Denn wie oft machen wir doch in unserem kommunikativen Alltag die Erfahrung, dass wir uns missverstanden oder gar gänzlich unverstanden fühlen? Kommunikation kann also nicht begriffen werden als eine Technik der Steuerung von Menschen oder der Signal- oder Bedeutungsübertragung. Kommunikation ist vielmehr ein sozialer Prozess der

Vermittlung von Bedeutungen, der sich über die wechselseitige Codierung, Präsentation und Decodierung von Kommunikationsangeboten jeglicher Art – zum Beispiel eine sprachliche Äußerung, ein Text oder ein TV-Werbespot – realisiert. Zu beachten ist dabei, dass die Bedeutungen von wahrgenommenen Kommunikationsangeboten erst individuell im jeweiligen kognitiven Bereich der Kommunikationspartner entstehen, in ihrem Inneren. Erst dort entstehen Bedeutungen, indem wir die mit unseren fünf Sinnen wahrgenommenen Signale zu sinnvollen oder auch sinnlosen Informationen decodieren. Diese Informationskonstruktion geschieht vor dem Hintergrund unserer persönlichen Biografie und unseres individuellen Lebenszusammenhangs jedoch stets auch unter gleichzeitigem Rückgriff auf das erlernte kollektive Wissen der Gesellschaft, in der wir leben. In diesem sind zwischenmenschlich gültig unsere Normen, Werte, Moralvorstellungen, Rollenerwartungen, der Symbolgebrauch etc., kurz: unser gesamter erlernter sozialer Erfahrungsbestand gespeichert, der notwendig ist, damit wir gesellschaftlich sinnvoll handeln können.

Wir sind also in unseren Kommunikationsprozessen trotz sozialer Reglementierung durch das kollektive Wissen dennoch mit gewissen kognitiven Entscheidungsfreiheiten ausgestattet. Diese ermöglichen es uns, etwas anders zu verstehen als es vom Kommunikationspartner gemeint ist und dies darüber hinaus sogar absichtlich zu tun oder auch gezielt gegen gültiges kollektives Wissen zu verstoßen – ich weiß, dass man nicht lügen sollte, ich mache es aber trotzdem! Kommunikation ist also gleichermaßen sozial wie individuell. Sie sorgt für eine „pluralistische Wirklichkeit"[210] und ist nicht deterministisch, weil es an uns liegt, wie wir mit Kommunikation umgehen.

Zusammenfassend können wir dann unter Kommunikation die soziale Handlung der Vermittlung individueller Bedeutungskonstruktionen verstehen.

Was sind vor dem Hintergrund dieses Kommunikationsverständnisses die Effekte vernetzter Verführungskommunikationen der Konsumindustrie? Eine Reaktion im Sinne eines Stimulus–Response-Modells, dass wir uns weitestgehend einfach unreflektiert verhalten, beispielsweise wegen eines gesehenen Werbespots etwas kaufen, kann es jedenfalls nicht sein. Das haben wir bereits im vorherigen Kapitel im Zusammenhang mit den Ausführungen zum Persuasion Knowledge Model gesehen.

Angebrachter ist es davon auszugehen, dass ein Verführungseffekt aus kommunikativer Sicht dann vorliegt, wenn der Inhalt der Verführungskommunikation es schafft, sinngebendes Element unserer Interpretationsprozesse zu werden, die unseren Bedeutungskonstruktionen zugrunde liegen. Und er darüber hinaus in unsere sozialen Handlungen eingeht, die wir tagaus, tagein vollziehen – sei es in ein Gespräch unter Freunden, zwischen Eltern und Kindern oder zwischen einem Kunden und einem Verkäufer, in einen Kommentar in einem sozialen Medium oder einem Online-Shop oder als Thema einer Redaktionskonferenz von Journalisten einer Tageszeitung.[211]

*Das neue Missverständnis frühzeitig aus dem Weg räumen*
Kommunikation hat also zweifelsfrei etwas mit Sozialität zu tun. Und genau hier knüpft das Vernetzungsprinzip an. Unser Streben nach Vernetzung verdankt sich letztlich vor allem der Tatsache, dass wir Lebewesen sind, die genetisch sozial programmiert sind und die durch Kommunikation ihre lebensnotwendige Sozialität realisieren. Dies dürfte auch ein wichtiger Grund für den Erfolg der sozialen Medien sein. Insofern hat die Digitalisierung nachhaltig dazu beigetragen, dass wir uns im Sinne einer besseren Befriedigung unseres Grundbedürfnisses nach Sozialität besser vernetzen können.

Wir können heute aber beobachten, dass wir wieder Gefahr laufen, einem zähen Missverständnis aufzusitzen, wie Kommunikation funktioniert. Und wieder ist der Grund dafür, dass technologische Zusammenhänge zur Erklärung der Funktionsweise menschlicher Kommunikation genutzt werden. Ja, wir leben in Technik, wie ich oben dargelegt habe. Daraus darf aber nicht folgen, dass wir Kommunikation schlicht als Austausch von Daten oder Informationen begreifen, ermöglicht durch die Digitalisierung der Medienlandschaft, die nun eine komfortable Zweiwege-Kommunikation gestattet. In der Containermetapher wird also ein Rückkanal ergänzt, wodurch, scheinbar problemlos, die Rollen in Kommunikationsprozessen gewechselt werden können. Jeder kann nun Sender und Empfänger sein und sich sein Netzwerk aufbauen.

So scheinbar problemlos ist dies aber nicht. Wir realisieren unser soziales vernetztes Leben nicht einfach dadurch, dass wir mal die Rolle des Senders, mal die des Empfängers einnehmen und darüber hinaus glauben, dass die Größe unseres Netzwerks Ausdruck unserer sozialen Potenz ist.

Die sogenannte Dunbar-Zahl zeigt, dass wir aufgrund der Eigenschaft des Neocortex unseres Gehirns kognitiv begrenzt sind, was die Zahl der stabilen, wesentlichen Beziehungen angeht, die wir mit anderen Menschen haben können: 150. Auch für die Netzwerke in den sozialen Medien ist diese Zahl mittlerweile als valide befunden worden.[212]

Sehr illustrativ treibt Dave Eggers in seinem Bestseller „The Circle" dieses Streben nach Quantifizierung unserer Sozialkompetenz auf die Spitze. Das Partizipations-Ranking, kurz der PartiRank, ist eine Maßzahl, die Ausdruck der gesamten sozialen Aktivitäten der Mitglieder des Circles ist. Je höher der PartiRank desto vermeintlich sozialer das Leben des jeweiligen Mitglieds.

Dunbar-Zahl und PartiRank zeigen beide auf, dass der Schlüssel für Vernetzung nicht die Technik und der durch sie besser ermöglichte Rollentausch in der Kommunikation und auch nicht die erzielte bessere Messbarkeit unserer Vernetzung ist. Wir müssen also aufpassen, dass wir das für Kommunikation wichtige Vernetzungsprinzip nicht technologisch und metrisch verstümmeln. Denn es ist keinesfalls so, dass der partizipative Aspekt der sozialen Medien die digitale, technische Vernetzung in Zukunft weiter in Richtung soziale, kommunikative Konnektivität entwickeln wird.[213] Wir sind nicht erst sozial und kommunikativ vernetzt, seitdem es digitale soziale Medien gibt. Das ist das neue, große Missverständnis!

Unser Grundbedürfnis nach Sozialität und Vernetzung ist vielmehr der Ausgangspunkt für die technische Vernetzung gewesen – man denke nur an das analoge Telefon. Die technische Vernetzung hat im Gegenzug dazu geführt hat, dass uns heute, wo Mensch und Technik im techniksoziologischen Sinne miteinander verschmolzen sind, das eigentliche Grundprinzip von Kommunikation und sozialer Vernetzung mehr und mehr bewusstwird. Und dies ist Reflexivität. Wir können daher die digitalisierte Vernetzung als den Enabler für unseren heutigen hohen Grad an Bewusstseinsfähigkeit von Reflexivität verstehen.

*Soziale Reflexivität und Empathie ist das Grundprinzip der Vernetzung – nicht die Technik*
Vernetzung und damit Kommunikation waren also schon immer reflexiv. Heute versteckt sich aber die Reflexivität nicht länger vor uns. Sie rückt technologisch bedingt in das Zentrum unseres strategischen kommunikativen Bewusstseins. Denn uns ist nun klar, dass sie maßgeblich unser kommunikatives Handeln steuert. Entsprechend wird das Prinzip der Reflexivität nun auch Thema Praxis gerichteter Fachzeitschriften und wird dort mitunter sogar karikaturistisch aufgearbeitet. Die Grundsätzlichkeit der kommunikativen Reflexivität wird dadurch besonders deutlich (Abb. 5.2).

Allgemein ist mit Reflexivität ganz einfach gemeint, dass in Kommunikationsprozessen immer eine Orientierung am Kommunikationspartner vorliegt. Sie realisiert sich als Reflexivität

- des Wahrnehmens (wahrnehmen, dass der andere wahrnimmt; wahrnehmen, dass der andere mich wahrnimmt; wahrnehmen, dass der andere wahrnimmt, dass ich wahrnehme usw.)
und
- des Erwartens (erwarten, dass der andere von mir erwartet: Erwartungserwartung).

**Abb. 5.2** Kommunikationsstrategisches Handeln basiert auf einem reflexiven Denken. (Quelle: Hauck und Bauer in w&v, 35/2016)

Aus dieser sozialen Reflexivität resultiert die Vernetzung der Kommunikationspartner. Sie ist für gelingende Kommunikation und empathisches Handeln unabdingbar. Die Konsumindustrie ist sich bereits seit längerem über die hohe Bedeutung der other oriented communication[214] im Klaren. Um effektiv kommunizieren und verführen zu können, müssen die Unternehmen die Wünsche, Bedürfnisse, Erwartungen, Ziele etc. der Verbraucher kennen und sich an ihnen orientieren. Die Verführer haben dafür den Begriff der Consumer Insights geschaffen. Mit der zunehmenden Digitalisierung der Kommunikation sind Consumer Insights immer mehr in das strategische Zentrum der Marketing- und Kommunikationsprogramme gerückt. Die heute viel beschworene Customer Centricity der Unternehmen ist daher aus kommunikationswissenschaftlicher

Perspektive nichts anderes als ein professionelles Reflexivitätsmanagement und damit die Bereitschaft, Empathie in das strategische und operative Zentrum aller Kunden gerichteten Maßnahmen zu stellen.

Für die Konsumindustrie und hier besonders für das Markenmanagement ist es wichtig, sich darüber im Klaren zu sein, dass sich Reflexivität in der Kommunikation nicht nur über Wahrnehmungen und Erfahrungen, sondern auch über Wissen realisiert. Jeder Verbraucher, der medial vermittelte öffentliche Aussagen empfängt, beispielsweise einen Werbespot im TV, ist sich der Tatsache bewusst, dass nicht nur er, sondern auch andere diese Aussage rezipieren bzw. rezipieren können. Der Verbraucher weiß also, was die anderen wissen können oder sogar, dass die anderen wissen können, dass er weiß, was sie wissen. Daraus folgt, dass eine Marke Öffentlichkeit braucht, um ein wirkungsvolles, kollektiv geteiltes Markenwissen aufbauen zu können. Denn nur mittels öffentlicher Kommunikation der Marke kann der Einzelne wissen, dass auch andere dieses Wissen haben. Dies betrifft vor allem die Symbolik der Marke. Besonders mit in der Öffentlichkeit genutzten Marken (z. B. Autos, Uhren, Kleidung) drückt der Verbraucher auch immer seine Zustimmung zu bestimmten Werten und Haltungen aus, für die die jeweilige Marke steht. Und dank sozialer Reflexivität kann er wissen oder zumindest unterstellen, dass andere Verbraucher auch diese Werte und Haltungen seiner Marke kennen. Und weil er dies weiß oder unterstellen kann, nutzt er diese Marke und keine andere. Er weiß, dass mit dieser Marke seine Zugehörigkeit zu einer bestimmten sozialen Gemeinschaft und deren Wertesystem wahrgenommen wird.

Diese Reflexivität des Wissens ist der Grund, warum Marken Öffentlichkeit und Branding benötigen, um ihre sozial vernetzende Schubkraft entfalten zu können. Dafür sind breit streuende Medien notwendig. Mit nur personalisierter und inhaltlich individuell zugeschnittener Markenkommunikation kann ein solches reflexiv wirksames und damit vernetzend wirkendes Markenwissen nicht aufgebaut werden.

## 5.2 Das Bedürfnis nach kommunikativer Wertigkeit

Fast kann man geneigt sein, den Verführern der Konsumindustrie einen kommunikativen Minderwertigkeitskomplex zu attestieren. So distanziert sich beispielsweise Thomas Wlazik, Deutschlandchef der Social-Media-Plattform TikTok, von herkömmlicher Online-Werbung, indem er den werbungtreibenden Unternehmen rät: „Don't make ads. Make TikToks!"[215]

## 5.2 Das Bedürfnis nach kommunikativer Wertigkeit

Dieser Komplex verdankt sich der Rahmenbedingung, dass sich Menschen dank ihres Persuasionswissens grundsätzlich gegen erkannte Beeinflussungsversuche wehren – und gegen besonders penetrante erst recht. Dies macht es den Verführern so schwer, uns mit ihrer Kommunikation zu verführen, ohne dass wir diese als störend und nervend wahrnehmen. Gleichzeitig sorgt die Informationsüberflutung dafür, dass die einzelnen Informationen an Wert verlieren. Ihnen also weniger Aufmerksamkeit geschenkt und darüber hinaus oftmals ihre Glaubwürdigkeit angezweifelt wird. Ein idealer Boden, auf dem sich reflexiv das Bedürfnis nach einer neuen kommunikativen Wertigkeit ausbilden konnte: Die Verführer erwarten, dass die Verbraucher Verführungsangebote erwarten, die es wert sind, beachtet zu werden. Angetrieben durch dieses Bedürfnis nach kommunikativer Wertigkeit sehen sie nun endlich die Möglichkeit, ihren kommunikativen Komplex abschütteln und der Persuasionsfalle entkommen zu können.

Die Zuversicht für die nun mögliche Befriedigung dieses Bedürfnisses speist sich aus ihrer Annahme, vor allem durch ein cleveres Datenmanagement immer besser qualitativ hochwertige Verführungsangebote produzieren zu können, die von den Verbrauchern gemocht und geschätzt, für relevant und nützlich gehalten werden. Und die Lösung zur Befriedigung dieses Bedürfnisses sehen sie in der Vernetzung. Deswegen übt die Vernetzungslogik, wie sie aus den Entwicklungen im Netz der großen Vier der Verführung hervorgegangen ist (Kap. 3), eine so starke Anziehungskraft auf die Verführer der Konsumindustrie aus. Sie erhoffen sich, durch geschickte Vernetzungsstrategien das Bedürfnis nach kommunikativer Akzeptanz und Wertigkeit ihrer Verführungsbemühungen befriedigen zu können.

*Wann ist Kommunikation der Konsumindustrie für uns wertvoll?*
Um die Frage zu beantworten, was wertvolle Kommunikation im Kontext der Verführungen der Konsumindustrie ist, hilft ein Blick auf die Erkenntnisse der Werbeforschung weiter. Dort finden wir das Konzept des Werbewerts („ad value"). Mit diesem Begriff wird die subjektive Evaluation des relativen Werts im Sinne von Nutzen der Werbung für den Verbraucher verstanden.[216] Der Nutzen entsteht durch die Rezeption des Werbemittels. Die Wahrnehmung werblicher Medienangebote erfolgt demnach funktional und dient der Befriedigung unserer Bedürfnisse. Werbung, die nützlich und somit wertvoll sein will, muss folglich konzeptionell beim Konsumenten ansetzen – also strategisch reflexiv entwickelt werden und damit konsequent den Grundsätzen der other oriented communication und damit des other oriented value folgen.

Nutzen wird dabei im Einklang mit dem Verständnis, wie es in der Mediennutzungs- und Konsumforschung ausgeprägt ist, als ein subjektives Maß des Gratifikationserhalts und der Bedürfnisbefriedigung aufgefasst.[217] Als solches steuert es in erheblichem Maße unsere Aktivität hinsichtlich der Zuwendung zu Medieninhalten. Dabei wird unser wahrgenommener Nutzen einer Werbung von unterschiedlichen Faktoren beeinflusst wie beispielsweise dem Informationsgehalt und Unterhaltungswert, der Relevanz oder der Glaubwürdigkeit, die wir dem Werbemittel zuschreiben.

Werbewert können wir folglich zusammenfassend als Treiber für die Verarbeitung und Verarbeitungstiefe von Werbemitteln auffassen. Dabei müssen wir zwischen dem expected advertising value (EAV) und dem outcome advertising value (OAV) unterscheiden. Während der EAV den automatischen Prozess der Einstufung eines Kommunikationsangebots als wertvoll oder nicht wertvoll steuert und folglich die Zuwendung und Verarbeitung von Werbemitteln beeinflusst, ist der OAV für die Bewertung des Nutzens bzw. Wertes eines Werbemittels nach dessen Verarbeitung durch den Verbraucher zuständig.[218]

Die zusammenfassende knappe Antwort auf die Frage, wann Kommunikation der Konsumindustrie für uns wertvoll ist, lautet also: wenn sie für uns nützlich ist.

Dieses Bedürfnis nach Wertigkeit im Sinne von Nutzen der Kommunikation kann heute der berühmten Liste der fünfzehn Grundappelle der Werbung von Jib Fowles hinzugefügt werden.[219] So appelliert die Verführungskommunikation der Konsumindustrie beispielsweis an grundlegende menschliche Bedürfnisse wie Aufmerksamkeit zu erlangen, Sicherheit oder Fürsorge. Jetzt appelliert sie zusätzlich auch und vor allem an das kommunikative Bedürfnis nach Nützlichkeit der Kommunikation. Die Kommunikation wird damit selbst zum Gegenstand der Verführung, zusätzlich zum Produkt, zu dessen Kauf sie mittels Appell an ein menschliches Grundbedürfnis eigentlich verführen will. Mittlerweile muss die Verführungskommunikation jedoch zunächst sich selbst verkaufen. Sie muss einen kommunikativen Eigenwert haben, der über smarte Vernetzung erzielt werden soll.

*Kommunikativen Verführungswert schaffen durch Context Thinking*
Wenn wir nun einen genaueren Blick darauf werfen, wie die Konsumindustrie kommunikativen Verführungswert schaffen will, erkennen wir, dass ihren Vernetzungsstrategien ein Context Thinking zugrunde liegt. Die Verführer machen sich das Kriterium der Kontextualität zunutze, das in der menschlichen Kommunikation die Interpretationsprozesse, die unseren Bedeutungskonstruktionen zugrunde liegen, maßgeblich steuert. Denn Kontextualität ist für unsere Sinngebung und damit für unsere Entscheidungen zuständig. Ein und dieselbe Handlung kann in Abhängigkeit von ihrem Kontext für den Menschen einen vollkommen unterschiedlichen Sinn haben. Kommunikative Handlungen, gleich ob die Produktion,

## 5.2 Das Bedürfnis nach kommunikativer Wertigkeit

Vermittlung oder Rezeption von Kommunikationsangeboten, basieren also immer auf dem Mechanismus ihrer Vernetzung mit Kontexten. Dies ist die Voraussetzung dafür, dass wir Kommunikationen einen Sinn zuschreiben können und sie infolgedessen als nützlich oder nutzlos, als wertvoll oder wertlos beurteilen können.[220]

Die Kontexte können in interne und externe Kontexte unterschieden werden. Unter den internen persönlichen Kontext fallen unsere persönlichen Erfahrungen und Einstellungen, Bedürfnisse, soziodemographische Spezifika wie das Alter oder der Bildungshintergrund, das individuelle Wissen und die situative affektive Disposition (z. B. aufgeregt oder gelangweilt sein).

Der externe Kontext umfasst die äußere Situation, in der die kommunikative Handlung eingebettet ist wie beispielsweise der Ort oder der Anlass der Rezeption, die Anwesenheit anderer während der Rezeption, die Beschaffenheit des Mediums oder die Tages- oder auch Jahreszeit. Aber auch soziale und kulturelle Rahmenbedingungen, vor allem in Form des kollektiven Wissens der Gesellschaft, in der wir leben und kommunizieren (Norm- und Wertvorstellungen, moralische und ethische Grundhaltungen), fallen hierunter.

All dies spielt für den Sinn, den wir in der Produktion, Vermittlung und Rezeption von Kommunikationsangeboten sehen, die ausschlaggebende Rolle. Die Kontexte sind unsere Interpretationsbrille, ohne die wir nicht sinnvoll kommunizieren können.

An diesem grundlegenden Prinzip der Sinngebung durch Kontexte setzt die Konsumindustrie heute mit ihren vernetzten Verführungen an. So soll die mangelnde Motivation der Menschen umgangen werden, sich mit den Botschaften der Konsumindustrie zu befassen. Dazu werden die Botschaften gezielt mit Kontexten vernetzt, von denen sich die Konsumindustrie verspricht, dass der Verbraucher dadurch die Botschaften als nützlich und damit wertig einstuft – sie also einen Eigenwert erhalten.

Fügen wir nun die zentralen Bausteine der Verführungskommunikation – also Reflexivität, Kontextualität und Wert – zusammen, ergibt sich folgendes Bild. Vernetzte Verführungskommunikation heißt, dass die Verführer bei der Beantwortung ihrer wichtigsten Frage, was sie wie mitteilen wollen, durch ein strategisches Context Thinking gesteuert werden. Dieses basiert auf einer bewussten other oriented communication, also sozialer Reflexivität. Das Ziel ist die Vermittlung wertiger, im Sinne nützlicher Verführungsangebote.

Suchfelder der Konsumindustrie nach Kontexten, um dieses Ziel erreichen zu können, sind (1) die Lebenswelt, der Alltag des individuellen Verbrauchers, (2) die Medien sowie (3) die geltenden gesellschaftlichen Werte und Normen.

Konkrete Verführungsangebote der Konsumindustrie resultieren aus der Vernetzung identifizierter Kontexte mit den jeweiligen unternehmerischen Zielen und Interessen.

Unklar ist aber die Akzeptanz der aus Context Thinking resultierenden vernetzten Verführungsangebote. Weil sie sich so in unser Leben einweben, befürchten viele von uns, dass wir genau deswegen Gefahr laufen, unsere Souveränität als Verbraucher zu verlieren. Stimmen, die nach einer Entflechtung kommerzieller Botschaften also nach Entkontextualisierung rufen, sind mittlerweile deutlich vernehmbar (Abb. 5.3).

**Abb. 5.3** Entkontextualisierung der Verführung. (Quelle: Miriam Wurster in w&v, 4/2018, S. 70)

Machen wir uns daher selbst ein Bild und werfen einen etwas genaueren Blick auf die Vernetzungsstrategie, die sich als eine totale Strategie offenbart, da sie auf den einzelnen Menschen, unsere Medien und unsere Gesellschaft zielt.

## 5.3 Vernetzung mit dem Menschen

Mit dieser Vernetzungsvariante sollen persönliche Bedürfnisse von uns in spezifischen Handlungs- und Entscheidungsumfeldern befriedigt werden. Das Verführungsangebot ist also nicht ein kreativ inszeniertes und an unseren Konsum gebundenes Markenversprechen („Mit diesem Produkt hast Du xy Vorteile!"), sondern ein konkreter Service mit einem situativen, also kontextuellen Nutzen in unserem Alltag.

*Services statt bunte Bilder*
Dieses sogenannte Utility Marketing ist die Konsequenz der Verführer aus der so häufig stattgefundenen Abkopplung der bunten Eigenwelten der Marken von ihrem Nutzen für unseren Alltag sowie aus der Flut an täglichen Werbebotschaften, mit der wir bombardiert werden. Schätzungen liegen mittlerweile zwischen 10.000–13.000 Botschaften pro Tag.[221] Utility Marketing geht auf den Gedanken der „Branded Utility" zurück, wie er 2006 von Benjamin Palmer, Mitgründer und Vorsitzender der New Yorker Werbeagentur Barbarian Group, eingeführt wurde. Er meint damit:

> „I believe the next stage of brand advertising is going to be in the realm of ‚branded utility' ... For the same budget and energy as we expend on current forms of advertising, we could be making something more tangible, useful and reusable that plays a more integral part in the consumer's life."[222]

Mittlerweile befassen sich die Agenturen intensiv mit Utility Marketing. Thomas Bernardin, Chairman und früherer CEO von Leo Burnett Worldwide, und Paul Kemp-Robertson, Mitgründer und Herausgeber des Branchenmagazins Contagious, bringen den zentralen Gedanken folgendermaßen auf den Punkt:

> „It is the art of ditching overt marketing messages in favor of *services*: providing something useful, relevant, or entertaining that embeds itself much deeper into everyday life than a 30-second commercial ever could."[223]

Vergleichbar erklärte die Agentur MRM Worldwide Relevanz zu einem ihrer grundlegenden Arbeitsprinzipien: *„Be relevant: content and functionality are key"*[224].

Zusammenfassend fußt Utility Marketing also auf einer Vernetzungsstrategie, mit der die Konsumindustrie ihre Verführungsangebote in unsere lebensweltlichen Situationen und Handlungen einpasst und mit einem persönlichen situativen Nutzen versieht.

*Unser absurder Wunsch*
Wie bereits ausführlich in Abschn. 2.1 dargelegt, wird diese Strategie vor allem über eine Vernetzung von Daten realisiert, die den Verführen über uns vorliegen. Die Verführer befinden sich mit Ihren Tracking- und Targeting-Bemühungen aber in einer paradoxen Situation. Sie benötigen Daten, um uns mittels (Re)Targeting die ersehnte gute, im Sinne von persönlich nützlicher, wertige Werbung anbieten zu können. Dies lehnen wir aber gleichzeitig ab, weil wir dahinter den Einsatz böser Dark Arts vermuten. Diese oben schon erwähnte Paradoxie der vernetzten Verführung verdankt sich also einer Technik, die wir gedanklich unweigerlich mit verdeckter Kontrolle und Überwachung verknüpfen. Je mehr wir das Gefühl haben, dass wir aufgrund von Algorithmen-gestützter Überwachung Angebote erhalten, die tief in unsere Persönlichkeit und Lebenswelt eingreifen, wir also meinen, dass die Verführer ein tiefes Wissen über uns haben, desto kritischer stehen wir derartigen Angeboten gegenüber. Gleichzeitig nerven uns aber auch wenig treffsichere Angebote, die an unserem aktuellen kontextspezifischen Bedarf vorbeizielen.[225] Diese Paradoxie vernetzter Verführung führt zu dem absurden Schluss, dass die Befriedigung des Bedürfnisses nach persönlicher Nützlichkeit weder zu persönlich noch zu ungenau sein darf. Idealerweise wollen wir also etwas Nützliches erhalten ohne dafür mit unseren Daten, also Wissen über uns bezahlen zu müssen. Auf diesen Punkt werden wir später zurückkommen (Kap. 6).

*Nutzen, Nutzen, Nutzen*
Aber nicht nur mit (Re)Targeting setzen die Verführer ihre Strategie der Vernetzung mit uns um. So eignen sich vor allem auch Apps zur Verknüpfung von Kontexten mit Markenwelten. Außerdem wird deren Nutzung schnell zur Gewohnheit und damit Teil des Alltags der Verbraucher. Auch hier steht der Service-Gedanke im Vordergrund und nicht das Bombardement mit persuasiven werblichen Botschaften. Ein Beispiel ist die App des Buchhändlers Thalia, die unter anderem kontaktloses Zahlen in der Buchhandlung ermöglicht und

zwar ohne an der Kasse anzustehen, personalisierte Push-Nachrichten beispielsweise zu Lieblingsautoren anbietet oder filialbezogene Informationen (z. B. über Lesungen oder Signierstunden) aufs Smartphone sendet, sobald sich der Verbraucher einer Thalia-Buchhandlung nähert. Auch können die adidas-App Runtastic oder die Nike Run Club App genannt werden, die sich als perfekte Laufpartner verstehen, indem sie personalisierte Trainingspläne, Gesundheitstests oder Strecken-Challenges vorhalten und Austausch mit anderen Nutzern der App ermöglichen. Abgekoppelt von der eigentlichen Produktwelt der Marken wollen sich beide Unternehmen als eine allgemeine Nutzenplattform im sportlichen Alltag der Verbraucher etablieren.

Persönlichen Nutzen ziehen wir also auch daraus, dass andere dieselbe App nutzen und damit Interaktion ermöglicht wird, die idealerweise den Aufbau einer Markengemeinschaft („Club") unterstützt. Bekannte Beispiele sind die Harley Owners Group, die Gymshark oder die Starbucks brand community. Oftmals reichen für ein Nützlichkeitserlebnis aber auch einfache Mitteilungen aus, die uns darüber informieren, wie andere Menschen, die sich in derselben Situation befunden haben, in der ich mich gerade befinde, gehandelt haben. Darauf zielen die Hinweise, dass Andere, die sich für den Kauf des Produkts entschieden haben, für das ich mich interessiere, auch noch bestimmte andere Produkte gekauft haben. „Kunden, die diesen Artikel gekauft haben, kauften auch ..." Der persönliche Nutzen resultiert also aus der Verknüpfung der Produktpräsentation mit dem Kontextwissen über das Kaufverhalten anderer Verbraucher. Persönlicher Nutzen kann also nicht nur eine individuelle, sondern gemäß dem oben beschriebenen Grundsatz der Reflexivität auch eine soziale Dimension haben – getreu dem Sprichwort: Gleich und gleich gesellt sich gern.

Auch eine andere Umsetzungsform der Vernetzungsstrategie nutzt die oben in Abschn. 5.1 beschriebene Tatsache aus, dass wir genetisch sozial programmierte Lebewesen sind und wir durch Kommunikation unsere lebensnotwendige Sozialität realisieren. Der Konsumindustrie ist dies verzögert, erst mit dem Entstehen der sozialen Medien, vor allem von Instagram, richtig klargeworden. So versucht sie heute über Influencer Marketing sich indirekt mit uns über andere Menschen, sogenannte Influencer, sozial zu vernetzen. Die Verführer instrumentalisieren also unsere sozialen, von uns als nützlich erachteten Vernetzungen, die wir mit anderen Menschen, vor allem mit Meinungsführern, haben. Dafür engagieren die Unternehmen diese als Influencer und spannen sie für ihre eigenen Interessen und Ziele ein. Verführung soll so authentisch und glaubwürdig werden, weil sie in unser gewohntes soziales Netzwerk eingebettet ist.[226]

Zwei beim International Festival of Creativity in Cannes preisgekrönte Arbeiten sollen als Beispiele die Strategie der nutzenstiftenden Vernetzung der Konsumindustrie mit unserem Alltag noch weiter verdeutlichen:

- Die Agentur Crispin Porter + Bogusky kreierte für das US-amerikanische Handelsunternehmen Best Buy den Service „Twelpforce":

  „A digitized army of Best Buy employees available 24/7 on Twitter. And not to push products – but to provide twelp. A new term for technical help in tweet form. Anyone with a question could shoot a tweet to @twelpforce, at any time. And over 2000 expert Blue Shirts would race to give the fastest, bestest answers."[227]

- Die Agentur Cheil Worldwide schuf für den Lebensmittelhändler Tesco die Homeplus Subway Virtual Stores. Die Konsumenten konnten in U-Bahnstationen mit ihren Smartphones die QR-Codes von Produkten in virtuellen Regalen scannen und so die Produkte bestellen und ihre Wartezeit sinnvoll nutzen. Ihre Einkäufe wurden ihnen anschließend nach Hause geliefert.

*Support durch die Wissenschaft*
Unterstützung für die Plausibilität dieser Nützlichkeitsbemühungen der Verführer erhält die Konsumindustrie von der Marketingwissenschaft. Dort erfährt die service-dominant-logic (SDL)[228] großen Zuspruch. Demnach muss sich das Markenmanagement darauf konzentrieren, dem Verbraucher konkrete, relevante Angebote unterbreiten zu können. Die Markenkommunikation ist also von einer Versprechenskommunikation zu einer Service-Plattform mutiert. Unter einem Service wird dabei der Einsatz spezieller Kompetenzen (Wissen und Fähigkeiten) in Form von Taten, Prozessen und Leistungen verstanden, die für einen Dritten oder einen selbst nützlich sind. Wichtig ist dabei der Gedanke, dass um wirklich nützliche Angebote für die Verbraucher zu schaffen, es zentrale Voraussetzung ist, dass die Verbraucher in den Prozess integriert werden. Erst durch Co-Kreation von Unternehmen und Verbrauchern im Wertschöpfungsprozess erhalten Kommunikationsprodukte ihren Wert. Und das bedeutet gemäß der SDL, dass wir Ressourcen in diesen Prozess einbringen müssen – beispielsweise auch unsere Daten.

Als ein Beispiel kann die Anzeige einer Wodka-Marke dienen, in der Teststreifen für K.o-Tropfen-Schnelltester integriert sind.[229] Dies ist ein Wertangebot, das erst durch den Prozess der Nutzung der Teststreifen durch den Co-Creator „Verbraucher" seinen tatsächlichen Wert entwickeln kann – abhängig von den Nutzenerfahrungen, die der Verbraucher mit den Teststreifen macht.

Der Wert eines Kommunikationsproduktes wird letztlich also erst durch den Kunden geschaffen, indem er sich bei der Er- oder Verarbeitung eines Kommunikationsprodukts engagiert, um persönliche Ziele zu erreichen. Kommunikationswert entsteht somit durch den Verbraucher im Prozess der Kommunikation. Dies ist der sogenannte value-in-use der Kommunikation.

## 5.4 Vernetzung mit den Medien

Jüngst las ich auf ntv.de einen Bericht über Kompressionskleidung beim Sport und stolperte über eine heute typische Maßnahme der Vernetzung von Werbung und Content (Abb. 5.4). Fachsprachlich formuliert ist es ein Fall von Contextual Targeting, bei dem eine Ad programmatisch ausgespielt wird. Weniger verquast: Die Anzeige wird automatisiert in Echtzeit geschaltet und steht im Kontext des Berichts genau an der Stelle, an der das Produkt, das in der Anzeige vermarktet wird, genannt wird. Ermöglicht wird dies durch definierte Keywords (hier u. a. „MEETYOO"), die die kontextuelle Passung sicherstellen sollen. Der Anzeigentext besteht aus einer losen Aneinanderreihung solcher Keywords. Eine kreative Anzeige sieht anders aus – aber um eine gefällige Anmutung der Ad geht es hier ja auch nicht!

Dieses Beispiel verdeutlicht das grundlegende Prinzip. Das Context Thinking der Verführer konzentriert sich bei dieser Strategievariante der Vernetzung nicht auf die Lebenswelt des Einzelnen, sondern auf die Vernetzung mit Medieninhalten. Werbliche Botschaften werden mit anderen, nicht-werblichen Medienangeboten verschmolzen, um ein integratives, hybrides Angebot zu schaffen, das unsere Bedürfnisse als Mediennutzer befriedigt, somit Nutzen stiftet, werthaltig ist und nicht stört. Neu ist diese Idee nicht. Sie erlebt aber eine Art Comeback und neue Relevanz in Form des Contextual Targetings, auf das hier ja bereits im Zusammenhang mit dem Aus der Third-Party-Cookies in Abschn. 3.1 eingegangen wurde.

*Getreu dem Prinzip: schwarz und weiß = grau*
Neu ist diese Idee deswegen nicht, weil das Unternehmen Procter & Gamble bereits 1923 erstmalig eine derartige Vernetzung unternahm. Zur Vermarktung seines Produktes Ivory Soap wurde ein Familiendrama mittels eines Comicstrips erzählt. Diese Verbindung zwischen einer erzählten Geschichte und dem darin eingewobenen Produkt erwies sich als so erfolgreich, dass Procter & Gamble diese Idee in Form des aufkommenden Genres der Radio Serials fortsetzte.[230] Dies führte dann zur ersten durch Procter & Gamble initiierten Radio Soap Opera,

**Abb. 5.4** Beispiel einer Kontextanzeige. (Quelle: ntv.de (28.02.2021): Welche Vorteile hat Kompressionskleidung beim Sport? https://www.n-tv.de/ratgeber/shopping-and-service/Welche-Vorteile-hat-Kompressionskleidung-beim-Sport-article22381891.html, Zugriff am 28.02.2021)

„Oxydol's own Ma Baker", die am 9. Dezember 1933 auf Red Network von NBC erstausgestrahlt wurde. In der Fernseh- und Filmlandschaft schlossen sich dann ab den 1950er Jahren das Sponsoring von US-Fernsehserien, das Product Placement mit seinen Paradebeispielen der Filmserien James Bond, Traumschiff oder Schöne Ferien, bis hin zu den brasilianischen Telenovelas an, bei denen der Sponsor aktiv seine Produkte in Handlungssträngen platzieren konnte und sogar ganze Drehbücher im Auftrag der Konsumindustrie um das Produkt herum

## 5.4 Vernetzung mit den Medien

entworfen wurden. Ab den 2000er Jahren entwickelte sich dann das Branded Entertainment. Pionier war 2001 BMW mit seiner Kurzfilmserie „The Hire". Starregisseure aus Hollywood setzten im Auftrag von BMW deren Automobile sowie namhafte Schauspieler in Kurzfilmen in Szene. Es entstanden acht Kurzfilme in zwei Staffeln, die kostenlos über das Internet verbreitet wurden.

Dieser kurze historische Abriss zeigt uns, dass seit jeher die Konsumindustrie sich um eine Vernetzung ihrer Botschaften mit den Inhalten der Medien („weiße" Inhalte) bemühte. Der kommunikative Nachteil der Konsumindustrie, dass ihren Botschaften ein Manipulationsverdacht („schwarze" Inhalte) anhaftet, soll dadurch aufgehoben werden („graue Inhalte").

Es sind zwei miteinander verwandte Konzepte, die die Forschung hervorgebracht hat und die dieser Verführungsstrategie ihre Plausibilität geben. Zum einen ist es der Media-Engagement-Ansatz. Er betont die kontextuelle mediale Einbettung der Werbung hinsichtlich ihrer Wirksamkeit in Form von Engagement beim Verbraucher. So definiert die Advertising Research Foundation (ARF):

> „Engagement is turning on a prospect to a brand idea enhanced by the surrounding context."[231]

Die generelle Hypothese lautet, dass je stärker wir uns mit einem Medium beschäftigen, desto stärker sind wir für Werbung ansprechbar.[232] Begründet wird dies damit, dass wenn wir in unserer Mediennutzung hoch engagiert sind, im Sinne, dass wir starke motivationale Erlebnisse mit Medieninhalten haben (z. B. utilitaristisches Erlebnis, Glaubwürdigkeits- und Sicherheitserlebnis), wir dann auch offener für werbliche Botschaften sind, die wir in diesem Kontext wahrnehmen.

Bereits deutlich vor der Entwicklung des Media Engagement-Ansatzes hat zum anderen Edward Lee Thorndike (1920) den Halo-Effekt (engl.: (Licht-)Hof, Schein, Heiligenschein) entdeckt. Er beschreibt das Phänomen der Wahrnehmung, bei dem einzelne Eigenschaften so dominant wirken, dass sie einen „überstrahlenden" Gesamteindruck erzeugen. Demnach werden beispielsweise Werbeanzeigen in vertrauenswürdigen Medien ebenfalls als vertrauenswürdig wahrgenommen. Diese Erkenntnis ist vor allem für die Brand Safety[233] von Relevanz.

Die Möglichkeiten durch Content-Vernetzung von dem Manipulationsverdacht abzulenken sind heute weitaus zahlreicher und ausdifferenzierter geworden. Natürlich kommen auch heute noch Sponsoring, Product Placement oder Branded Entertainment zum Einsatz. Nicht zuletzt haben wir es aber dem neu entstandenen

Bedürfnis nach kommunikativer Wertigkeit sowie den medialen und kommunikationstechnologischen Entwicklungen zu verdanken, dass heute der Hybridisierung der Verführungskommunikation eine so bedeutende Rolle zukommt.

Im Bereich Paid Media – Medien, die das Unternehmen für die Nutzung von Werberaum oder Werbezeit bezahlen muss – sind neben Contextual Targeting und den diversen Formen des Placements und Sponsorings auch noch das Native Advertising und die Advertorials zu nennen. Beiden Vernetzungsmaßnahmen ist gemein, dass werbliche Inhalte so gestaltet werden, dass sie nur schwer von redaktionellen Inhalten unterschieden werden können. So ist die Gefahr sehr hoch, dass der Nutzer von bunte.de den Werbehinweis „Shopping Tipp" aufgrund des ansonsten identischen Layouts mit den redaktionellen Posts leicht übersieht (Abb. 5.5).

Weitere Beispiele sind:

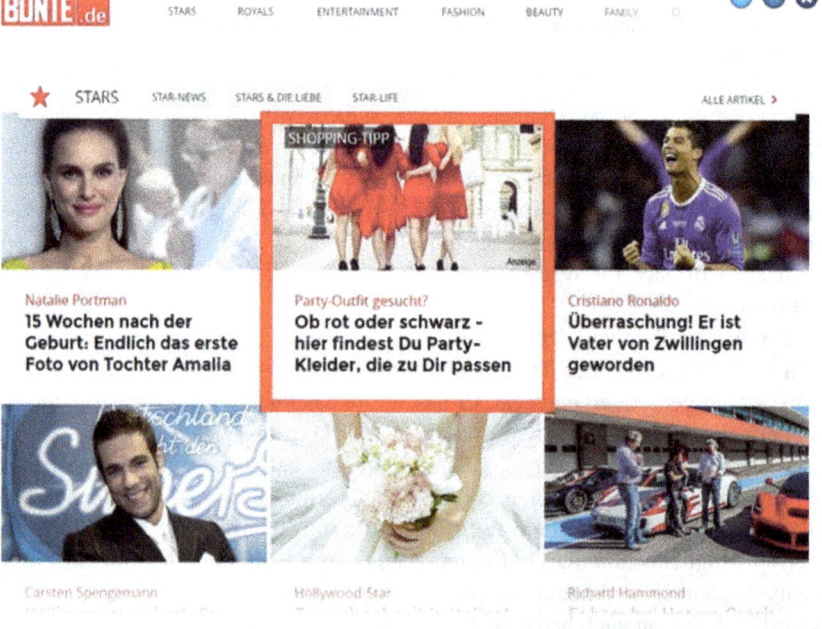

**Abb. 5.5** Beispiel Native Advertising. (Quelle: https://www.kmu-marketing-blog.de/2017/06/native-advertising-oder-die-charmante-form-der-meinungsbildung/, Zugriff am 17.03.2021)

In Großbritannien hat ein takeover des Werbeblocks der Commedy Gala auf dem Sender Channel 4 stattgefunden, die von 2010–2014 jährlich stattgefunden hat. Der die Gala moderierende Comicer Alan Carr spielte in den Werbespots des Unterbrecherblocks mit, indem er per Einblendung diese kommentierte oder moderierte.

Dieses takeover-Prinzip von Werberaum und Werbezeit eines Unternehmens durch einen medialen Akteur wird heute gerne in den sozialen Medien angewendet. So ist beispielsweise der Snapchat-Account der Marke Shiseido temporär von dem Lifestyle und Beauty Blogger Jen Chea übernommen worden.

Ebenfalls von Channel 4 stammt das Beispiel des themed ad break Orange Movie Zone. Eine komplette Werbepause wird mit dem Trailer eines Kinofilms gefüllt.

Eng verwandt mit dem Contextual Targeting ist das Contexual Video Tagging im Bereich Bewegtbild. Werbebotschaften werden passgenau in einer Sendung platziert, wenn vorab definierte Keywords fallen. So hat Nespresso für die Vox-Kochsendung „Das perfekte Dinner" Werbeplätze gebucht, die an Keywords wie beispielsweise „Kaffee", „Genuss", „Entspannung", „Morgen" oder „Nachtisch" geknüpft sind. Wird eines dieser Schlüsselwörter in der Sendung in positiv assoziierten Szenen genannt, erscheint KI-gesteuert die Werbebotschaft in einem L-Frame, der das Programm zehn Sekunden einrahmt (Abb. 5.6).

Noch einen Schritt weiter geht das Emotional Based Targeting. Hier können gemäß vorab definierter Begriffe wie beispielsweise „Neugier", „Freude" oder „Trauer" entsprechende Umfelder für die Werbebotschaften gebucht werden.

Im Bereich Owned Media – Medien, die vom Unternehmen in Eigenregie betrieben und von ihm kontrolliert werden (z. B. Website, Facebook Account, App, Blog etc.) – kreiert das Unternehmen mittels Content Marketing selbst nicht-werblich anmutende, informative und/oder unterhaltende, zielgruppengerechte Kontexte für seine Werbebotschaften. Beispiele sind das Unternehmen Lego, das nach 2014 in 2019 bereits seinen zweiten Kinofilm The LEGO Movie 2 veröffentlichte oder das Unternehmen Hornbach, das im Rahmen seines Videoformats Meisterschmiede auf YouTube den zweistündigen Film „Das Ankleidezimmer" veröffentlicht hat, bei dem es sich um eine verfilmte Bauanleitung eines Ankleidezimmers mit vielen Tipps und Tricks handelt.

> „Ein eigenes Ankleidezimmer. Um sich diesen Wunsch zu erfüllen, nutzen die meisten den Platz, der eben noch übrig ist. Und stehen dann vor Herausforderungen wie schiefen Wänden, niedrigen Decken, Dachschrägen oder neu zu ziehenden Trennwänden. Eine bauliche Standardlösung gibt es oft nicht, weil jede Ausgangssituation anders ist und ja jeder Zentimeter optimal ausgeschöpft sein will. Also: Bau Dir Dein

**Abb. 5.6** Beispiel für Contextual Video Tagging. (Quelle: https://www.wuv.de/medien/adalliance_und_nespresso_werben_mit_kuenstlicher_intelligenz, Zugriff am 25.06.2021)

eigenes Ankleidezimmer – wir zeigen Dir, was möglich ist und wie es geht. Lass Dich inspirieren und ran ans Projekt!"[234]

Und schließlich werden im Bereich Earned Media – Medienpräsenz, die sich das Unternehmen „verdient" hat, indem beispielsweise Kunden, Follower oder Multiplikatoren wie Journalisten oder Blogger Botschaften über eine Marke oder ein Unternehmen verbreiten – Werbebotschaften in neue Kontexte gesetzt (Blog, Posts, Gespräche, Shares, Instagram Story, Zeitungsartikel etc.). Von den Unternehmen gesteuert wird dies mittels dem sogenannten Word-of-Mouth-Marketing oder dem viralen Marketing. Manchmal gelingt es Marken sogar, zu unbezahlter Medienpräsenz in den Nachrichtensendungen zur Prime Time der größten TV-Sender zu gelangen. So geschehen als Red Bull in 2012 den Stratosphärensprung von Felix Baumgartner sponserte. Die werbliche Intention, die das Unternehmen mit seinem Sponsoring verbunden hat, wird hier vom medialen Kontext vollkommen aufgesogen.

*Grau verschleiert und entgrenzt*
Egal ob Paid, Owned oder Earned Media, es geht um die Vernetzung von Werbebotschaften mit Medieninhalten. Auch diese Strategie der Vernetzung sieht sich mit dem Dark-Arts-Verdacht konfrontiert. Die Verdunkelungskunst bezieht sich hier nicht wie beim personalisierten (Re)Targeting auf unsere Undurchsichtigkeit des Wissens, das die Verführer über uns haben und zur Entwicklung ihrer Verführungsstrategien nutzen, sondern auf die Verschleierung ihrer Beeinflussungsabsicht. Wir können oftmals nur bei sehr genauem Hinsehen oder sogar überhaupt nicht erkennen, ob Medienhalte eine konsumindustrielle Intention haben und uns in diesem Sinne zu einem Kauf verführen wollen oder ob ihnen nicht derartige Absichten zugrunde liegen.

Besonders nachdenklich sollte uns stimmen, wenn diese Vernetzung von Werbebotschaften mit Medieninhalten sogar auf unsere Kinder zielt und damit deren Unterscheidungsfähigkeit von Mediengenres untergraben wird. So heißt es beispielsweise in der Werberichtlinie von YouTube Kids:

„Inhalte, die Nutzer auf ihre Kanäle hochladen, gelten nicht als bezahlte Werbeanzeigen. Falls ein Nutzer etwa nach dem Begriff „Züge" sucht, erscheint in den Suchergebnissen möglicherweise ein Fernsehwerbespot für Spielzeugeisenbahnen. Dabei handelt es sich aber um ein ganz normales Video, das von einem Nutzer oder vom **Hersteller** auf YouTube hochgeladen wurde, und nicht um eine bezahlte Werbeanzeige. Ebenso kann eine Suche nach „Schokolade" zu einem Video über die Zubereitung von Schokoladencreme führen, das von einem Nutzer hochgeladen wurde. In diesem Fall spielt es keine Rolle, dass bezahlte Werbung für Chocolatiers bei YouTube Kids unzulässig ist, da ein solches Video nicht als Werbeanzeige gilt."[235]

Dies stimmt auch deswegen besonders nachdenklich, weil die EU-Kommission in ihrer Richtlinie für Audiovisuelle Mediendienste Placement und Schleichwerbung in Kinderprogrammen, Nachrichtensendungen und anderen Informationssendungen eigentlich grundsätzlich ausschließt.

Auf dieser Linie ist auch ein Kommentar Deutschlands zu sehen betreffend EU-Änderungsvorschläge zum Digital Services Act. Demnach sollte personalisierte Werbung, die sich an Minderjährige richtet, grundsätzlich verboten werden.[236]

## 5.5 Vernetzung mit der Gesellschaft

Haben Sie auch mit dem Kopf geschüttelt, als Sie aus den Medien erfuhren, dass das Unternehmen Adidas aufgrund der durch die Corona-Pandemie bedingten

Schließung seiner Geschäfte von den Vermietern eine Stundung der Miete für den Monat April 2020 verlangte? Die öffentliche Empörung war jedenfalls enorm und folgenreich.

Folgenreich, weil dieses Beispiel eindrucksvoll zeigt, welchen großen Einfluss heute die gesellschaftliche Vernetzung der Unternehmen und die ihrer Marken auf ihr Handeln und damit auch auf ihre Verführungskommunikation nimmt. Im Zuge eines medialen Sturms der Entrüstung sah sich Adidas nämlich gezwungen, in einem offenen Brief, der in ausgewählten Zeitungen als Anzeige veröffentlicht wurde, sich für sein Verhalten zu entschuldigen (Abb. 5.7).

Das strategische Context Thinking der Verführer fokussiert bei dieser Strategievariante der Vernetzung mithin nicht die Lebenswelt des Einzelnen und auch nicht die Vernetzung mit Medieninhalten, sondern es geht um die Vernetzung des Unternehmens oder dessen Marke(n) mit einer gesellschaftlich für gut befundenen Haltung und entsprechendem unternehmerischen Handeln. Diese Vernetzung soll der Purpose des Unternehmens leisten.

Das Unternehmens Procter & Gamble formuliert beispielsweise unter „Our purpose":

> „We will provide branded products and services of superior quality and value that improve the lives of the world's consumers, now and for generations to come."[237]

Verdichtet im Unternehmensclaim des Unternehmens als „Touching lives, improving life."

*Existieren, einzig um wirtschafte Bedürfnisse zu befriedigen, reicht nicht mehr*
Das Purpose-Konzept erlangte durch Simon Sinek Popularität. In seinem Buch „Start with Why" (2009) erläutert Sinek das Konzept des „Why" („Warum") eines Unternehmens oder einer Organisation. Gemeint ist dessen Zweck („Purpose"), also der Grund oder die Werte, auf denen ein Unternehmen fußt. Das „What" steht hingegen für die Produkte oder Dienstleistungen, die eine Organisation anbietet. Die „Why"-Kommunikation des Unternehmens wird von dessen „What"-Kommunikation legitimiert. Die Produkte dienen gewissermaßen als Beweis für den Purpose des Unternehmens.

Verdichten lässt sich dieses Konzept auf die Formel:

> „People don't buy what you do, they buy why you do it".[238]

Man darf nicht den Fehler machen zu glauben, dass der Purpose „übergeordnet" sei, also der ultimative Grund sei, warum ein Unternehmen existiert. Dies würde

## adidas

**ZUR SOFORTIGEN VERÖFFENTLICHUNG**  Herzogenaurach, 1. April 2020

### adidas sagt Entschuldigung

Liebe Leser_innen,

die Entscheidung, von Vermieter_innen unserer Läden die Stundung der Miete für April zu verlangen, wurde von vielen von Ihnen als unsolidarisch empfunden. Ihre Meinung ist uns wichtig, und Ihre Meinung ist eindeutig: Sie sind von adidas enttäuscht.

Deshalb möchten wir uns bei Ihnen in aller Form entschuldigen. Wir haben unseren Vermieter_innen die Miete für April bezahlt. Fairness und Teamgeist sind seit jeher eng mit adidas verknüpft und sollen es auch bleiben.

Fast auf der gesamten Welt findet kein normales Geschäft mehr statt. Die Läden sind zu. Das hält selbst ein gesundes Unternehmen wie adidas nicht lange aus.

Um langfristig die Arbeitsplätze unserer 60.000 Mitarbeiter_innen zu sichern, machen wir harte Einschnitte. Mit unseren Betriebsräten haben wir uns auf Kurzarbeit geeinigt. Unser Vorstand verzichtet bis auf Weiteres auf 50% seines Gehaltes, die nächste Führungsebene auf 30%. Wir haben unser Aktienrückkaufprogramm vollständig eingestellt. Trotz dieser Einschnitte wird adidas Kredite benötigen.

Wir versuchen, unseren Beitrag zu Projekten zur Bewältigung der COVID-19-Krise zu leisten. Wir unterstützen den Solidarity Response Fund der WHO und Hilfsorganisationen in Deutschland. In China haben wir medizinische Güter für Ärzt_innen und Pflegepersonal bereitgestellt. Unsere Partner produzieren auf unsere Kosten Gesichtsschutz und Masken für das Gesundheitswesen.

Diese Krise ist auch für uns eine Ausnahmesituation, die uns jeden Tag vor noch nie dagewesene Herausforderungen stellt. Wir haben einen Fehler gemacht und damit viel Vertrauen verspielt. Es wird dauern, Ihr Vertrauen wieder zurückzugewinnen. Aber wir werden alles dafür tun.

Ihr adidas Team

**Abb. 5.7** Beispiel der Auswirkungen der Vernetzung von Gesellschaft und Unternehmen auf die Unternehmen. (Quelle: https://www.adidas-group.com/media/filer_public/2c/c5/2cc56f0f-499e-4794-a2d4-4fa48c991ae0/20200401_adidasag_adidas_sagt_entschuldigung.pdf, Zugriff am 28.06.2021)

suggerieren, dass den Unternehmen das gesellschaftliche Gemeinwohl wichtiger ist als ihr wirtschaftlicher Erfolg (Gewinn). Der Purpose soll und kann meines Erachtens also nicht die Frage nach dem Grund der Existenz eines Unternehmens beantworten, der über den wirtschaftlichen Grund der Gewinnorientierung hinausgeht. Er beantwortet also nicht die Frage: Warum gibt es das Unternehmen?

Das kann der Purpose deswegen nicht leisten, weil dann die Identität des Sozialsystems der Wirtschaft zur Disposition stehen würde. Dies ist offensichtlich nicht der Fall. Der zentrale Code des Wirtschaftssystems, der in letzter Instanz regelt, was für die Handelnden in diesem System wirtschaftlich sinnvoll oder sinnlos ist, lautet zahlen/nicht-zahlen und es kann bislang nicht festgestellt werden, dass sich daran etwas geändert hat oder sich aktuell etwas ändert.[239]

Der Nutzen des Purpose aus Unternehmenssicht ist vielmehr, dass er glaubhaft das wirtschaftliche Handeln des Unternehmens als Mittel zur Befriedigung eines gesellschaftlich relevanten Bedürfnisses aufzeigen kann. Er signalisiert den Beitrag des Unternehmens für eine in gesamtgesellschaftlicher Hinsicht bessere Welt, dokumentiert die moralische Integrität des Unternehmens und ist damit unternehmensseitig das Ergebnis der Entwicklung einer sich ändernden gesellschaftlichen Erwartungshaltung an die Unternehmen.

Mit dem Purpose löst das Unternehmen das Versprechen ein, mit seinem wirtschaftlichen Handeln langfristig einen gesellschaftlichen Mehrwert zu schaffen, sei es auf lokaler oder globaler Ebene. Dieses Versprechen („talk") muss in der Wertschöpfung des Unternehmens integriert ist. Es muss sich in konkreten Handlungen und Prozessen realisieren („walk").

Zusammenfassend vernetzt also der Purpose das unternehmerische wirtschaftliche Kommunizieren und Handeln mit einem gesellschaftlich relevanten Anliegen oder Bedürfnis.[240]

Viel Beachtung in der Marketingbranche fand die „Dream Crazy"-Kampagne von Nike mit dem Football-Quarterback Colin Kaepernick (Abb. 5.8), der beim Abspielen der US-Hymne auf die Knie ging, um so gegen Rassismus und Polizeigewalt gegen Afroamerikaner zu protestieren.

> „Our purpose is to unite the world through sport to create a healthy planet, active communities and an equal playing field for all"[241]

Getreu seines Purpose positionierte sich Nike mit der Kampagne als Vertreter des gesellschaftlichen Werts der sozialen Gerechtigkeit und stand auch trotz schärfster Kritik an dem Verhalten von Kaepernick, unter anderem vom US-Präsidenten Donald Trump, hinter dem Sportler.

## 5.5 Vernetzung mit der Gesellschaft

**Abb. 5.8** Nike-Kampagne „Dream Crazy". (Quelle: https://www.theguardian.com/sport/2019/sep/16/nikes-dream-crazy-advert-starring-colin-kaepernick-wins-emmy, Zugriff am 15.03.2021)

Derartige Purpose-driven Verführung kann durchaus Einfluss auf unsere Kaufentscheidungen haben. So sagen rund sechzig Prozent von uns, dass wenn eine Marke eine Ansicht vertritt, mit der man nicht einverstanden ist, aufhören wird, von dieser Marke zu kaufen. Und knapp siebzig Prozent sagen von sich, dass wenn eine Marke, die man mag, eine Ansicht vertritt, mit der man einverstanden ist, man eher von dieser Marke kauft.[242]

Das Themenspektrum, das die Verführer nutzen, um eine Haltung zu kommunizieren, ist breit gefächert. Bildung, lokale Probleme, Genderfragen oder die Todesstrafe zählen genauso dazu wie Einwanderung oder religiöse Fragen. Aus Sicht der Verbraucher wird markenunabhängig das Ranking der Themen, die für die Purpose-Kommunikation für akzeptabel gehalten werden, von Klimaschutz, Menschenrechte und Tierquälerei angeführt.[243] Mittlerweile finden sich Kommunikationsagenturen, die sich mit ihren Dienstleistungen auf das Purpose-Thema spezialisiert haben:

„Sind Sie auf der Suche nach dem heiligen Gral der Unternehmensführung? Wir zeigen Ihnen die Abkürzung. In 100 Tagen haben Sie Ihre Antwort vor Augen. Wir erwecken Ihren Purpose zum Leben, machen ihn sichtbar, erlebbar und umsetzbar – vom Empfangstresen bis zur Vorstandsetage. Das steigert die Kraft Ihrer Organisation und stärkt Ihre Marken. Wir bieten das volle Programm: die Entwicklung neuer KPIs (Key Purpose Indikatoren) zur unternehmensweiten Steuerung bis zum Landscaping, um neue Geschäftspotentiale zu detektieren."[244]

*Warum wollen Unternehmen gut sein?*
Die Gründe, warum die Konsumindustrie die Strategie der gesellschaftlichen Vernetzung als erfolgreich einstuft und entsprechend nutzt, sind differenziert. Naheliegend ist es, bei einer Fokussierung auf die Verführungsabsichten der Konsumindustrie die Haltung eines Unternehmens zu einem gesellschaftlich relevanten Thema als einen Differentiator zu verstehen, mit dem sich ein Unternehmen gegenüber Wettbewerbern profilieren und Kaufentscheidungen beeinflussen kann.[245] Dies als alleinigen Grund zu sehen, würde aber zu kurz greifen, da damit folgende Entwicklungen ausgeblendet werden:

- *Zunehmender Bedarf an moralischer Absicherung der Wirtschaftslogik*
  Ausgehend von Freemans Stakeholder-Theorie[246] ist die Zunahme an Verantwortungskommunikation das Resultat der Kontrolle der Unternehmen durch eine Anzahl unterschiedlicher interner (Mitarbeiter, Aktionäre, Investoren) und externer (Kunden, Non-Profit-Organisationen, Nichtregierungsorganisationen, Arbeitnehmer- und Arbeitgeberverbände, Medien etc.) Anspruchsgruppen. Entsprechend ist zu folgern, dass die Erwartungen der Stakeholder an unternehmerisches Handeln in punkto moralischer Korrektheit gestiegen sind und die Unternehmen diese Erwartungshaltung ihrem Wirtschaften zugrunde legen müssen, wollen sie nicht ihre license to operate riskieren. Wirtschaftliches Handeln fordert also in verstärktem Maße eine moralische Absicherung ein, die der Purpose liefern kann.
- *Verschiebung gesellschaftlicher Verantwortungsübernahme vom politischen System zu den Unternehmen*
  Vor einem gesellschaftspolitischen Hintergrund ist zu beobachten, dass eine Verschiebung in der Balance von impliziter und expliziter unternehmerischer Verantwortung[247] (Corporate Social Responsibility/CSR) in Deutschland stattfindet. Die Unternehmen übernehmen demnach gemäß ihrer Corporate Policy zunehmend explizit Verantwortung für gesellschaftliche Themen. Gleichzeitig verliert der formelle wie informelle institutionelle Bezugsrahmen des politischen Systems zur Regelung der unternehmerischen Verantwortung, die implizite CSR, an Bedeutung. Gesellschaftliche Verantwortung wird damit

## 5.5 Vernetzung mit der Gesellschaft

stärker als in der Vergangenheit der individuellen Entscheidungsfreiheit der Unternehmen überlassen, so wie es in den USA traditionell der Fall ist. Dies leistet der gesellschaftlichen Unternehmensvernetzung und damit dem Purpose-Konzept Vorschub.

- *Soziostrukturelle Veränderungen und Marktentwicklungen*
  Eine ganze Reihe derartiger Veränderungen und Entwicklungen hat zu einer Moralisierung der Märkte und damit auch der Konsumindustrie und ihren Purpose-driven Verführungsanstrengungen geführt.[248] Stichpunktartig sind zu nennen:
  - Durch das Internet hat unser Wissen zugenommen und aus passiven und hilflosen Verbrauchern aktive und kritische Akteure mit vielfältigen und verbesserten Handlungsoptionen gemacht.
  - Die soziale Ausdehnung der Märkte erfasst zunehmend Aktivitäten und Dinge, die traditionell nicht unter dem Einfluss der Wirtschaftslogik standen, wie beispielsweise das Gesundheits- und Bildungssystem.
  - Die Globalisierung bringt einen zunehmenden Einfluss transnationaler Organisationen (z. B. EU, OECD, Weltbank, NAFTA) mit sich, die weltweit relevante Marktregeln verabschieden.
  - Marktentwicklungen wie die materiellen Erfolge der Marktwirtschaft, die Fehlentwicklungen und das Fehlverhalten einzelner Marktteilnehmer (z. B. im Bereich der Bilanzierung – denken wir nur an die Wirecard-Affäre –) führen zu einer Veränderung der Interessen, Wertevorstellungen und Geldverteilung mit Konsequenzen für die moralischen Ansprüche und Erwartungshaltungen der Marktakteure.
- *Medialisierungseffekte im Wirtschaftssystem*
  Die moralische Auflagung der Verführungskommunikation kann als Reaktion auf die präferierte Skandalierungskommunikation der Medien aufgefasst werden. Korruption, Manipulation und intransparentes Handeln seitens der Unternehmen sind bei den Medien willkommene Themen der Berichterstattung. Die Unternehmen werden bedingt durch die Reflexivitätsverhältnisse der Kommunikation so indirekt durch die Medien dazu gezwungen, sich zu ihrer gesellschaftlichen Verantwortung zu bekennen. Es sei denn, sie wollen das Risiko eingehen sich der Skandalorientierung des Mediensystems auszuliefern.[249]

*Und wieder tappen wir im Dunkeln*
Diese Gemengelage aus konsumindustriellen und gesellschaftlichen Gründen für eine purpose-basierte Vernetzung der Unternehmen mit der Gesellschaft stattet die konsumindustriellen Verführungsbemühungen mit einigen Fallstricken aus,

die sich der dunklen Seite dieser Vernetzungsstrategie verdanken. Dunkel, weil für uns nicht durchschaubar und nachvollziehbar ist, wie ernst es den Unternehmen mit ihren Purpose-Bekundungen tatsächlich gemeint ist, wie glaubhaft und ehrlich sie sind. Dieses gesellschaftliche Vernetzungsdilemma der Konsumindustrie resultiert aus dem Grundproblem, wirtschaftlich bedingtes Streben nach Profitabilität und Wachstum mit einer für gut befundenen gesellschaftlichen Haltung glaubhaft zu vereinen. „Das ist doch nur Werbung!", denken die meisten von uns. So glauben entgegen aller (vielleicht) zutiefst ehrlich gemeinten Purpose-Bekundungen der Unternehmen über 50 % von uns, dass Marken, die politische oder soziale Themen zum Ausdruck bringen, diese nur ausnutzen, um sich mit einem moralischen Anstrich profilieren zu wollen.[250] Unsere Unterstellung der wirtschaftlichen Instrumentalisierung von Moral verdankt sich dieser dunklen Seite, nämlich der Intransparenz der Umsetzung dieser Strategie. Und diese Intransparenz, aus der sich unser Dark-Arts-Verdacht nährt, steht quer zu den Purpose-Bekundungen der Unternehmen. Denn sie ermöglicht uns, dass wir guten Gewissens den Unternehmen pauschal profitorientierte Moralisierung unterstellen können. Die eigentliche Absicht, nämlich Gewinn und Wachstum zu erzielen, soll durch die Vernetzung mit einer gesellschaftlichen Haltung realisiert werden. Denn eins ist klar. Letztlich hat die Vernetzung und damit der Purpose keinen Selbstzweck, sondern ist Mittel zum Zweck der Erreichung wirtschaftlicher Ziele. Denn solche sind der Letztgrund für die Existenz eines Unternehmens – zur Erinnerung: wir sprechen von For-Profit- und nicht Non-Profit-Organisationen. Und genau dieser For-Profit-Existenzgrundsatz macht es uns so schwer, an die Ernsthaftigkeit eines unternehmerischen Purpose zu glauben.

*Catch 22 gesellschaftlicher Vernetzung*
Die Kommunikation von Purpose und damit auch derartige Verführungskommunikationen sind daher im Grunde genommen contraproduktiv, weil wir jede Unternehmenskommunikation im Sinne von Max Weber[251] nicht als wertrationales, sondern als zweckrationales Handeln einstufen. Andererseits gibt es aber handfeste Gründe (siehe oben), warum die Gesellschaft erwartet, dass Unternehmen Haltung zeigen. Die Konsumindustrie ist hier in einer klassischen Catch-22-Situation. Eine dänische Studie hat gezeigt, dass wir auf der einen Seite erwarten, dass sich Unternehmen gesellschaftlich engagieren und Verantwortung übernehmen. Auf der anderen Seite lehnt aber die Mehrheit der dänischen Bevölkerung es gleichzeitig ab, dass die Unternehmen ihr Engagement in einer auffallenden Art kommunizieren bzw. es überhaupt kommunizieren.[252] Dass die Unternehmen also in der Kommunikation ihres Purpose „eine der aufregendsten Möglichkeiten" der Konsumindustrie sehen können, wie es Unilever-CEO Alan

## 5.5 Vernetzung mit der Gesellschaft

Jope auf dem Cannes Lions International Festival of Creativity 2019 sagte[253], kann pauschal nicht zugestimmt werden.

Contraproduktiv für die Glaubwürdigkeit der Purpose-Kommunikation ist sicherlich auch, dass wir mittlerweile deutliche Anzeichen einer Blasenbildung feststellen können. Kaum ein Unternehmen und eine Marke, die sich nicht moralisch angestrichen haben. Wir gewinnen den Eindruck, dass der Überbietungswettbewerb der Unternehmen nicht mehr auf der Produktebene („What"), sondern auf ideologischer und moralischer Ebene („Why") stattfindet. Die Unternehmen wollen sich, wenig glaubwürdig, Wettbewerbsvorteile in einem mittlerweile überverkauften Markt kommunizierter Moral verschaffen. Mit moralischer Integrität hat dies wenig zu tun. Und darunter leidet die Authentizität der Marken, die maßgeblich von Aufrichtigkeit, Integrität, Konsequenz sowie Symbolik – verstanden als ein Repertoire an Werten und Rollenbildern, die Verbraucher zur Selbstdefinition und Identitätsgebung nutzen – beeinflusst wird.[254]

Apropos Konsequenz:

*Handel getreu dem, was Du sagst und wie Du bist!*
Was ist die Lösung, damit wir einem Unternehmen, das seinen Purpose kommuniziert, glauben können? Denn bisweilen nehmen derartige Verführungsversuche äußerst bizarre Formen an, wie Zack Bornstein in einem Tweet illustriert hat:

„COMPANIES BEFORE 2016: We sell pants!

COMPANIES NOW: Our global mission is to help consumers and communities thrive. We're focused on goals, solutions, and figuring out what's right, not who's right. We're a team. When we win, we all win together. We're dedicated to making a dif."[255]

Die Lösung liegt im purpose-rationalen Handeln des Unternehmens. Dieses Handeln zeichnet sich dadurch aus, dass der kommunizierte Purpose integraler Bestandteil der Unternehmensstrategie ist und in die Wertschöpfungshandlungen und -prozesse des Unternehmens eingewoben ist. Dadurch kann das Unternehmen dem Vorwurf unternehmerischer Heuchelei („Corporate Hypocrisy"[256]) oder, analog zum Green Washing, dem des „Woke Washing"[257] – dass der kommunizierte Purpose eine leere Marketingphrase ist – entgegenwirken.

Verführung mittels einer Strategie der gesellschaftlichen Vernetzung ist also nicht mit kurzfristigem taktischen Agieren und Kommunizieren vereinbar. Gerade dies aktiviert nämlich unsere Moralisierungsunterstellung. Kurzum: „Don't talk the talk if you don't walk the walk".

Diese Moralisierungsunterstellung in Folge von nicht purpose-rationalem Handeln hat sich beispielsweise das schwedische Unternehmen Oatly eingehandelt. Dessen Haferdrink gibt vielen von uns das gute Gefühl etwas gegen den Klimawandel zu tun. Gilt der Drink doch als Kuhmilchersatz. Dazu passt gar nicht, dass der US-Finanzinvestor Blackstone für 200 Mio. Dollar zehn Prozent der Oatly-Anteile erworben hat.[258] Denn schließlich gilt Blackstone-Chef Steve Schwarzman als Vertrauter von Donald Trump, der bekanntlich den Klimawandel vehement leugnet. Das Resultat waren weltweit erboste Boykottaufrufe und eine Flut abfälliger Kommentare in den sozialen Medien.

Ein anderes Beispiel ist der Modekonzern H&M. Seit längerer Zeit hat er geworben mit der Verarbeitung von „Bio-Baumwolle", wobei aber unklar war, was damit überhaupt gemeint ist. Jedenfalls fand man kein anerkanntes Textilsiegel in den Werbemitteln. Dies soll sich mit der Nutzung des Higg Index Nachhaltigkeitsprofils, das H&M in 2021 eingeführt hat, ändern. Bislang werden für einige wenige Produkte ihre jeweils spezifischen Higg Index Nachhaltigkeitsprofile ausgewiesen (Abb. 5.9).

Der Reiseveranstalter TUI muss sich die Frage gefallen lassen, warum er in Corona-Zeiten reisewillige deutsche Touristen in Nichtrisikogebiete befördert, beherbergt (z. B. Mallorca im März 2021) und damit die dortige Erholung der Wirtschaft unterstützt, aber gleichzeitig das weiter andauernde lockdown-bedingte Leiden der Hotel- und Gastronomie-Branche in Deutschland ignoriert. Warum legt das Unternehmen nicht einen Fond zur Rettung und Unterstützung der Gastronomie und Hotellerie in den Risiko-Herkunftsländern der Touristen auf und lässt einen bestimmten Prozentsatz des Verkaufserlöses jeder verkauften Reise diesem Fond zukommen? Dies wäre im Sinne des TUI-Purpose, nämlich positive Veränderungen für Menschen und Gemeinschaften anzustoßen, nur konsequent:

> „Die Maßnahmen der Nachhaltigkeitssäule „Make a difference" zielen darauf ab, dass der Tourismus in den Urlaubszielen positive Veränderungen bewirkt. So soll er die lokale Wirtschaft ankurbeln, Arbeitsplätze vor Ort schaffen, Tiere und Natur schützen sowie das kulturelle Verständnis und die Toleranz entlang unserer Wertschöpfungskette verbessern."[259]

Den Vogel abgeschossen hat bislang aber die Agentur Grey for Good in Singapur. Sie entwickelte die App „I sea", die es uns ermöglichen sollte, Flüchtlinge im Mittelmeer zu retten, indem wir per Satellitenbild Flüchtlingsboote orten und die Position der Boote den Seenotrettungsschiffen der Organisation Migrant Offshore Aid Station (MOAS) übermitteln können. Ein kompletter Fake, wie unter anderem Mac-Entwicklerin Rosyna Keller aufdeckte.[260] Vermutlich wollte die Agentur

## 5.5 Vernetzung mit der Gesellschaft

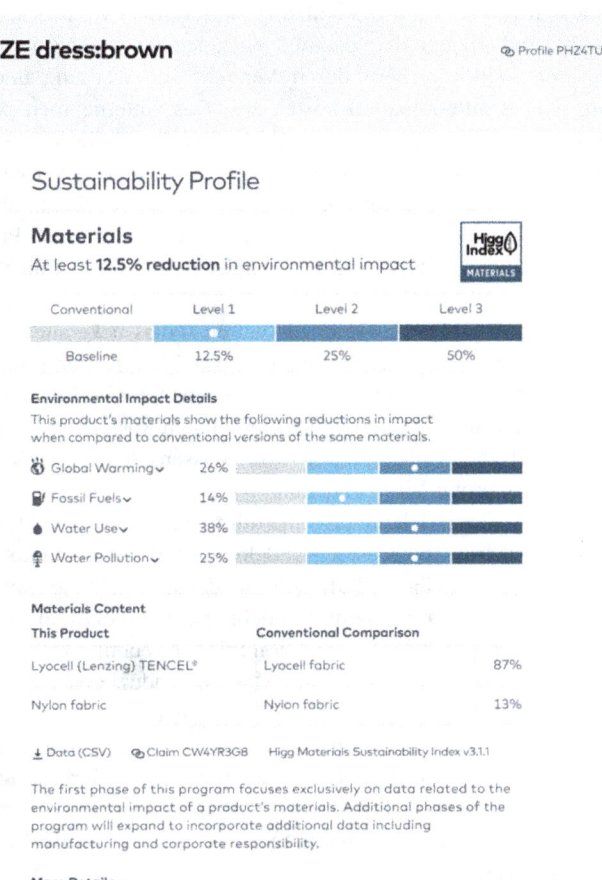

**Abb. 5.9** Higg Index Nachhaltigkeitsprofil am Beispiel eines H&M-Produkts. (Quelle: https://profiles.production.higg.com/profile/PHZ4TUE3, Zugriff am 01.07.2021)

einfach nur Daten von uns sammeln oder einen Kreativpreis beim International Festival of Creativity in Cannes gewinnen oder, im besten Fall, Aufmerksamkeit für die Organisation MOAS erzielen.

Aber es gibt auch Beispiele, wie die Unterstellung von Moralisierung zwecks Profitoptimierung vermieden werden und die Vernetzung mit einer gesellschaftlich für gut erachteten Haltung funktionieren kann. So legt die Sneaker-Marke

Veja größtes Augenmerk auf die Nutzung ökologischer Rohstoffe zur Produktion ihrer Schuhe und gleicht den dadurch entstehenden Produktionskostennachteil gegenüber den Wettbewerbern durch Verzicht auf Werbung und damit durch Einsparung von Kommunikationskosten aus. Das Unternehmen positioniert sich anhand seines Werbeverzichts sehr radikal, indem es die Werbung auf gesellschaftlicher Ebene grundsätzlich an den Pranger stellt: „Werbung ist eins der größten Probleme des Kapitalismus. Sie verdreht alles. Sogar die Realität!"[261] Meines Erachtens hat der Kapitalismus andere, weitaus größere Probleme als die Werbung – falls dies überhaupt ein Problem ist –, aber dies ist nicht Thema dieses Buchs.

Ein anderes Beispiel ist Google, das getreu seines bekannten Purpose-Claims „Don't be evil!" in der Corona-Krise ein 800 Mio. Dollar umfassendes Paket geschnürt hat. Damit ermöglichte das Unternehmen der Weltgesundheitsorganisation sowie kleinen und mittelgroßen Unternehmen kostenlose Werbeschaltungen auf Google und die Unterstützung von Wissenschaftlern, die sich mit der Erforschung des Corona-Virus befassen.

Auch kann die Drogeriekette dm angeführt werden, deren breit kommunizierte Klimainitiative „Klima bewusster handeln" mit dem Claim „Kleine Schritte, große Bewegung" ihre Glaubwürdigkeit aus der Entwicklung eines klimaneutralisierten Kernsortiments mit einem möglichst geringen ökologischen Fußabdruck gewinnt.[262] Dies geschieht in Kooperation mit der Technischen Universität Berlin und den Unternehmen, die für die dm-Marken produzieren. Der Purpose, einen Beitrag zum Klimaschutz zu leisten, ist folglich fest in der Unternehmensstrategie und der Wertschöpfung verankert. So ist es auch nur konsequent, dass dm mit „Pro Climate" die erste Handelsmarke in den Markt eingeführt hat, die nicht nur den $CO_2$-Ausstoß dieser Markenprodukte kompensiert, sondern darüber hinaus noch weitere Umweltauswirkungen, wie beispielsweise Versauerung oder Sommersmog, ausgleicht.

# Verführung? Ja, bitte! 6

Lassen Sie uns abschließend versuchen, eine Antwort auf die Frage zu finden, wie wir ohne einen Dark-Arts-Verdacht mit den Verführungsbemühungen der Konsumindustrie nicht nur leben, sondern sie sogar willkommen heißen und uns selbst als souveräne Verbraucher erleben können.

Bevor wir uns an die Antwort machen, sollten wir einen kurzen Moment innehalten und vorab fragen, ob denn diese Frage überhaupt notwendig ist. Regen wir uns vielleicht einfach viel zu sehr auf und haben unbegründet Angst vor den neuen Verführungsstrategien? Ist die Redeweise von einem Dark-Arts-Verdacht vollkommen überzogen und unbegründet? Hat die Konsumindustrie vielleicht überhaupt gar keinen Einfluss auf uns und sind unsere Befürchtungen und ablehnende Haltung einfach nur das Resultat von Panikmache in den Medien, Vorurteilen und Mythen?

Kein Zweifel, es gab schon immer Stimmen, die sagten, dass Werbung kaum wirksam ist, gerade auch wissenschaftliche. In zahlreichen Untersuchungen konnten keine signifikanten Effekte auf beispielsweise Absätze oder Wählerstimmen nachgewiesen werden.[263] Daran hat sich bis heute nichts geändert. So führte erst jüngst der Kolumnist Thomas Koch in der WirtschaftsWoche mehrere aktuelle wissenschaftliche Beispiele an, die belegen sollen, dass Werbung überhaupt keinen Effekt auf den Umsatz hat oder keine direkte Kausalität zwischen Werbung und Umsatz nachgewiesen werden kann oder aber die Werbung Menschen erreicht, die ohnehin das beworbene Produkt gekauft hätten.[264] Die Marketingverantwortlichen, so Koch, wollen davon aber nichts wissen, denn – so die durchaus naheliegende Erklärung – sie würden sich dann ja selbst das Wasser abgraben:

> „Es ist schwierig, jemandem etwas verständlich zu machen, wenn sein Gehalt davon abhängt, dass er es nicht versteht."[265]

Auch glauben viele von uns Verbrauchern, dass sie durch Werbung nicht beeinflussbar sind. Das dürfte sich aber zu einem Großteil dem durch empirische Forschung gut abgesicherten Third-Person-Effekt verdanken, wonach wir gerne glauben, dass andere Menschen durch unerwünschte Medieninhalte stärker beeinflusst werden als man selbst.[266]

Eine Replik auf die Äußerungen von Thomas Koch ließ nicht lange auf sich warten. Und sie kam, nicht überraschend, von einem Vorstandsmitglied des Gesamtverbands Kommunikationsagenturen GWA.[267] Und auch wenig überraschend wurden ebenfalls unter Bezug auf einschlägige Studien Argumente angeführt, die das Gegenteil beweisen sollten, dass Werbung nämlich sehr wohl wirkt. So müssten Synergie- und Zeitraumeffekte bei der Feststellung von Werbewirkungen berücksichtigt werden. Effektivität und Effizienz müssten voneinander unterschieden werden – wenn Effekte ausbleiben, kann das ein Zeichen dafür sein, dass Budgets ineffizient allokiert wurden, also die falschen Medien eingesetzt wurden. Und schließlich müsste die Wirksamkeit von Kommunikation nicht nur am sofortigen Umsatz, sondern auch an der Erreichung von Zielen im Bereich der langfristigen Markenbildung gemessen werden.

Klar ist, dass es sich bei diesem Beispiel eines verbalen Schlagabtauschs über die (Un)Wirksamkeit von Werbung nicht um einen erkenntnisfördernden Diskurs handelt, der nach wissenschaftlichen Gütekriterien ausgetragen wird und entsprechend beurteilt werden kann. Das ist von den Autoren aber auch gar nicht intendiert gewesen. Vielmehr geht es bei derartigen Scharmützeln um Geld verdienen, die Schaffung von Aufmerksamkeit für Positionen und die Rechtfertigung des eigenen Tuns und nicht um wissenschaftliches Erkenntnisinteresse.

*Die Letztwahrheit der Verführung gibt es nicht*
Andererseits dürfen wir daraus aber nicht schließen, dass die Wissenschaft diejenige Instanz ist, die für Letztwahrheiten über die Verführungen der Konsumindustrie zuständig ist und solche verlässlich produzieren kann. Gerade die Tatsache, dass sich für vollkommen konträre Standpunkte jeweils wissenschaftlich fundierte Studien finden, zeigt, dass auch Wissenschaft nicht die eine menschenunabhängig existierende Verführungsrealität beschreibt und objektiv ist. Vielmehr müssen wir Wissenschaft als methodisch geleitete Wirklichkeitskonstruktion begreifen, in die auch immer der persönliche Hintergrund des Wissenschaftlers, dessen Voraussetzungen, Überzeugungen und Interpretationen einfließen. Denn auch wissenschaftliches Handeln zieht aus Kontexten seinen Sinn. Wir finden zu jedem Verführungsphänomen, das wissenschaftlich untersucht wird, in Abhängigkeit von persönlichen Charakteristika, theoretischem Ansatz,

Untersuchungsmethodik und berücksichtigten Randbedingungen unterschiedliche Erkenntnisse.[268]

So finden sich beispielsweise mittlerweile auch für den bereits erwähnten Media-Engagement-Effekt, der in der Wissenschaft eigentlich als gut belegt gilt, Studien, die zu gegenteiligen Ergebnissen kommen. Demnach gibt es keine Kontexteffekte auf Werbebanner im Internet.[269] Wir wären also im Internet nicht desto stärker für Werbung ansprechbar, je intensiver wir uns mit einem Medium oder einer Plattform beschäftigen, wie die zentrale Annahme des Media-Engagement-Ansatzes ist.

Von der Vorstellung, dass wir die letztgültige uneingeschränkte Wahrheit erfahren und Erkenntnis darüber erzielen können, wie wirksam die Verführungen der Konsumindustrie sind, müssen wir uns daher wohl verabschieden. Und damit auch von der endgültigen Antwort auf die Frage nach der Existenz einer großen intransparenten Beeinflussungsmacht konsumindustrieller Verführungen, die ich in diesem Buch metaphorisch als Dark Arts bezeichne.

Wie können wir nun nach diesem kurzen Exkurs die Frage nach dem Erhalt und der Sicherung unserer Konsumentensouveränität in der Verführungswelt der Konsumindustrie beantworten, sodass wir uns in dieser Welt gut fühlen können?

## 6.1 Voraussetzungen unserer Souveränität: Wissen – Unterscheiden können – konsequentes Handeln

Was wir mit Bestimmtheit wissen und ich daher in diesem Buch als Ausgangspunkt meiner Überlegungen gewählt habe, ist, dass wir ein Unbewusstsein und ein Bewusstsein haben. Da sollten wir ansetzen. Wir müssen uns den Verführungstechniken der Konsumindustrie bewusst sein. Denn indem wir uns diesen Techniken bewusstwerden, bauen wir handlungsleitendes Wissen auf, das uns ermächtigt, bewusst zu handeln. Das heißt nicht, dass wir die Techniken vollständig durchblicken und ein Werbeprofi werden müssen. Das ist gar nicht notwendig. Denn alleine die Tatsache des Sich-Bewusstseins und aktiven Bewusstmachens durch Denken und Kommunizieren führt dazu, dass wir Verführungswissen und damit eine Konsumprudenz erlangen, also Licht in das Dunkel bringen können. Dies ist unumgänglich, um entscheiden zu können, wie wir mit den Verführungsversuchen umgehen. Es ist eine zentrale Voraussetzung für unsere Souveränität, wie ich in diesem Buch immer wieder versucht habe aufzuzeigen.

*Wenn wir wissen, haben wir Macht!*
In Analogie zum volkswirtschaftlichen Verständnis von Konsumentensouveränität geht es also um unsere bewusst getroffenen, wissensbasierten Entscheidungen, was wir mit den Verführungsbemühungen der Konsumindustrie machen. Dadurch können wir Einfluss auf die Art und Weise sowie den Umfang der Verführungskommunikation nehmen und uns so gegen unwillkommene und undurchsichtige Machenschaften (Dark Arts) wehren. Folglich können wir, die Verbraucher, das Erscheinungsbild konsumindustrieller Verführung (mit)bestimmen und deren Qualität beeinflussen.[270] Besonders die Gen Z (geboren zwischen 1997–2012) ist sich darüber im Klaren und zeigt sich sehr selbstbewusst. In Deutschland glaubt mehr als die Hälfte (56 %) von ihr, dass sie die Macht hat, die Praktiken der Markenmanager zu ändern, weltweit sind es sogar 74 %.[271]

Wenn wir das entsprechende Wissen haben, haben wir die Grundlage entscheiden zu können, ob wir beispielsweise einen Adblocker installieren, uns eine Fake-Identität zulegen, mit einem Privacy-Browser (z. B. Brave, Epic, Tor) surfen, bestimmte Medien und Plattformen nicht mehr nutzen oder gar auf den Konsum oder Gebrauch von bestimmten Produkten verzichten wollen, weil wir die Verführungstechniken, die zur Vermarktung dieser Produkte zum Einsatz kommen, durchschauen und nicht akzeptieren. So kann es vielleicht sein, dass wir die Bedürfnisse erkennen, die ein Unternehmen in seiner Verführungskommunikation instrumentalisiert, um uns zum Konsum zu bewegen, und wir diese Konsumbedürfnisse bewusst ablehnen. Wir würden also nach dem Prinzip des Antikonsums[272] handeln. Dies bedeutet nicht, dass wir uns grundsätzlich gegen Konsum aussprechen, sondern dass unsere Konsumentscheidung auf Motiven und Bedürfnissen beruht, die *wir* für wichtig erachten. Wir fragen uns also: Welches uns wichtige Bedürfnis können wir mit einem Kauf befriedigen? Das könnte beispielsweise der bewusste Kauf eines Produkts sein, weil wir so einen bestimmten Unternehmens- oder Marken-Purpose unterstützen wollen, also eine bestimmte politische, soziale oder ökologische Haltung des Unternehmens befürworten. Und wir sogar dazu bereit sind, für dieses Produkt mehr zu bezahlen als für ein rein funktional betrachtet vergleichbares Produkt. Wir würden also beispielsweise unserer Bedürfnislage entsprechend recycelte oder langlebige Produkte kaufen oder sogar zu dem Schluss kommen, auf einen Kauf zu verzichten, weil wir an dessen Stelle dem Mieten, Teilen oder Tauschen den Vorzug geben. Andererseits kann es natürlich aber auch sein, dass sich jemand bewusst für den Kauf eines bestimmten Produkts entscheidet, weil er dieses Produkt besitzen möchte, um dessen Image zu seiner persönlichen Positionierung in der Gesellschaft zu nutzen.

Zusammengefasst ist also eine wichtige Voraussetzung unserer Konsumentensouveränität, dass wir meinen zu wissen, dass uns die Verführungsbemühungen der Konsumindustrie bewusst sind und wir mit unserem Handeln auf sie Einfluss nehmen können. Meinen zu wissen reicht völlig aus – ultimatives Wissen, wie Verführung funktioniert, gibt es nicht.

*Bin ich blind für kommerzielle Botschaften?*
An dieses Wissen ist eine zweite Voraussetzung gekoppelt, die wir für unsere konsumindustrielle Souveränität benötigen. Denn wie sollen wir etwas über Verführung wissen können, wenn wir nicht wissen, was Verführungsversuche der Konsumindustrie sind? Wir sie also nicht erkennen. Und wir können sie nur erkennen, wenn wir sie von den anderen Medienangeboten, die tagaus, tagein auf uns einprasseln, unterscheiden können.

Wir haben im vorherigen Kapitel gesehen, dass die Konsumindustrie alles daransetzt, sich mit für uns relevanten Kontexten zu vernetzen, weil sie meint, uns so wertige, im Sinne nützlicher Verführungsangebote unterbreiten zu können. Idealerweise soll so die beeinflussende Absicht der Kommunikation in den Hintergrund treten, damit wir das Angebot als nützlich und relevant beurteilen.

Dass die Verführungen der Konsumindustrie durch Verdunklung ihrer Beeinflussungsintention zu glaubwürdigen und relevanten Medienangeboten mutieren können, ist keinesfalls aus der Luft gegriffen. Wir müssen dringend an der Notwendigkeit des Erkennens der Verführungsbemühungen ansetzen, wenn wir unsere Souveränität sichern wollen. Denn aktuell laufen wir Gefahr, dass wir für kommerzielle Botschaften blind werden. Sie sind da, wir sehen sie aber nicht. Wir tappen immer mehr im Dunkeln. So hat eine Stanford-Studie mit knapp 8.000 US-Jugendlichen ergeben, dass diese kaum noch zwischen Nachrichten und Werbung im Internet unterscheiden können. Die Teilnehmer bewerteten Beiträge auf News-Webseiten, in sozialen Netzwerken sowie Blogs. 80 % der Studienteilnehmer konnten einen gesponserten Beitrag nicht von einer echten Nachricht unterscheiden. In der Zusammenfassung der Studie bewerten die Autoren die Fähigkeit der Jugendlichen die Informationen im Internet durchdenken zu können mit nur einem Wort: düster.

> „Overall, young people's ability to reason about the information on the Internet can be summed up in one word: *bleak*."[273]

Zu einem ähnlichen Ergebnis kommt eine Studie der britischen Medienaufsichtsbehörde Ofcom auf Basis von Interviews mit 1.000 Eltern-Kind-Gespannen.[274] Nur 31 % der Befragten im Alter zwischen zwölf und fünfzehn Jahren konnte beim Benutzen von Google zwischen einem tatsächlichen Suchergebnis und Werbung korrekt unterscheiden. Unter den Acht- bis Elfjährigen lag der Anteil sogar nur bei 16 %. Wird eine Information auf Google angezeigt, so ist sie wahr – dies glaubt rund ein Fünftel der befragten Jugendlichen. Nur rund die Hälfte der Jugendlichen stellt den Wahrheitsgehalt der Suchergebnisse in Frage.

Ein Blick auf die Lage in Deutschland ergibt kein anderes Bild. In einer Studie der Bundeszentrale für politische Bildung, der Beauftragten der Bundesregierung für Kultur und Medien sowie mehrerer Landesmedienanstalten sind rund 4.200 Nutzer ab 18 Jahre hinsichtlich ihrer digitalen Informations- und Nachrichtenkompetenz untersucht worden.[275] Auch diese Studie hat eklatante Missstände in unserem Unterscheidungsvermögen aufgedeckt. Viele Nutzer haben Probleme, Information, Desinformation, Meinung und Werbung zu unterscheiden. Beispielsweise hielten 56 % der Befragten trotz Werbekennzeichnung ein Advertorial fälschlicherweise für eine Information. Lediglich 23 % erkannten, dass es sich um Werbung handelt. Die Strategie der Konsumindustrie, sich inhaltlich mit den Medien zu vernetzen, scheint aus ihrer Sicht also aufzugehen. Dies gilt besonders für junge Menschen mit niedriger Schulbildung. Die Studie deckt aber auch auf, dass mit zunehmendem Alter unsere digitale Nachrichten- und Informationskompetenz deutlich und signifikant abnimmt.

Testen Sie sich doch einmal selbst, wie fit Sie im Umgang mit Nachrichten im Internet sind (Abb. 6.1, auf der Seite ganz nach unten scrollen)

Tatsächlich tut sich die Konsumindustrie mit dieser Entwicklung, die sie mit ihrer Strategie der Vernetzung mit den Medien befeuert, aber keinen Gefallen. Denn konsumindustrielle Verführung kann schließlich als solche nur dann glaubwürdig, authentisch und wertig sein, wenn sie überhaupt als Verführungsversuch wahrgenommen, erkannt und nicht als ein Versuch enttarnt wird, durch Vernetzung ihre wahren Absichten zu verschleiern.

*„Don't talk the talk if you don't walk the walk"*
Auf die Notwendigkeit purpose-rational zu handeln, damit sich ein Unternehmen nicht vorwerfen lassen kann, gesellschaftliche Werte und Gemeinwohlanliegen für eigene konsumindustrielle Interessen zu instrumentalisieren (Green- oder Woke-Washing), habe ich weiter oben bereits hingewiesen. Nun dürfen wir aber nicht den Fehler begehen, mit dem Finger nur auf die Unternehmen zu zeigen und von diesen Beweise für die Glaubwürdigkeit ihrer Aussagen einfordern. Vergessen dürfen wir nämlich nicht, dass wir Verbraucher gemeinsam mit den Verführern, den Vermittlern und den Kommentatoren das Netz der großen Vier der konsumindustriellen Verführungen aufspannen und so gemeinsam, in wechselseitigen Abhängigkeiten das kommunikative Ökosystem der Konsumindustrie bilden, wie

**Abb. 6.1** Meine digitale Nachrichten- und Informationskompetenz. (Quelle: Stiftung Neue Verantwortung (2021): „Quelle: Internet"? Digitale Nachrichten- und Informationskompetenzen der deutschen Bevölkerung im Test, https://www.stiftung-nv.de/de/publikation/quelle-internet-digitale-nachrichten-und-informationskompetenzen-der-deutschen, Zugriff am 01.09.2021)

ich in Kap. 3 dargelegt habe. Wir Verbraucher sind ein Teil des Spiels der vernetzten Verführungen. Wenn wir unsere Souveränität in diesem Spiel sichern wollen, ist neben unserem Wissen und Unterscheidungsvermögen folglich als dritte Voraussetzung auch unsererseits konsequentes Handeln und nicht nur bei den Unternehmen erforderlich. Wir müssen in den Spiegel schauen und uns fragen, wie es denn um unsere eigene Glaubwürdigkeit als Folge konsequenten (Nicht-)Handelns bestellt ist. Was heißt das?

Wir müssen schonungslos mit uns selbst ins Gericht gehen und nicht einfach nur die Verführer anklagen. Wenn wir beispielsweise Datenautonomie als einen Purpose konsumindustrieller Verführungshandlungen auffassen, dann dürfen unsere Forderungen nach Datenschutz keine Luftblasen sein. Wir müssen dann gemäß diesem Purpose auch konsequent handeln. Genauso wie die Purpose-Kommunikation der Verführer erst durch ihren Handlungsbeweis glaubhaft wird, dass das Marktangebot purpose-konform produziert und distribuiert wird. Handeln wir nicht konsequent gemäß unseren kommunizierten Meinungen, Einstellungen, Forderungen usw. werden unsere Datenschutzbekundungen von den Verführern nur müde belächelt und als konsequenzlos abgetan. Verführer und Verbraucher müssen sich gerade auch auf der konkreten Handlungsebene gegenseitig schätzen und ernst nehmen. Dies ist die Voraussetzung dafür, jeweils das Handeln des Anderen akzeptieren zu können.

Und daran müssen auch wir Verbraucher in der Tat arbeiten:

Nutzen Sie beispielsweise Google, obwohl Sie sich dabei um Ihre Datenautonomie sorgen? Und Sie sorgen sich, obwohl Sie wissen, dass es auch noch andere Suchmaschinen gibt? Warum nutzen Sie beispielsweise nicht DuckDuckGo, Ecosia, MetaGer, Startpage oder irgendeine andere anonyme Suchmaschine? Dort sind Ihre Daten weitestgehend geschützt. Beispielsweise werden bei Ecosia keine persönlichen Nutzerprofile erstellt, die auf dem Suchverlauf basieren. Die Nutzerdaten werden nicht mit werbetreibenden Unternehmen geteilt. Suchanfragen werden verschlüsselt, sodass sie nicht von Dritten nachvollzogen werden können. Es findet keine Verwendung von Analyse-Tools von Drittanbietern (wie z. B. Google Analytics) statt, womit niemand auf Ihre persönlichen Suchdaten zugreifen kann. Alle Nutzer erhalten dasselbe Suchergebnis auf Basis des jeweiligen Suchbegriffs. Die Suchergebnisse sind relevant – Ecosia nutzt die Server der Microsoft-Suchmaschine Bing. Nicht nur dass Sie so im Sinne der Datenautonomie Souveränität über Ihre Daten hätten. Sie unterstützten zusätzlich mit jeder Suche, dass ein Baum gepflanzt wird. Bisher konnten so immerhin bereits über 125 Mio. Bäume gepflanzt werden (Stand: Juli 2021).

Nutzen Sie beispielsweise Facebook, obwohl Sie sich dabei um Ihre Datenautonomie sorgen? Falls Sie sich sorgen, haben Sie unter dem Menuepunkt „Einstellungen und Privatsphäre" Vorkehrungen zum Schutz Ihrer Daten getroffen?

Sie nutzen als Browser beispielsweise Firefox, Google Chrome oder Safari und wollen nicht, dass Daten über Ihr Surfverhalten erfasst werden? Falls Sie dies nicht wollen, haben Sie in den Einstellungen Ihres Browsers Cookies blockiert?

Ihnen sind News-Dienste und Informationsportale im Internet wichtig – Sie wollen aber nicht für ein Abo oder gar nur eine einmalige Nutzung bezahlen?

Sie wollen im Internet werbefinanzierte Dienste und Services nutzen, haben aber einen Adblocker installiert oder beschweren sich darüber, dass Sie mehr und mehr das Gefühl haben, Ihre Datenautonomie zu verlieren?

Sie halten personalisierte Werbung für nützlich, wollen aber keine oder nur sehr wenige Daten über sich preisgeben?

Oder betreffend den Purpose Klimaschutz: Sie sagen, Klimaschutz ist Ihnen wichtig, aber sie kaufen regelmäßig auch tierische Ernährungsprodukte?

Die Liste ließe sich um viele weitere Beispiele ergänzen. Ihnen allen ist das sogenannte Attitude-Behavior Gap gemeinsam, das unserem konsequenten Handeln so oft im Weg steht. Es besteht eine Diskrepanz zwischen unserer Handlungsabsicht oder unserer Einstellung („Attitude"), die wir zu etwas haben, und unserem tatsächlichen Handeln („Behavior").

We talk the talk but don't walk the walk!

Diese Lücke zwischen unseren Absichten und Einstellungen auf der einen Seite und unseren Handlungen auf der anderen Seite kann unterschiedliche Ursachen haben. Besonders im Kontext von nachhaltigem Verhalten hat sich die Forschung mit diesem Phänomen befasst. Beispielsweise wurde festgestellt, dass unsere Gewohnheit im Sinne eines automatisierten Verhaltens uns häufig einen Strich durch die Rechnung macht, absichtsvoll zu handeln.[276] Andere Faktoren sind unser Involvement und unsere geschätzte persönliche Konsumeffektivität. Involvement, im Sine der empfundenen persönlichen Relevanz, die wir Dingen und Themen beimessen, kann zu einer Vergrößerung oder Verkleinerung der Lücke führen. Niedrig involvierte Verbraucher zeigen höhere Niveaus an Attitude-Behavior-Inkonsistenz. Sind wir höher involviert, nimmt unser Niveau an Konsistenz hingegen zu. Gleichzeitig hat aber auch unsere Einschätzung der persönlichen Konsumeffektivität Einfluss auf die Lücke von Absicht/Einstellungen und tatsächlichem Handeln. Gemeint ist damit unser Glaube, dass wir mit unserem Konsumhandeln konkret auf Dinge Einfluss nehmen können, beispielsweise auf die Verringerung des $CO_2$-Ausstosses. So kann es sein, dass jemand in puncto Umweltbelange sehr besorgt und hoch involviert ist, sich aber gleichzeitig vollkommen hilflos fühlt, mit seinem eigenen Handeln den Zustand verbessern zu können.[277]

Und schließlich spielen auch die Kosten eine wichtige Rolle. So steht gemäß der low-cost-Hypothese unser Handeln eher dann im Einklang mit unseren Einstellungen, wenn die diesbezüglichen Kosten des Handelns gering sind, also das Handeln einfach auszuführen ist oder es keine großen finanziellen Ausgaben von uns erfordert. Sind die Kosten hingegen hoch, nimmt der positive Einfluss unserer Absichten und Einstellungen auf unser Handeln ab.[278]

Apropos Kosten: Natürlich kann es auch sein, dass unser Attitude-Behavior Gap sich Einstellungen verdankt, die inkompatibel mit den beabsichtigen Handlungen sind – beispielsweise eine kostenlose Mediennutzung. Wir dürfen nicht so naiv sein und glauben, in der Verführungswelt der Konsumindustrie mit der Einstellung durchkommen zu können, dass wir weder für Dienste und Services mit Cash noch mit unseren Daten oder zumindest mit unserer Wahrnehmung von Ads, also mit Aufmerksamkeit, bezahlen müssen. Wenn wir also beispielsweise die Handlung des freien Informationszugangs in den Medien als wichtigen Purpose konsumindustrieller Verführungshandlungen auffassen, dann muss uns klar sein, dass wir dafür, in welcher Form auch immer, Kosten zu tragen haben.

Dieses kausale Wenn-Dann-Denken, das Denken in Konsequenzen, hilft uns ungemein, das Attitude-Behavior Gap zu schließen. Am Beispiel des Purpose Datenautonomie: „Wenn ich das nächste Mal Facebook nutze, dann werde ich zuerst unter „Einstellungen und Privatsphäre" Vorkehrungen zum Schutz meiner Daten treffen." Wenn wir so denken, dann laufen wir auch nicht Gefahr, uns in unseren Handlungen von unserem Irrglauben leiten zu lassen, dass der Gesetzgeber der Anwalt der Verbraucher ist und wir uns deswegen entspannt zurücklehnen können. Der Gesetzgeber nimmt sich zwar mittlerweile mit diversen Initiativen und Gesetzgebungen (DSGVO, Digital Services Act) mehr und mehr unseren Datenschutzinteressen an, dennoch ist unsererseits konsequentes Handeln zwingend notwendig, wollen wir uns als souveräne Marktpartner in der Konsumindustrie positionieren. Denn der Gesetzgeber wird sehr darauf achten, dass auf der einen Seite der grundrechtliche Schutz der Verbraucher beispielsweise in puncto Datenautonomie und auf der anderen Seite die Wettbewerbschancen der Unternehmen auf digitalen Märkten, besonders mit Blick auf die internationale Wettbewerbsfähigkeit, sich die Waage halten müssen.[279]

*Konsequent souverän sein*
Der konsequent souveräne Verbraucher hat kein oder allenfalls nur ein sehr geringes Attitude-Behavior Gap. Seine Handlungsabsichten oder Einstellungen, die er zu Gegebenheiten, Ereignissen und Entwicklungen im kommunikativen Ökosystem der Konsumindustrie hat, münden in schlüssig dazu passenden Handlungen. Man könnte geneigt sein, ihn deswegen gar als radikal zu bezeichnen. Beispielsweise könnte er eine negative Einstellung zu Retargeting im Netz haben, gleichzeitig nerven ihn ungemein die gesetzlich vorgeschriebenen Cookie-Banner. Dies hindert ihn aber nicht daran, sich konsequent mit jedem Cookie-Banner dahingehend zu befassen, wie er seinen Consent zur Erfassung und Weiterverarbeitung seiner Daten ablehnen kann – wenn er nicht sowieso in seinen Browser-Einstellungen bereits Cookies deaktiviert hat.

*Ambivalent souverän sein*
Wir sollten uns aber nichts vormachen. Konsequent souverän zu sein, ist anstrengend. Wir wissen um viele Dinge, die in der Konsumindustrie vonstattengehen, wissen auch wie in Abschn. 4.1 beschrieben, dass wir viele Dinge nicht wissen, haben zudem einen hohen Grad an Medienkompetenz, weil wir nicht blind sind für kommerzielle Botschaften und diese erkennen können. Wir erfüllen somit dank unseres Wissens und Unterscheidungsvermögens zwei der drei Voraussetzungen unserer Verbrauchersouveränität. Aber bei der dritten hapert es. Das konsequente Handeln fällt uns nicht nur schwer, sondern will uns oftmals gar nicht gelingen. Und wir wissen in diesen Momenten, wo eigentlich Konsequenz gefragt wäre, sehr genau, dass wir jetzt nicht konsequent sind. Damit befinden wir uns in einer Situation ambivalenter Souveränität. Wir haben eine negative

Einstellung zu (Re)Targeting, uns nerven aber die gesetzlich vorgeschriebenen Cookie-Banner und klicken deswegen ohne weitere Prüfung und wider unsere eigentliche Überzeugung einfach auf denjenigen Button des Banners, der uns am schnellsten den Weg zum Zugriff auf den Content ebnet, der der eigentliche Grund für unseren Besuch der Website ist – um bei diesem Beispiel zu bleiben. Dieser Verbrauchertyp ist in der Mehrheit. Er macht, wie schon weiter oben erwähnt (Kap. 4), rund 63 % der Deutschen aus. Es ist die Bequemlichkeit, in den Worten von Wirtschaftsnobelpreisträger Daniel Kahneman unser „fauler Kontrolleur", der uns einen Strich durch die Rechnung macht.[280] Die energetischen Kosten, die unser Gehirn für den kognitiven Prozess des Lesens eines oftmals bewusst verquasten Cookie-Banners aufwenden muss, damit wir gezielt die Entscheidung der Ablehnung zum Datensammeln realisieren können, sind für die meisten von uns zu hoch. Lieber eine schnelle, automatisierte Entscheidung treffen, unabhängig von den uns bewussten Folgekosten in Form des weiteren Schwindens unserer Datenautonomie.

*Auf dem Weg zu „Akzeptiere immer alles"?*
Diese ambivalente Souveränität kann durchaus folgenreiche Konsequenzen haben. Schon heute nehmen viele von uns die ständige Abfrage von Freigaben zur Datenverarbeitung nicht als ihr Recht, sondern schlicht als unbequeme, nervige Belästigung wahr. Dies könnte, wie Claudia Bünte folgert, zu einer eventuellen Modifikation der DSGVO führen.[281] Der Verbraucher müsste nicht mehr zweckgebundene Freigaben für die unterschiedlichen Cookie-Typen – besonders: unbedingt erforderliche oder notwendige Cookies (nicht einwilligungspflichtig), funktionale Cookies, Performance Cookies, Werbe-/Targeting Cookies – geben, sondern kann schlicht sein Einverständnis zu einer einmaligen, nicht zweckgebundenen Datenverarbeitung geben. Dies würde aber einen weiteren Verlust an Datenautonomie bedeuten, da sich dadurch das Datenverknüpfungspotential vervielfältigen würde, und wir uns auf den Weg machen würden, uns dem chinesischen Datenschutzrecht mit seinem laxen Umgang mit Persönlichkeitsdaten anzugleichen. Die Verbraucher fänden sich in einer Verführungswelt der Konsumindustrie mit einem noch höheren Grad an Intransparenz und Dark-Arts-Befürchtungen wieder. Aber wer weiß, vielleicht könnte uns unsere ambivalente Souveränität sogar so weit bringen, dass wir aus Bequemlichkeit gar keine Scheu haben, uns für einen Klick auf einen Button „Akzeptiere immer alles" zu entscheiden, für eine Art „Unified Lifetime-Consent". Ob der deutsche und europäische Gesetzgeber da mitmachen würden, darf aber berechtigt bezweifelt werden.

Die drei Voraussetzungen für unsere Souveränität auf individueller Ebene (wissen, unterscheiden können und konsequentes Handeln) sind alleine nicht ausreichend. Damit sie ihre volle Wirksamkeit entfalten können, müssen sie eingebettet sein in eine Entwicklung, die aus dem Zusammenspiel der großen Vier im Netz der Verführung resultiert.

## 6.2 Eine neue Verführungskultur schaffen

Die drei Voraussetzungen auf individueller Ebene reichen deswegen nicht aus, weil gleichzeitig die Verführungsbemühungen der Konsumindustrie auf einem neuen Selbstverständnis basieren müssen. Dieses sich langsam herausbildende, neue konsumindustrielle Selbstverständnis steht im Zentrum einer neuen Verführungskultur, die wir Verbraucher alleine nicht herbeiführen können. Sie kann nur aus den Vernetzungseffekten der Handlungen aller vier involvierten Gruppen (Verführer, Vermittler, Verbraucher und Kommentatoren) im Netz der Verführung resultieren. Letztlich können wir unsere Souveränität also nur im Zusammenspiel mit den anderen drei Playern im Netz der Verführung erhalten, nicht alleine! Die Chancen stehen aber gut, dass uns dies gelingen kann. Spätestens seit der Corona-Krise wissen wir, dass Menschen, die dasselbe Ziel haben, mit ihren Handlungen dafür sorgen müssen, dass nicht nur man selbst, sondern auch die anderen dieses Ziel erreichen. Wir haben gleichzeitig uns selbst und die anderen geschützt – so schmerzhaft und anstrengend dies auch oft war. Viele haben aber verstanden, dass Egozentrismus der falsche Weg ist, dass man nur dann Erfolg haben kann, wenn auch die Anderen Erfolg haben. Die Unternehmen, die Vermittler, die Verbraucher und die Kommentatoren können analog gemeinsam nur dann eine neue Verführungskultur bewirken, wenn sie mit ihren Handlungen nicht nur opportunistisch ihre jeweils eigenen Ziele verfolgen, sondern sich gleichzeitig auch immer am jeweiligen anderen orientieren, der von den eigenen Handlungen direkt oder indirekt betroffen ist. Kurzum, wie oben ausgeführt: Wollen wir gemeinsam etwas ändern, müssen wir uns dem Grundprinzip des Erfolgs von Kommunikation und sozialer Vernetzung bewusst sein, nämlich Reflexivität. Schließlich ist dieses Grundprinzip ja auch der Grund dafür, warum wir in der Lage sind, einen Streit schlichten zu können, Konsens zu erzielen oder gemeinsame Ziele verfolgen zu können. Dank der Eigenschaft, dass Kommunikation reflexiv ist, können wir soziale Zustände ändern. Folglich ist es auch der Ansatzpunkt für kulturellen Wandel und Veränderung. Entsprechend müssen wir uns klarmachen, dass alle Beteiligten im Netz konsumindustrieller Verführung über

## 6.2 Eine neue Verführungskultur schaffen

den Grad bewusster kommunikativer Reflexivität den Erfolg ihrer Kommunikationen und Handlungen beeinflussen können. Wenn sie das tun, dann haben sie eine weitere wichtige Voraussetzung für unsere Konsumentensouveränität geschaffen. Nämlich dass sich eine nachhaltige Verführungskultur mit einem neuen Selbstverständnis der Akteure entwickeln kann, das vom Primat der Empathie geprägt ist. Eine solche neue Verführungskultur ist notwendig, damit Initiativen wie beispielsweise #stophateforprofit[282] überhaupt nicht mehr notwendig werden, weil unter den großen Vier Konsens über die unumgängliche notwendige Vernetzung elementarer gesellschaftlicher Werte mit ökonomischen Zielsetzungen herrscht.

*Empathie ≠ Eigennutzen*
Nun könnte man einwenden, dass die Verführer sich doch bereits schon seit langem an uns, den Verbrauchern orientieren. Sie bemühen Marktforschungsinstitute, um unsere Motive und Bedürfnisse zu ermitteln und uns so passgenaue Angebote unterbreiten zu können. Dies wurde früher als Zielgruppenkommunikation bezeichnet und hat sich heute zur personalisierten Kommunikation weiterentwickelt.

Dem ist entgegenzuhalten, dass dies nicht mit Empathie gemeint ist. Empathie heißt nicht, über die strategische Ausnutzung der Ziele, Interessen, Einstellungen oder Bedürfnisse der Verbraucher eigene Ziele erreichen zu wollen. Unternehmen, die dies machen, handeln nicht nach dem Primat der Empathie, sondern nach dem des kalkulierten Eigennutzes.

Empathisch handelt man erst dann, wenn man sich konsequent die Perspektive eines anderen zu eigen macht (kognitive Empathie), einschließlich dessen gefühlsmäßiges Erleben (emotionale Empathie), und man persönlich betroffen ist, wenn andere Menschen in emotional belastende Situationen oder Nöte geraten.[283] Für die Verführungskommunikation bedeutet dies beispielsweise, dass die Unternehmen dank ihrer empathischen Kompetenz in der Lage sein sollten, auf der Ebene des Anstands, der Höflichkeit und der Rücksichtnahme zu kommunizieren. Auf diesen Punkt hat jüngst auch Thomas Strerath, ehemaliger CEO der Werbeagentur Ogilvy, hingewiesen.[284] Ebenfalls erklärt Susanne Grundmann, CEO der Mediaagentur OMD, Empathie zum Schlüsselbegriff der Arbeitsweise der Agentur. Sie meint damit, dass es nicht um kalte Daten gehen darf, sondern um ein Verständnis der Verbraucher und Kunden.[285] Man möchte den Verantwortlichen in den Marketingkommunikationsabteilungen der Unternehmen am liebsten zurufen: „Wenn ihr im Web surft, nerven Euch doch auch die blinkenden Ads, die einen anspringen, verfolgen und in der Regel mit vollkommen belanglosen Inhalten daherkommen. Warum mutet ihr das eigentlich Euren Kunden zu? Das gehört sich einfach nicht!"

*Wer empathisch verführt, verführt nachhaltig*
Die Chancen für die Ausbildung einer neuen empathie-zentrierten und damit auch nachhaltigen Verführungskultur werden auch von den Entwicklungen auf der Makroebene gestärkt. So ist das Ziel, eine nachhaltige Welt zu schaffen, von oberster politischer Priorität. Sei es der Europäische Grüne Deal der EU-Kommission, die Rückkehr der USA in das Pariser Klima-Abkommen, das Billionen-Investitionsprogramm der Biden-Regierung in eine nachhaltige Zukunft und zwar in infrastruktureller, ökologischer wie sozialer Hinsicht oder der Boom in „grüne" Investments an den Kapitalmärkten – Nachhaltigkeit ist der Nukleus unseres modernen Lebens. Dies wird von den Investmentstrategien auf den Kapitalmärkten reflektiert. Anleger erwarten neben einer finanziellen auch eine ökologische und soziale Rendite. Als Standard nachhaltiger Anlagen haben sich die ESG-Kriterien (Environment, Social, Governance) etabliert. Diese wurden in die Principles of Responsible Investments (PRI) integriert, einer 2006 von den Vereinten Nationen gegründeten Initiative zur freiwilligen Selbstverpflichtung zwecks Schaffung eines nachhaltigeren globalen Finanzsystems.[286] Auch ist das Ziel des nachhaltigen Konsums auf globaler Ebene verankert. Von den 17 globalen Zielen für nachhaltige Entwicklung der Agenda 2030, die von der Weltgemeinschaft 2015 verabschiedet wurde, ist das Ziel 12 dem nachhaltigen Produzieren und Konsumieren gewidmet.[287]

Diese neue, empathiebasierte, nachhaltige Verführungskultur müssen wir uns in Interaktion mit allen Beteiligten im kommunikativen Ökosystem der Konsumindustrie erarbeiten. Auch unsere Verbrauchersouveränität, die diese neue Kultur für ihre Entwicklung benötigt, ist daher letztlich ein Phänomen der Vernetzung.

*2014: „Kauf, Du Arsch!" – Heute: „Achte unsere kommunikativen Ressourcen!"*
Dieses maßgeblich durch Empathie charakterisierte, neue konsumindustrielle Selbstverständnis und die Herausbildung einer neuen Verführungskultur stehen im Zeichen eines tiefgreifenden gesellschaftlichen Wertewandels. Dieser hilft uns, unser Empfinden von Konsumentensouveränität (wieder)erlangen und absichern zu können. Besonders ein ständiges und alles dominierende Streben der Unternehmen nach immer weiterer Gewinnmaximierung will gar nicht mehr so richtig mit unserer heutigen Vorstellung von sinnvollem und nachhaltigem unternehmerischen Handeln zusammenpassen. So hat von 2016 bis 2020 der Anteil der deutschsprachigen Bevölkerung, für den beim Kauf von Produkten voll und ganz zutrifft, dass es wichtig ist, dass das jeweilige Unternehmen sozial und ökologisch verantwortlich handelt, um 28,6 % zugenommen (2016: 8,63 Mio., 2020: 11,1 Mio.). Dies geht einher mit einer gestiegenen Bereitschaft der Deutschen

## 6.2 Eine neue Verführungskultur schaffen

um 28,2 %, für umweltfreundliche Produkte mehr zu zahlen (2016: 19,9 Mio., 2020: 25,51 Mio).[288]

Um nicht missverstanden zu werden: Den Verbrauchern ist selbstverständlich klar, dass Unternehmen auch weiterhin Gewinne erwirtschaften müssen – aber, getreu dem Purpose-Konzept, in Verbindung mit der Erwirtschaftung sozialer und ökologischer Gewinne.

Und analog passt auch nicht mehr nicht-nachhaltige Verführungskommunikation zu uns, die auf unsere kommunikativen Bedürfnisse und Erwartungen wenig Rücksicht nimmt, die penetrant und nervig oder intransparent ist. Wir wollen nicht mehr das Gefühl haben, dass es der Konsumindustrie letztlich nur darum geht: „Kauf, Du Arsch!", wie das Wirtschaftsmagazin brand eins seine Ausgabe mit dem Schwerpunkt Werbung in 2014 betitelt hatte.

Konkret passt diese Art der Verführungskommunikation nicht mehr zu uns, weil das Primat der Empathie des neuen konsumindustriellen Selbstverständnisses uns für notwendige Ziele der Verführung sensibilisiert, die mit dem Ziel der Kaufverführung des Verbrauchers verknüpft sind. Uns geht es heute auch um den Purpose der Verführungskommunikation selbst – um den Eigen-Purpose der Verführungskommunikation. Also nicht nur darum, dass wir purpose-rationales Handeln eines Unternehmens oder einer Marke im Bereich der Produktion und der Distribution ihrer Güter einfordern. Wir erwarten seitens der Unternehmen auch die Offenlegung eines kommunikativen Purpose und folglich purpose-rationales kommunikatives Handeln im Bereich konsumindustrieller Verführung.

Dieser Purpose muss sich als grundlegende kommunikative Haltung in Form eines elementaren Kommunikationszwecks durch die gesamte kommunikative Wertschöpfung des Unternehmens ziehen. Er ist Ausdruck der Achtung unserer kommunikativen Ressourcen und liefert die Kommunikationsberechtigung (license to communicate), indem er den Beitrag des Unternehmens für eine bessere kommunikative Welt verkörpert. Konkret: Dieser Purpose soll die Frage nach demjenigen Beitrag der Kommunikation eines Unternehmens beantworten, der uns glaubhaft aufzeigt, wie ein Unternehmen seine Kommunikation nicht nur über die Logik der Wirtschaft, sondern auch über die der Gesellschaft und deren Kommunikation definiert. Was tut das Unternehmen für unser kommunikatives Gemeinwohl?

Beispielsweise kann dies die konsequente Schonung unserer kognitiven Ressourcen (Kommunikationsdosierung), transparentes und verantwortungsvolles Datenmanagement (Datenautonomie), Förderung von Medien- und Kommunikationskompetenz (media literacy), Sicherung des Informationszugangs und -pluralismus (Informationsdemokratie) oder auch einfach die oben erwähnte kommunikative Höflichkeit und respektvolle Haltung sein.

Dieser Purpose der Verführungskommunikation repräsentiert das Bekenntnis eines Unternehmens zu seiner kommunikativen und medialen Verantwortung, seiner kommunikativen Integrität. Marketingkommunikationstechnisch formuliert handelt es sich um die Communication, Media & Marketing Responsibility (CMMR) eines Unternehmens.

*Kommunikative Nachhaltigkeit = Zukunftskonzept der Verführung*
Die neue, sich abzeichnende Verführungskultur, die wir für unsere Konsumentensouveränität benötigen, ist also deutlich, wie auch schon weiter oben dargelegt, vom Gedanken der Nachhaltigkeit geprägt. Damit wird aber kein Anschluss an die Medienkritik gesucht, die Ende der 1970er/Anfang der 1980er Jahre unter dem Begriff der „Kommunikationsökologie" betrieben wurde und die die Unterwanderung und Verdrängung der persönlichen, „natürlichen" Kommunikation durch die Medien anprangerte.[289] Das macht im Zeitalter unserer durch und durch medialisierten Welt keinen Sinn mehr. Mit kommunikationsnachhaltigem Handeln meine ich hingegen überhaupt nicht medienkritisch nichts weniger als das Zukunftskonzept konsumindustrieller Verführung. Im Anschluss an den Pionier des Nachhaltigkeitsgedankens Hans Carl von Carlowitz (* 1645, † 1713) heißt das, verantwortungsvoll mit dem zu kommunizieren, was wir an Ressourcen in den Kommunikationsprozess einbringen, ohne diese dabei zu zerstören. Als diese Ressourcen können neben Empathie vor allem Aufmerksamkeit, Transparenz, Vertrauen und Respekt/Anstand aufgefasst werden. Die neue Verführungskultur könnte es mit sich bringen, dass wir konsumindustrielle Verführungsversuche zukünftig nur noch willkommen heißen, wenn unsere Erwartungen hinsichtlich kommunikativer Haltung und Verantwortungsübernahme seitens eines Unternehmens erfüllt werden. Die aktuellen Entwicklungen deuten jedenfalls darauf hin.

## 6.3 Wie könnte es weitergehen?

Zweifelsohne sorgen die beschriebenen, sich wechselseitig beeinflussenden Entwicklungen (s. Kap. 3) im Netz der großen Vier der Verführung maßgeblich dafür, dass sich die neue Verführungskultur herausbilden und etablieren kann. Eine Verführungskultur, in der wir Verbraucher uns wohlfühlen können, weil wir uns selbst als souveräne Player wahrnehmen und wir erleben, dass wir von den Unternehmen und Medien auch als solche geschätzt werden. Die beschriebenen Voraussetzungen, die dafür unsererseits auf individueller Ebene notwendig sind – also Wissen, unterscheiden können und konsequentes Handeln – sowie das neue

## 6.3 Wie könnte es weitergehen?

konsumindustrielle Selbstverständnis der Empathie als zentrales Charakteristikum nachhaltiger Verführungskommunikation sind das Resultat dieser aktuellen Entwicklungen. Wir können davon ausgehen, dass die Eigendynamik dieser Entwicklungen, wie sie aus ihrer Vernetzung resultiert, weitere Entwicklungen, Ideen und Konzepte nach sich zieht, die den Weg zu unserer Konsumentensouveränität in den nächsten Jahren weiter ebnen werden.

Wagen wir also einen Blick nach vorne. Was könnten Szenarien sein, die nicht vollkommen aus der Luft gegriffen sind und denen man, Stand heute, zumindest ein Mindestmaß an Eintrittswahrscheinlichkeit attestieren kann?

*Was können die Unternehmen für unsere Konsumentensouveränität tun?*
Beginnen wir bei den Unternehmen, den Verführern. Werfen wir stellvertretend für Unternehmen, die ihren Purpose thematisieren, einen Blick auf Unilever dessen Haltung in puncto Verführung wie folgt lautet:

> „Wir haben als Unilever eine klare Verantwortung. Wir wollen eine Kraft des Guten für Marken und für die Gesellschaft sein, indem wir die Macht unserer Mediaetats und unsere Expertise gezielt einsetzen."[290]

Unilever hat bereits in der Vergangenheit gezeigt, dass dem Unternehmen Nachhaltigkeit und gesellschaftliche Verantwortungsübernahme wichtig sind. So hat das Unternehmen beispielsweise mit seiner Marke Dove sich nachdrücklich für eine Korrektur des falschen gesellschaftlichen Schönheitsideals und für die Entwicklung eines stärkeren Selbstwertgefühls bei Kindern und Jugendlichen eingesetzt. Nun kommt bei dem Unternehmen der Aspekt der Nachhaltigkeit der Kommunikation selbst hinzu. So lautet die Mission der Unilever eigenen Non-Profit-Organisation The Dove Foundation „to encourage and promote the creation, production, distribution and consumption of wholesome family entertainment"[291], was sich in erster Linie allgemein auf audiovisuelle Medieninhalte bezieht. Aber auch konkret in puncto Verführungskommunikation hat das Unternehmen mittlerweile einen Purpose entwickelt. Es engagiert sich in diversen Verbänden und Gremien für eine bessere digitale Kommunikationslandschaft und verdichtet dies auf den Kommunikations-Purpose der Transparenz:

> „Unsere Position war immer ganz klar, dass wir mehr Transparenz im Ökosystem der Werbung brauchen – und das nicht nur aus Sorge um unsere Marken. Wir haben schon Anfang 2018 gesehen, dass die Probleme unserer Branche auch Auswirkungen auf die Gesellschaft als Ganzes haben."[292]

Mit „Problemen", die aus mangelnder Transparenz resultieren, sind hier gemeint Werbebetrug (ad fraud), Sichtbarkeit der Ads, Umfeldsicherheit für Marken (brand safety) und Kostentransparenz der eingekauften Dienstleistungen und in der programmatischen Mediaplanung und -abwicklung. Alles Punkte, die in Kap. 3 als Entwicklungen und damit Treiber für die Herausbildung der neuen Verführungskultur identifiziert wurden.

Denkbar wäre es, dass Unternehmen, die sich, vergleichbar zu Unilever, bereits mit dem Purpose ihrer Verführungskommunikation befassen, nun verstärkt eine kommunikative Haltung in Richtung Verbraucher und Gesellschaft weiterentwickeln und ihre Communication, Media & Marketing Responsibility (CMMR) ausbauen. So könnten sich Unternehmen für unsere Datenautonomie einsetzen, indem sie ihre personalisierte Kommunikation mit uns

- ausschließlich auf First-Party-Daten stützen – also auf Daten von uns, die das Unternehmen mit unserem Wissen selbst erhoben hat (z. B. Nutzerverhalten auf der eigenen WWW-Site, E-Mails, Gewinnspiele etc.),
- diese Daten nicht anderen Unternehmen, Vermarktern oder sonstigen Dritten zur Verfügung stellen oder gar verkaufen,
- kein WWW-Site-, Geräte-, Kanal- oder sonstiges übergreifendes Tracking vornehmen
- und damit auch keine Log-in basierten Identifier übermitteln, die zu einem potentiellen Datenleck führen könnten.

Des Weiteren könnten Unternehmen uns tatsächliche Transparenz ihres Datenmanagements ermöglichen, indem wir nachvollziehbar erfahren können, was mit unseren Daten passiert und wir so unseren Dark-Arts-Verdacht beilegen können. Das können wir momentan nicht. 2012 hat die deutsche Online-Werbewirtschaft unter dem Dach des Zentralverbands der deutschen Werbewirtschaft (ZAW) den „Deutschen Datenschutzrat Online-Werbung" (DDOW) gegründet, der der Selbstregulierung im Bereich nutzungsbasierter Onlinewerbung verpflichtet ist. Mittlerweile ist diese Initiative unter dem Dach der European Interactive Digital Advertising Alliance (EDAA, https://edaa.eu/) angesiedelt, die das europäische Selbstregulierungsprogramm für datengesteuerte Werbung beziehungsweise „Online Behavioral Advertising" (OBA) managt. Im Mittelpunkt steht ein europaweit einheitliches Piktogramm (Abb. 6.2), das in OBA-Ads integriert ist, und damit den Nutzer informiert, dass nutzungsbasierte Online-Werbung erfolgt – er also diese Ad aufgrund seines bisherigen Nutzungsverhaltens sieht.

Wird das Piktogramm angeklickt, erfährt der Nutzer, welche Werbedienstleister hinter der Datenerhebung und -nutzung stehen. Auf der zentralen Website

## 6.3 Wie könnte es weitergehen?

**Abb. 6.2**
OBA-Piktogramm. (Quelle: https://www.vau.net/deutscher-datenschutzrat-online-werbung/content/oba-piktogramm-telemedienanbieter-verfuegbar, Zugriff am 29.04.2021)

https://youronlinechoices.eu/ können die Nutzer über das Präferenzmanagement steuern, von welchen Dienstleistern sie Cookies (Third-Party-Cookies) in ihrem verwendeten Browser aktivieren oder deaktivieren und damit OBA des jeweiligen Dienstleisters (nicht) ermöglichen. So löblich diese Selbstregulierungsinitiative grundsätzlich auch ist, verhilft sie uns, den Nutzern und Verbrauchern, nicht wirklich für Transparenz.[293] Oder wissen Sie wer Adex, Ermes, MediaMath oder OpenX ist und über welche Daten von Ihnen diese Unternehmen verfügen? Nur um beispielhaft ein paar Namen der Werbedienstleister zu nennen, von denen Ihr Browser eventuell Cookies gespeichert hat und die sie auf dieser Website (de)aktivieren können. Um tatsächliche Transparenz zu erhalten, wäre eine private Transparency Management Platform (pTMP) hilfreich, der wir die Herkunft und Verknüpfung unserer Daten entnehmen und darauf basierend Entscheidungen treffen können. Denn auf Basis der Namen von Werbedienstleistern, in diesem Fall von Vermarktern von Werbeplätzen im Internet, können wir gemäß unseren individuellen Präferenzen und unserem Wissen, wo unsere Daten eigentlich herkommen, nicht den Einsatz von OBA steuern. Über die pTMP könnten wir detailliert nachvollziehen, aus welcher konkreten Quelle (Unternehmen, Statistik, Website, soziale Medien etc.) die Daten stammen, welche Daten (z. B. Alter, Geschlecht, Standort, Verhalten im Netz) mit anderen Daten (z. B. getätigte Käufe, Likes, Kommentare) wie verknüpft wurden und zu welcher Schlussfolgerung diese Datenvernetzung führte, sodass wir eine bestimmte und nicht irgendeine andere Ad sehen. Also eine Art privater DataGraph, der das Netzwerk unserer Daten visualisiert, mit dem die Verführer operieren.

Diese Forderung nach Transparenz und Kontrollierbarkeit hätte im Übrigen auch Bestand, wenn sich im Anschluss an den Wegfall der Third-Party-Cookies die Universal-ID, also die Log-in basierte Identifikation und Authentifizierung des Nutzers durchsetzen wird (s. Abschn. 3.1, *Aus der Cookies – Was nun?*). Unsere IDs wären bei irgendwelchen Datendienstleistern hinterlegt, die wir erst finden müssen, um unsere Daten löschen und einen Consent zurückziehen zu können. Weitaus einfacher wäre es für uns, wenn wir diese IDs problemlos über unsere pTMP verwalten könnten. Es bleibt abzuwarten, ob der Gesetzgeber im Rahmen der DSGVO und des Digital Services Act (DSA) hier nicht eventuellen Regulierungsbedarf sieht.

Auch könnten die Verführer den Purpose der Medien- und Kommunikationskompetenz (media literacy) der Verbraucher glaubwürdig vertreten, indem sie Maßnahmen ergreifen, um der oben beschriebenen Schwäche von Kindern und Jugendlichen entgegenzuwirken, sodass sie jeweils Werbung, Nachrichten und Fake erkennen können. Glaubhaft könnte die Kommunikation des Purpose der media literacy durch das purpose-rationale Handeln werden, dass das Unternehmen einen bestimmten Anteil seines Verführungsbudgets beispielsweise in die entsprechende Ausbildung von Lehrern investiert oder den Aufbau eines Online-Zentrums für medienkompetentes Handeln initiiert und unterstützt – die Kooperation mit Universitäten und einschlägigen institutionellen Trägern des Bildungssystems würde sich dazu anbieten. Erste Initiativen sind bereits entstanden. Wesentlich getragen von den Unternehmen RTL Disney, Hasbro, der Mediaagentur OMD sowie Ferrero widmet sich Media Smart e. V. der Förderung von Medien- und Werbekompetenz bei Kindern und Heranwachsenden. So werden unter anderem kostenfrei Unterrichtsmaterialien zur Verfügung gestellt und die Kinder von der Vorschule bis zur weiterführenden Schule begleitet (www.mediasmart.de).

Ebenfalls könnte die Konsumindustrie gemeinsam mit Medienorganisationen mit dem OBA-Piktogramm vergleichbare, verifizierte Genre-Piktogramme für Medienangebote entwickeln, die eine schnelle zuverlässige Klassifikation eines Medienangebots ermöglichen.

Klar ist, dass Unternehmen, die es mit einem Purpose ihrer Verführungskommunikation ernst meinen, für dessen kulturelle und organisatorische Verankerung im Unternehmen sorgen müssen. Ihr Bekenntnis zu ihrer Communication, Media & Marketing Responsibility (CMMR) darf kein Lippenbekenntnis sein. Die Enttarnung der Instrumentalisierung von Moral für konsumindustrielle Ziele birgt heute für die Unternehmen ein enormes Risiko. Einen entsprechenden Shitstorm mit eventuellen Umsatzeinbußen kann sich kein Verführer erlauben. Vonnöten sind mithin klare unternehmensinterne Regelungen, wie purpose-rationales Handeln in der Organisation implementiert ist und zu erfolgen hat. Denkbar wäre es, dass derartige Regelungen im Compliance-Management-System (CMS) eines Unternehmens hinterlegt sind. Damit könnte die Einhaltung von

Standards und Normen purpose-rationalen Handelns im Unternehmen sichergestellt sowie Fehlverhalten der Unternehmensangehörigen durch geeignete Management-Maßnahmen vorgebeugt werden.[294]

*„Bitte Werbung", Green GRP oder Mangroven auf Haiti?*
Solche Standards und Normen könnten sich auch auf einen kommunikationsökologischen Purpose wie beispielsweise Ressourcenschonung beziehen, indem sie den Papierverbrauch des Unternehmens regeln. Dieser hätte in Anbetracht der Tatsache, dass die rund 41 Mio. Haushalte in Deutschland pro Woche 500 bis 700 Gramm unverlangte Werbung und kostenlose Zeitungen erhalten durchaus hohe Relevanz. Hochgerechnet sind das pro Jahr circa 1,1–1,5 Mio. Tonnen Papier, was 26 bis 36 Kilogramm pro Haushalt entspricht.[295] Zumal in Deutschland 78 % von uns die Umweltbelastungen von gedruckten Postwurfsendungen und Werbeprospekte als (sehr) hoch einstufen und sogar 61 % meinen, dass in den Briefkasten eingeworfene Werbeprospekte verboten werden sollten. Für die Unternehmen gilt es jedoch sehr genau abzuwägen, wie sie einerseits derartige kommunikationsökologische Belange und andererseits das Mediennutzungsverhalten der Verbraucher vereinen können. Denn Tatsache ist auch, dass 60 % von uns für ihre Einkaufsvorbereitung Postwurfsendungen und über die Hälfte (54 %) ausgelegte, gedruckte Werbeprospekte in Verkaufsstellen nutzen.[296] Ein Unternehmen muss daher vor dem Hintergrund des Mediennutzungsverhaltens seiner Zielgruppen sehr genau abwägen, ob es eine radikale Abkehr von Papierwerbung verfolgen sollte. Kommt es zu dem Ergebnis, dass dies der richtige Weg ist, könnte es die Deutsche Umwelthilfe oder Initiativen wie letzte-werbung.de unterstützen. Diese setzen sich für Werbepost nur auf Wunsch („Bitte Werbung") ein. Der Einwurf von Briefkastenwerbung soll nur dort gestattet sein, wo die Wurfsendungen auch ausdrücklich erwünscht sind, wie es bereits in zahlreichen Städten in den Niederlanden einschließlich Amsterdam bereits der Fall ist.

Kommunikationsökologisch diskussionswürdig könnte für ein Unternehmen auch sein, ob es Entwicklungen in Richtung werbefreier öffentlicher Raum unterstützt und keine Außenwerbung mehr betreibt. So ist in São Paulo bereits seit 2007 und in Grenoble seit 2014 ein Außenwerbeverbot in Kraft. In Berlin treibt die Initiative Volksentscheid Berlin Werbefrei ein Gesetzesvorhaben voran, das auf die Regulierung von Werbung in öffentlichen Einrichtungen und im öffentlichen Raum zielt. Angestrebt wird eine deutliche Reduzierung der Außenwerbung und ein Verbot digitaler Werbeanlagen im öffentlichen Raum. Davon ausgenommen sollen „Plakate für kulturelle, politische, sportliche und ähnliche Veranstaltungen sowie für Gemeinnütziges"[297] sein. Solche Initiativen machen nicht nur auf ein kommunikationsökologisches Anliegen, sondern auch darauf aufmerksam, dass Unternehmen nicht versäumen dürfen, ihre purposerationalen Handlungsmöglichkeiten auch wirtschaftsrational zu prüfen. Denn der Sinn derartiger Handlungsoptionen im Rahmen der Communication, Media & Marketing Responsibility (CMMR) der Unternehmen ergibt sich letztlich erst aus einer vernetzten Begutachtung dieser Möglichkeiten. Ganz im Sinne des Nachhaltigkeitsgedankens und Purpose-Konzepts geht es nämlich um die Integration ökologischer, sozialer und ökonomischer Belange. Und da kann es durchaus vorkommen, dass sich für Unternehmen Handlungsoptionen, die vordergründig als ökologisch vernünftig erscheinen, sich als nicht nachhaltig erweisen, weil sie nicht sinnvoll in die unternehmerische Nachhaltigkeitsstrategie integriert werden können.

Will ein Unternehmen medienübergreifend den ökologischen Fußabdruck seiner Verführungskommunikation verkleinern, kann es sich der Initiative Green GRP anschließen und für sämtliche CO2-Emissionen seiner Kommunikation aufkommen, indem es die Kosten des ökologischen Fußabdrucks seiner Kommunikation ausgleicht. Dafür kann es im Gegenzug das Label „Klimaneutrale Werbekampagne" nutzen. Das Ziel ist, dass Unternehmen ihre Werbung künftig klimaneutralisiert buchen können.[298] Das Verfahren dahinter ist simpel und in der Konsumindustrie bereits weit verbreitet: Es werden CO2-Zertifikate gekauft, die die anfallenden Emissionen ausgleichen. Dieses Vorgehen hat aber nun die Wettbewerbszentrale auf den Plan gerufen. Sie bemängelt, dass der in diesem Kompensationshandel verwendete Begriff „klimaneutral" irreführend ist, da er den „Eindruck erweckt, dass die Klimaneutralität zu 100 % durch emissionsvermeidende bzw. emissionsreduzierende Maßnahmen erreicht wird"[299]. Bei der Nutzung des Begriffes „klimaneutral" handele es sich daher oftmals um Greenwashing, weswegen die Wettbewerbszentrale nun Rechtssicherheit anstrebt und Abmahnungen verschickt und gegen einige Unternehmen gar Unterlassungsklage eingereicht hat. Der Chef der Strategieberatung Different und Initiator des ersten deutschen Klimamarketing-Preises (Marketing-for-Future-Award), bringt die Problematik so auf den Punkt:

> „Wer eine Tonne CO2 für einen Euro kompensiert, betreibt Greenwashing."[300]

Das Kernargument der Wettbewerbszentrale ist, dass gemäß dem Gesetz gegen den unlauteren Wettbewerb die Unternehmen transparent die Informationen kommunizieren müssen, „die der Verbraucher für eine informierte Entscheidung benötigt"[301]. Konkret heißt das, wir müssen erkennen können, wie hoch die Einsparungen des CO2-Ausstosses durch Maßnahmen des Unternehmens sind, wie viel durch Zertifikate kompensiert wird und wo die Umweltschutzprojekte durchgeführt werden. Alternativ könnte ein Unternehmen auch prüfen, ob es nicht lieber eine Nummer kleiner den eigenen ökologischen Fußabdruck verringern möchte, indem es beispielsweise Mangroven auf Haiti pflanzt.[302]

Grundsätzlich sollten die Unternehmen im Auge behalten, dass aber auch ein kommunikationsökologischer Purpose ein purpose-rationales Handeln einfordert. Denn es gilt auch für kommunikationsökologische Maßnahmen, dass sie sich schlüssig in die Wertschöpfung des Unternehmens einfügen und kein künstlich wirkendes add-on sind, das als Greenwashing abgestempelt wird und wogegen sich die Gesellschaft mittlerweile wehrt. Nur diejenige Kommunikation kommunikationsökologischer Verantwortungsübernahme, die purpose-rational basiert ist, kann ihre volle Glaubwürdigkeit entfalten und nur dann können entsprechende Kommunikationen über das kommunikationsökologische Bewusstsein eines Unternehmens ihren Beitrag für den gesellschaftlichen Zweck der Verführungskommunikation des Unternehmens nachvollziehbar machen.

*Was können die Agenturen für unsere Konsumentensouveränität tun?*
Kommen wir zu den Kommunikations- und Werbeagenturen. Welche Entwicklungen könnten bei den Agenturen stattfinden, die den Weg zu unserer Konsumentensouveränität in den nächsten Jahren weiter ebnen werden? Wie ich aufgezeigt habe, befinden sich die Agenturen in einer veritablen Krise (s. unter Abschn. 3.1 *Die Krise der Agenturen*), die es mit sich bringt, dass sie sich mit der Ausrichtung ihres Selbstverständnisses näher befassen. Hinweise darauf, in welche Richtung dies gehen könnte, ergeben sich aus der Antwort auf die Frage, warum es überhaupt Agenturen gibt. Besonders zwei Erklärungsansätze kommen in Frage.

Den Unternehmen stellt sich regelmäßig die Frage, ob anfallende Kommunikationsaufgaben inhouse erbracht werden sollen, oder ob es ökonomischer ist, diese auszulagern. Nach dem Transaktionskostenansatz liegt die Antwort auf die Frage in den verschiedenen Kostenarten und dem Vergleich der Höhe der jeweiligen Kosten. Für die Zusammenarbeit mit Agenturen entstehen auf Unternehmensseite Transaktionskosten, bei einer Inhouse-Lösung sieht sich das Unternehmen hingegen mit Koordinations- und Produktionskosten konfrontiert. Eine Agentur ist nach diesem Ansatz dann zu beauftragen, wenn die Transaktionskosten die Gesamtkosten einer Inhouse-Lösung unterschreiten. Agenturen existieren demnach also, weil sie einen Kostenvorteil erbringen.[303]

Andererseits fasst der Ressourcenansatz spezifische Unternehmensressourcen als Quelle für Wettbewerbsvorteile auf. Dies können materielle (z. B. finanzielle Mittel), immaterielle (z. B. Reputation) oder organisatorische Ressourcen (z. B. besondere Fähigkeiten im Bereich Kreativität) sein. Für das Unternehmen stellt sich also die Frage, welche Wettbewerbsvorteile eine Kommunikationsagentur gegenüber einer Inhouse-Lösung eines Unternehmens bietet und über welche Wettbewerbsvorteile eine bestimmte Agentur gegenüber anderen Agenturen verfügt.[304] Eine Agentur existiert demnach, weil sie sich durch eine bestimmte Ressourcenkombination im Agenturenmarkt einen Wettbewerbsvorteil verschafft hat, von dem sich wiederum ein Unternehmen bei Beauftragung dieser Agentur selbst den Erhalt eines Wettbewerbsvorteils verspricht.

*Kreativität neu denken*
Meines Erachtens bietet besonders der Ressourcenansatz die Möglichkeit, Potenzial zur weiteren Entwicklung unserer Verbrauchersouveränität zu identifizieren. Die traditionelle Kernressource der Agenturen ist ihre Kreativität. Daran hat sich nichts geändert. So bündelt der größte Werbekonzern der Welt WPP die Aktivitäten aller seiner diversen Dienstleistungen mit dem Positionierungs-Statement:

> „WPP is a creative transformation company. We use the power of creativity to build better futures for our people, planet, clients and communities."[305]

Kreativität manifestiert sich als Idee. Die Idee ist das zentrale Produkt der konsumindustriellen Verführungsbranche, das als Wirtschaftsgut die Agenturen aber in eine missliche Lage bringt. Diese zeigt der Geschäftsführer des Gesamtverbands Kommunikationsagenturen GWA Ralf Nöcker anhand des berühmten Arrow'schen Informationsparadoxons auf: Ein Anbieter, der über eine Idee verfügt und diese verkaufen möchte, trifft auf einen Nachfrager, der Interesse an der angebotenen Idee zeigt, für diese aber ungern (viel) bezahlen möchte. Damit beim Nachfrager eine Zahlungsbereitschaft beziehungsweise ein Gefühl für den Wert der angebotenen Idee entstehen kann, muss dieser Kenntnis über die Idee erlangen. Der Anbieter, die Agentur, gerät dadurch in eine schwierige Situation: Setzt er den Nachfrager über seine Idee in Kenntnis, sinkt die Zahlungsbereitschaft auf der Nachfrageseite auf null. Somit wird der Anbieter seine Idee nicht preisgeben wollen und der angestrebte Verkauf der Idee gerät ins Stocken. Es mangelt also an einem beidseits akzeptierten Wertmaßstab zwischen Anbieter und Nachfrager. Hinzu kommt, dass das Urhebergesetz reine Ideen nicht schützt, weswegen die deutsche Gesetzgebung den Handel mit Ideen noch weiter erschwert. Die Agenturen haben diese schwierige Situation bislang gemeistert, indem sie sich vorrangig nicht über ihr eigentliches Kernprodukt, den Verkauf kreativer Ideen, finanzierten, sondern viel mehr durch deren professionelle und gleichzeitige relativ kostengünstige Umsetzung, womit der Transaktionskostenansatz ins Spiel kommt. Diese Rechnung geht nun aber in Zeiten der digitalisierungsbedingten Disruption der Branche und der Macht der kostenfokussierten Einkaufsabteilungen in den Unternehmen immer weniger auf. Die Agenturen müssen sich also fragen, wie sie im Kontext der neuen Rahmenbedingungen mit ihren Ressourcen sich selbst und den Unternehmen zu einem Wettbewerbsvorteil verhelfen können. Und hier könnten sie durchaus darauf stoßen, dass eine Neuausrichtung der Kernressource Kreativität ein vielversprechender Ansatz sein kann. Diese Neuausrichtung wäre im Zuge des Entstehens der neuen Verführungskultur mit ihrem neuen Selbstverständnis der Akteure vom Primat der Empathie geprägt. Die mögliche Relevanz eines derartigen Kreativitätsverständnisses unterstreicht ein Instagram-Post des weltweiten Chief Creative Officer Piyush Pandey der Agenturgruppe Ogilvy (Abb. 6.3).

Die Ideenentwicklung der Agenturen würde demnach verstärkt dem Gedanken der empathiebasierten Kreativität folgen und zentrale Konzepte der bereits oben erwähnten service-dominat-logic (SDL) instrumentalisieren (s. Abschn. 5.3). Neue Wettbewerbsvorteile könnten dann durch die professionelle Operationalisierung von beispielsweise co-creation, value-in-use oder Utility Marketing erlangt werden. Agenturen würden sich also zu kreativen Empathiespezialisten entwickeln, womit der Einfluss der Verbraucher auf die Art und Weise der Verführungskommunikation und damit unsere Souveränität automatisch zunehmen würde. Weitaus stärker als bislang würden Agenturen unsere Interessen gegenüber den Unternehmen, den Verführern, vertreten und sich damit von ihrer traditionellen Rolle als Vermittler zwischen Unternehmen und Medien noch weiter verabschieden. Analog zu Philip Kotlers Ansatz des Marketings 4.0, verstanden als ein konsequent menschenorientiertes Marketing entlang aller Berührungspunkte, die wir mit einer Marke haben[306], könnten Agenturen ihre Neuausrichtung der Kernressource Kreativität als Kreativität 4.0 begreifen, die das Marketing 4.0 kreativ verwirklicht.

Konkret könnte das Szenario so aussehen, dass Unternehmen nicht länger Agenturen als Dienstleister im klassischen Sinne engagieren, sondern – in der Terminologie der SDL – Unternehmen würden mit Operanten, den Nachfahren der Agenturen, Verführungsangebote co-kreieren und -produzieren. Operanten hätten für Unternehmen einen hohen Wert, da sie spezifisches empathiebasiertes Wissen über uns haben und über methodische Fähigkeiten verfügen, zu diesem Wissen zu gelangen. Unternehmen würden gemeinsam mit den Operanten und damit indirekt auch mit uns in enger kollegialer Zusammenarbeit ein Verführungsangebot schaffen, das durch unsere subjektive Wahrnehmung seinen value-in-use

**Abb. 6.3** Instagram Post von Piyush Pandey, Chief Creative Officer, Worldwide, Ogilvy (04.05.2021)

erhält. Das Dilemma des Arrow'schen Informationsparadoxon würde sich mithin auflösen, da Unternehmen, Operanten und wir gemeinsam als co-creators of value agieren würden.

Zusammengefasst würde zu unserer Souveränität also beitragen, dass Operanten das neue konsumindustrielle Selbstverständnis der Empathie, konkreter: kommunikativer Empathie, als ihren Purpose entdecken. Denkbar wäre, dass sie analog zur Coalition for better ads, deren Mission es ist, unser Erleben von Online-Werbung, vor allem im Display-Bereich, entsprechend unseren Erwartungen zu verbessern (s. unter Abschn. 3.4 den Absatz *Macht bessere Werbung!*),

## 6.3 Wie könnte es weitergehen?

eine Initiative ins Leben rufen oder gar einen Verband „Consumer oriented advertising" gründen. Dieser würde sich dem Gedanken der Konsumentensouveränität verschreiben und sich damit für die neue Ausrichtung der Verführungskommunikation einsetzen und zwar gemäß unseren Erwartungen, die wir an diese grundsätzlich, unternehmensübergreifend haben.

*Was können die Medien für unsere Verbrauchersouveränität tun?*
Nicht wir Verbraucher haben es geschafft, dass in Schweden die Konsumindustrie nicht mehr ohne weiteres einen Spielfilm durch Werbespots unterbrechen kann. Es ist der Verdienst von zwei schwedischen Regisseuren, die gegen TV 4, den zuschauerstärksten schwedischen TV-Sender geklagt hatten. Ihr Argument war, dass durch die Werbepausen das ideelle Urheberrecht an zwei ihrer im Jahr 2002 ausgestrahlten Filme verletzt wurde. Sechs Jahre später gab Schwedens Oberstes Gericht den beiden recht und entschied, dass der Sender für Werbeunterbrechungen von Filmen, die grundsätzlich immer eine „Kränkung der Integrität des Werkes und des Urheberrechts des Regisseurs"[307] darstellten, die Zustimmung der Rechteinhaber benötigt.

Ist es denkbar, dass nun digitalisierungsbedingt auch wir Verbraucher zum Zug kommen und unser Interesse durchsetzen können – und zwar das auf ungestörte Mediennutzung, auch wenn es nicht gesetzlich gesichert ist? Zumindest werden in der jüngsten Zeit unter dem Stichwort „selbstbestimmte Werbung" verstärkt entsprechende Ansätze diskutiert und sogar entwickelt. So können wir mittlerweile bereits auf einigen reichweitenstarken Internet-Plattformen (z. B. Focus, Der Spiegel, RTL) aus vier bis sechs angebotenen Spots, die zum jeweiligen Content passen, einen Werbeclip selbst aussuchen, anstatt den üblichen Pre-Roll ertragen zu müssen oder diesen bestenfalls nach fünf Sekunden wegklicken zu können.[308]

Ich erinnere mich gut an ein studentisches Forschungsprojekt aus dem Jahr 2006. Die Studierenden entwickelten ein Konzept, nach dem TV-Zuschauer bestimmen, welche Werbespots in bestimmten Werbeblocks während der Prime Time an bestimmten Tagen in der Woche im TV ausgestrahlt werden und welche nicht. Diese Werbeblocks könnten als „Blockbuster Ads", „SpecialAds" oder „FilmFilm Ads" gebrandet sein und ihre Ausstrahlung vorab beworben werden. Die Selektion der Spots geschieht im Vorfeld durch die Zuschauer über ein online-basiertes Bewertungsverfahren mittels einer repräsentativen Stichprobe. Wir stellten damals das Konzept bei der neuen Unit Future Solutions des TV-Vermarkters IP Deutschland vor. Laut damaliger Pressemitteilung sollte diese Unit „die durch neue Übertragungstechniken und Digitalisierung entstehenden Veränderungen analysieren und daraus resultierend neue Vermarktungsansätze für relevante Kanäle entwickeln."³⁰⁹ Genau die richtige Adresse dachten die Studierenden. Rückblickend war das Konzept jedoch der damaligen Zeit so weit voraus, dass es sogar die Vorstellung sprengte, eine „Future Solution" sein zu können. Bei der Präsentation des Konzepts sah man uns an, als ob wir von einem anderen Medienplaneten kommen würde – fast mitleidig.

Heute würde man zu dem Konzept sagen: „Kalter Kaffee". Denn bei den Medien setzt sich anscheinend zunehmend die grundlegende Auffassung durch, dass sie uns herkömmliche Unterbrecherwerbung nicht länger antun wollen – was nicht heißt, dass sie dies aber aufgrund wirtschaftlicher Zwänge müssen. Ob wir diesen Sinneswandel der neuen Empathie-Orientierung der Medien zu verdanken haben oder ob dies primär auf Markt-/Wettbewerbsüberlegungen oder auf beidem basiert, können wir letztlich nicht wissen. Fakt ist aber, dass im Zuge der entstandenen Streaming-Dienste und Video-on Demand-Plattformen und der damit notwendig gewordenen Einführung neuer Erlösmodelle, allen voran die Abo-Modelle, es für die Medien im Bewegtbildmarkt schwierig geworden ist, von uns Akzeptanz für noch zusätzliche Einnahmen aus nerviger Unterbrecherwerbung erwarten zu können. So unterbricht beispielsweise seit April 2021 der Sender Sky Serien und Shows auf seinen Entertainment- und Cinema-Sendern (Sky One, Sky Krimi) nicht mehr durch Werbung.

> „Mit dem Launch von Sky Comedy und Sky Crime am 1. April haben wir auch die Werbeunterbrechung bei Sky One und Sky Krimi abgeschafft und bieten nun auf all unseren Entertainment und Cinema Sendern unterbrechungsfreie Programme. Damit möchten wir unseren Kunden ein noch besseres TV-Erlebnis bieten."³¹⁰

Klar ist, dass Sender und Streaming-Dienste durch ihren Verzicht auf Werbeeinnahmen empfindliche finanzielle Einbußen haben. Beispielsweise wird bereits seit längerem diskutiert, ob in Anbetracht der verschärften Konkurrenzsituation (z. B. Disney +, Apple TV +) das Geschäftsmodell vom Streaming-Pionier Netflix, sich primär durch Abo-Gebühren bei Verzicht auf Werbeeinnahmen zu finanzieren, weiter funktionieren wird. Die Netflix-Geschäftsleitung sieht jedenfalls die Werbefreiheit als zentralen, unantastbaren Bestandteil der Netflix-Marke an. CEO Reed Hastings sagt:

> „Wie HBO bleiben wir frei von Anzeigen. Das bleibt wesentlicher Teil unseres Markengrundsatzes."³¹¹

## 6.3 Wie könnte es weitergehen?

Wenn Netflix sich doch anders besinnen sollte beziehungsweise muss, muss es auch Teil unserer Verbrauchersouveränität sein, dafür Verständnis aufzubringen – auch wenn es dem Einzelnen schwerfallen könnte. Denn bei allen berechtigten Rufen nach Verbrauchersouveränität muss uns klar sein, dass der Grad dieser Souveränität in einem ausgewogenen Verhältnis zu den wirtschaftlichen Gegebenheiten der Märkte und den Erlössituationen der Unternehmen stehen muss. Denn wenn wir rigoros ablehnen, mit unserer Aufmerksamkeit für Werbung und/oder unseren Daten dafür zu bezahlen, dass wir Zugang zu Informationen und Unterhaltung erhalten, schneiden wir uns letztlich ins eigene Fleisch. Entweder gibt es keine Informations- und Unterhaltungsangebote mehr oder der Zugang kostet Geld, sodass nur finanziell besser gestellte Bevölkerungsschichten die Bezahlschranke überwinden können. In den Worten von Uwe Storch, Vorstandsvorsitzender der Organisation Werbungtreibende im Markenverband (OWM) und Mediachef von Ferrero, formuliert:

> „Da das Bezahlen von journalistischen oder sonstigen Kommunikationsinhalten, gleich welcher Art (Content) ein eher elitäres und in Konsequenz meist ein undemokratisches Vergnügen war und wäre, da durch eine Pay-Schranke es vielen Bevölkerungsschichten nicht frei zugänglich wäre, Verleger nur ihre eigenen politischen Überzeugungen publizierten, ist es eben gerade kein Zufall, dass erst die eingeschränkte kommunikative Vielfalt autoritäre Systeme ermöglicht."[312]

Unser Recht auf Information, das jeder von uns hat, und unser wertvolles Gut der Meinungsfreiheit und -vielfalt dürfen nicht aufgrund einer falsch verstandenen, egoistisch gedachten Verbrauchersouveränität zur Disposition stehen. Auch das müssen wir wissen als Voraussetzung für die Sicherung unserer Verbrauchersouveränität.

*Mögliche Entwicklungslinien der CMMR der Medien*
Werden die Medien die empathische Haltung entwickeln, die notwendig ist, um ihre Strategie der Vernetzung von Werbebotschaften mit nicht-werblichen Medieninhalten zu unserem Wohl zu hinterfragen? Und wenn sie das tun sollten, werden sie konsequenterweise die Realisation dieser Strategie in den Schatten unserer Konsumentensouveränität stellen? Denn es kann und darf doch auch nicht im Interesse der Medien sein, dass unsere Kinder aber auch große andere Teile unserer Bevölkerung nicht mehr Werbung von Nicht-Werbung unterscheiden können und blind werden für kommerzielle Verführungsversuche (s. Abschn. 5.1). Die Medien müssten also Rahmenbedingungen schaffen, mit denen das strategische Context Thinking der Verführer gezähmt werden kann. Damit sorgen sie dafür, dass die Grenzen von Mediengenres nicht eingerissen werden. Dies

muss über klar erkennbare Kennzeichnung von Werbung und eine Mäßigung der Kontextualisierung von Werbeformen geschehen.

Wäre es des Weiteren nicht vorstellbar, dass, wie die Unternehmen, auch die Medien sich auf ihre Communication, Media & Marketing Responsibility (CMMR) besinnen und einen Teil ihrer Netto-Werbeeinnahmen für den Aufbau von Medienkompetenz (media literacy) bei Kindern und Jugendlichen investieren? Vorbild könnte die Initiative „SCHAU HIN! Was Dein Kind mit Medien macht." sein. Die Initiative wird maßgeblich unterstützt vom Bundesministerium für Familie, Senioren, Frauen und Jugend, den beiden öffentlich-rechtlichen Sendern Das Erste und ZDF sowie der AOK – Die Gesundheitskasse. In Kooperation mit rund 60 anderen Initiativen und Organisationen werden Eltern und Erziehende mit zahlreichen alltagstauglichen Tipps und Empfehlungen unterstützt, um ihre Kinder im Umgang mit Medien zu stärken (www.schau-hin.info). In dieselbe Richtung zielt das Angebot der ARD „Gemeinsam Medienkompetenz stärken"[313]. Aufbau und Stärkung von Medienkompetenz sollte aber nicht nur ein Thema innerhalb des Bildungsauftrags des öffentlich-rechtlichen Rundfunks sein. Auch und gerade die privaten Anbieter sollten sich dazu verpflichtet fühlen.

Könnte die Verantwortungsbesinnung eventuell sogar so weit gehen, dass die Medien Werbung für ungesunde Produkte (z. B. stark zucker-, salz- oder fetthaltig), die sich an Kinder richtet, nicht mehr publizieren? Erst jüngst hat die Universität Hamburg in einer Studie die große Zunahme derartiger Werbung festgestellt. Kinder sehen im Schnitt 15 Werbespots für ungesunde adipogene Snacks – täglich, zweidrittel davon im TV, ein Drittel im Internet.[314]

Vielleicht wird sich ja die CMMR sogar dahingehend entwickeln, dass dank der Empathie der Medienmacher (und der Unternehmen) auch zukünftig ohne Third-Party-Cookies unsere individuelle Kontaktzahl mit einer Werbung medienübergreifend konsequent limitiert wird (Frequency Capping) und wir einen erträglichen Frequency Boost erfahren.

Oder die CMMR könnte sich dahingehend äußern, dass Medienorganisationen trotz vieler wirtschaftlicher Vorteile von einer organisatorischen Vernetzung bis hin zu einer Vermischung von Redaktion und Kommerz absehen. Dass die Suche nach neuen Erlösquellen also nicht zu dem Ergebnis führt, dass die vorhandenen redaktionellen Ressourcen auch für konsumindustrielle Auftragsproduktion beispielsweise im Rahmen von Content-Marketing- oder Corporate Publishing-Projekten genutzt werden.[315] Bei aller betriebswirtschaftlichen Sinnhaftigkeit eines derartigen Ansatzes, würde dies ohne Frage auf Dauer zu Lasten der journalistischen Glaubwürdigkeit eines Medienhauses gehen, da die Grenze zwischen

## 6.3 Wie könnte es weitergehen?

Journalismus und konsumindustrieller Produktion von Verführungsangeboten fließend werden. Zudem würde dies die oben genannte notwendige Entwicklung von media literacy unterhöhlen.

Es liegt auf der Hand, dass die weitere Entwicklung unserer Konsumentensouveränität eng verknüpft ist mit unserer Souveränität der Mediennutzung schlechthin. So gibt es bereits auf der Ebene des Europäischen Parlaments Bestrebungen, uns grundsätzlich größere mediale Souveränität zu sichern. Besonders mit Blick auf die sozialen Medien geht es darum, dass wir ein angemessenes Maß an Transparenz und Einfluss auf die Kriterien erhalten, nach denen die Inhalte kuratiert und uns angezeigt werden. Das soll auch die Möglichkeit umfassen, abgesehen von der chronologischen Reihenfolge ganz auf das Kuratieren von Inhalten verzichten zu können.[316]

Ich bemühte am Anfang des Buchs die Metapher, dass wir Teil des Spiels konsumindustrieller Verführung sind, dass es ohne uns, die Verbraucher, nicht geben würde, und dass es als Mitspieler unsere Aufgabe ist, das Spiel mitzugestalten. Denn das Netz konsumindustrieller Verführung wird nicht durch uns alleine, sondern durch die Interaktionen aller Beteiligten (Verführer, Vermittler, Verbraucher und Kommentatoren) aufgespannt. Nun dürfen wir aber nicht so blauäugig sein und glauben, dass wir trotz aller vielversprechenden Entwicklungen, Good-Will-Bekundungen, freiwilliger Selbstregulierungsinitiativen und -verpflichtungen dieses Spiel ohne ein intaktes Spielfeld und einen Schiedsrichter gemeinsam erfolgreich bestreiten können.

Idealerweise streben daher die großen Vier der Verführung im Schulterschluss ein empathiebasiertes, kommunikatives Ökosystem der Konsumindustrie an, in dem sich alle Beteiligten wiederfinden können. Pain Points aus Verbrauchersicht wie mangelnde Datenautonomie oder Intransparenz sind schließlich auch Themen seitens der anderen Player. Ein gemeinsames, respektvolles Vorgehen könnte daher ein vielversprechender Versuch sein. Um sicherzustellen, dass das konsumindustrielle Spielfeld (Abb. 3.1) überhaupt bespielbar ist und die Beteiligten bestimmte Regelungen, Standards und Verpflichtungen einhalten, ist eine neutrale Drittinstanz – ähnlich dem Joint Industry Committee in der Mediaforschung–, die auch als Zertifizierungsstelle agiert, empfehlenswert.

Auch wenn der Zug gesetzlicher Regulierung besonders hinsichtlich des Schutzes von Persönlichkeitsdaten und den Verpflichtungen der sogenannten „very large online platforms (VLOP)"[317] bereits kräftig Fahrt aufgenommen hat (DSGVO, DSA), sollte dies nicht dazu führen, das Spielfeld komplett dem Gesetzgeber zu überlassen. Dieser kann es in seiner Komplexität und Nuancenvielfalt gar nicht überblicken und agiert zudem strukturell bedingt immer nur sehr zeitverzögert. Nichtsdestotrotz kann es aber durchaus sinnvoll sein, wenn das neue kommunikative Ökosystem der Konsumindustrie auf einigen wenigen aber notwendigen, rechtlich verbindlichen Regularien, Gesetzen und Vorschriften gebaut wird. Notwendig deswegen, weil die Erfahrung zeigt, dass sich leider stets ein paar wenige Spieler unfair verhalten, foulen oder dass sogar in sehr seltenen Fällen hinter den Kulissen die Ergebnisse ganzer Spiele vorbestimmt werden. Die rechtlich wohl dosierte Legitimation und Regelung bestimmter Handlungen sind also zum Schutz der vielen guten, fairen Spieler notwendig. Verführer, Vermittler und natürlich auch wir, die Verbraucher, sollten daher Vorgaben des Gesetzgebers nicht als unwillkommene (Über)Regulierung betrachten, sondern als eine Möglichkeit, die im Interesse der großen Mehrheit aller Spielbeteiligten helfen kann, dass wir selbst in gemeinsamer Eigeninitiative die Dark-Arts-Verdächtigungen der Verbraucher abschütteln und uns in einem Umfeld allseits akzeptabler Verführungskommunikation wiederfinden.

Die Liste der genannten, möglichen Entwicklungen, die zur weiteren Stärkung unserer Konsumentensouveränität im Dickicht der heutigen, vernetzten Verführungen führen können, ist unvollständig. Andere Entwicklungen sind denkbar und andere Menschen haben vielleicht bessere Ideen, wohin es gehen könnte.

Wie dem auch sei, ohne die Kraft unseres Wissens, Unterscheidungsvermögens und konsequenten Handelns, eingebettet in eine empathiebasierte, nachhaltige Verführungskultur wird es uns jedenfalls nicht gelingen können, die Dark Arts konsumindustrieller Verführung zu durchschauen und unsere zunehmend vernetzte Konsumwelt zu verstehen und zu mögen. Davon bin ich fest überzeugt.

# Anmerkungen

1. Dave Eggers (2016): *Der Circle*. 4. Aufl. Köln: Kiepenheuer & Witsch, S. 550.

## 1 Zum Geleit: Vernetzte Verführungen verstehen lernen

2. Max Horkheimer, Theodor W. Adorno (1947): *Dialektik der Aufklärung. Philosophische Fragmente*. Frankfurt am Main: Fischer, 1988.
3. Siehe beispielsweise Joseph Turow (2011): *The Daily You*. New Haven, London: Yale University Press.
4. Zitiert nach Julia Bähr (27.09.2020): Doku über soziale Medien. Sind wir dieser Technologie wirklich gewachsen? Frankfurter Allgemeine Zeitung, https://www.faz.net/aktuell/feuilleton/medien/die-netflix-doku-the-social-dil emma-stellt-grosse-fragen-16971396.html, Zugriff am 05.01.2021.
5. Erstmalig entwickelt wurden Überlegungen zur Konsumentensouveränität von William Harold Hutt (1990): *Economists and the public: a study of competition and opinion*. transaction Publishers, (Originalfassung 1936).
6. So habe ich ein Forschungsprojekt zu Influencer Stories auf Instagram aufgesetzt, in dem wir die Motive der Nutzung von Influencer Stories untersucht haben, s. Jörg Tropp & Andreas Baetzgen (2022): *Why do users follow influencers' brand related content and how do they process their stories?* (under review).
7. Es sei angemerkt, dass wir in unserer Familie kein Auto der Marke BMW gefahren haben.

## 2 Licht in die Dark Arts der Konsumindustrie bringen

8. Dieter Dahlhoff (2019): Zukunftsorientierung der Marktkommunikation. *transfer. Zeitschrift für Kommunikation und Markenmanagement,* 65(2), 16–17.
9. Hergeleitet wird das Wort vom französischen „réclamer" (zurückrufen, mehrmals rufen) und darüber hinaus von dem lateinischen Wort „clamare" (rufen), „reclamare" (dagegenschreien). In der älteren Druckersprache war „la réclame" das Anfangswort der neuen Seite, das auf der endenden Seite unter die letzte Zeile gesetzt wurde. Von Heine (1840) und Gutzkow (1842) wurde „Reklame" ins Deutsche eingeführt und die Bedeutung auf die Kundenwerbung ausgedehnt, vgl. Friedrich Kluge (2011): *Etymologisches Wörterbuch.* 25. Aufl., Berlin: de Gruyter, S. 758.

### 2.1 Gibt es Dark Arts der Verführung?

10. Michael Schirner (1990), zit. n. Ralf Nöcker (2020): Werbung ist Kunst. Ein Fragebogen zu 10 Thesen von Michael Schirner macht die Runde, *Ästhetik und Kommunikation,* 180/181, S. 39.
11. Max Weber (1988): *Gesammelte Aufsätze zur Wissenschaftslehre.* Tübingen: Mohr Siebeck.
12. Jennifer L. Aaker (1997): Dimensions of brand personality. *Journal of marketing research,* 34(3), 347–356.
13. Agnieszka Helena Hudzik (2018): *Philosophie der Verführung in der Prosa der Moderne. Polnische und deutschsprachige Autoren im Vergleich.* Berlin/Boston: de Gruyter, S. 1.
14. Mehrdad Amirkhizi (2020): „Gott ist ein Kreativer, kein Controller", Interview mit Frank Dopheide, *Horizont,* 9/2020, 11.
15. Demetrios Vakratsas und Xin (Shane) Wang (2020): Artificial Intelligence in Advertising Creativity. *Journal of Advertising,* 50(1), 1–17, https://doi.org/10.1080/00913367.2020.1843090 .
16. BBDO, APG und WallDecaux (2020): Das sind Deutschlands Werbelieblinge. https://www.horizont.net/marketing/nachrichten/exklusiv-ranking-das-sind-die-werbelieblinge-der-deutschen-184368, Zugriff am 24.07.2020.
    https://www.horizont.net/news/p/190367, Zugriff am 30.03.2021.
17. So Christian Rätsch, CEO von Saatchi & Saatchi, zit. n. Catrin Bialek (2020): Werbung im perfekten Moment – Wie Künstliche Intelligenz eine ganze Branche verändert. https://www.handelsblatt.com/technik/digitale-revolution/digitale-revolution-werbung-im-perfekten-moment-wie-kuenst

liche-intelligenz-eine-ganze-branche-veraendert/26308380.html?share=mail, Zugriff am 04.11.2020.
18. Benny B. Briesemeister (Hrsg.) (2016): *Die Neuro-Perspektive. Neurowissenschaftliche Antworten auf die wichtigsten Marketingfragen.* Freiburg u. a.: Haufe.
19. Klaus Backhaus und Thomas Paulsen (2018): Vom Homo Oeconomicus zum Homo Digitalis – Die Veränderung der Informationsasymmetrien durch die Digitalisierung. In Manfred Bruhn und Manfred Kirchgeorg (Hrsg.): *Marketing Weiterdenken. Zukunftspfade für eine marktorientierte Unternehmensführung.* Wiesbaden: Springer Gabler. S. 105–122. .
    Christian Montag (2018): Homo Digitalis. Smartphones, soziale Netzwerke und das Gehirn. Wiesbaden: Springer.
20. Dorothy Wickenden (23.03.2018): Cambridge Analytica and the dark arts of voter manipulation. *The New Yorker.* https://www.newyorker.com/podcast/political-scene/cambridge-analytica-and-the-dark-arts-of-voter-manipulation, Zugriff am 25.02.2020.
21. OCEAN = Openness, Conscientiousness, Extraversion, Agreeableness, Neuroticism.
    „Die Entwicklung der Big Five begann bereits in den 1930er Jahren mit dem lexikalischen Ansatz, den Louis Thurstone, Gordon Allport und Henry Sebastian Odbert verfolgten. Diesem liegt die Auffassung zugrunde, dass sich Persönlichkeitsmerkmale in der Sprache niederschlagen; d. h. es wird angenommen, dass alle wesentlichen Unterschiede zwischen Personen bereits im Wörterbuch durch entsprechende Begriffe repräsentiert sind. Auf der Basis von Listen mit über 18.000 Begriffen wurden durch Faktorenanalyse fünf sehr stabile, unabhängige und weitgehend kulturstabile Faktoren gefunden: *die Big Five.*" (https://de.wikipedia.org/wiki/Big_Five_%28Psychologie%29, Zugriff am 19.05.2021.
22. Hannes Grassegger und Mikael Krogerus (2016): Ich habe nur gezeigt, dass es die Bombe gibt. *Das Magazin,* Nr. 48, 3. Dezember 2016. https://cgvr.cs.uni-bremen.de/teaching/vr_literatur/Wahlmanipulation%20mittels%20Psychometrik%20und%20Social%20Media%20-%20Das%20Magazin,%202016.pdf, Zugriff am 19.05.2021. Eine aktualisierte Version vom Januar 2017 findet sich in der Basler Zeitung vom 20. März 2018: https://www.bazonline.ch/ausland/europa/diese-firma-weiss-was-sie-denken/story/17474918, Zugriff am 19.05.2021.
    S. auch Carole Cadwalladr (2018): I made Steve Bannon's psychological warfare tool': meet the data war whistleblower. The Guardian, Mar.

18.2018, https://www.theguardian.com/news/2018/mar/17/data-war-whistlebl ower-christopher-wylie-faceook-nix-bannon-trump, Zugriff am 26.02.2020.
23. Testen kann man das Modell hier https://applymagicsauce.com/demo, Zugriff am 19.05.2021.
24. „Danke Tagesanzeiger! – ich erinnere mich gut an den Artikel im Magazin und dass es mir kalt über den Rücken lief. Gut dass ihr ihn nochmals bringt! Leider ist man scheinbar immer im Nachhinein schlauer, wenn die Zauberlehrlinge, denen man – oh sie sind ja so gescheit – jahrelang den roten Teppich ausbreitet, weitergezogen sind." Kommentar von Susanne Hoare zur Veröffentlichung der aktualisierten Version des Magazin-Artikels von 2017, veröffentlicht in der Baseler Zeitung vom 20. März 2018, https://www.bazonline.ch/ausland/europa/diese-firma-weiss-was-sie-denken/story/17474918, Zugriff am 19.05.2021.

S. bspw. auch: Kerina H. Jones (2019): Incongruities and Dilemmas in Data Donation: Juggling our 1s and 0s. In Jenny Krutzinna und Luciano Floridi (Hrsg.): *The ethics of medical data donation*. Springer Open, S. 75–93. https://link.springer.com/book/10.1007%2F978-3-030-04363-6;

Thomas V. Reed (2019): Digitized lives. Culture, power and social change in the Internet era. 2$^{nd}$ ed. New York: Routledge.
25. Olivia Solon und Emma Graham-Harrison (03.05.2018): The six weeks that brought Cambridge Analytica down. *The Guardian,* https://www.theguardian.com/uk-news/2018/may/03/cambridge-analytica-closing-what-happened-trump-brexit; Zugriff am 19.05.2021.
26. Dark Arts Digital Ltd https://www.linkedin.com/in/joehowden/?originalSubdomain=de, Zugriff am 25.02.2020.
27. Alexis Madrigal (2012): Dark social: We have the whole history of the web wrong. *The Atlantic,* 12, https://www.theatlantic.com/technology/archive/2012/10/dark-social-we-have-the-whole-history-of-the-web-wrong/263523/, Zugriff am 17.05.2021.
28. Angela Chen und Alessandra Potenza (2018): Cambridge Analytica's Facebook data abuse shouldn't get credit for Trump. *The Verge,* Mar. 20, 2018, https://www.theverge.com/2018/3/20/17138854/cambridge-analytica-facebook-data-trump-campaign-psychographic-microtargeting, Zugriff am 26.02.2020.
29. Alexander Haas und Hans-Bernd Brosius (2006): Typen gibt's! Zur Brauchbarkeit von Typologien in der Marktforschung. In Wolfgang J. Koschnick (Hrsg.): *Focus-Jahrbuch 2006.* München: Focus Magazin Verlag. S. 171.
30. Petra Schreiber (2008): Zielgruppenforschung mittels Lebensstil-Typen – Ein Allheilmittel in der Mediaforschung? *Planung & Analyse,* 5/2008, S. 52–56.

31. Susanne Grundmann, CEO der Mediaagentur OMD (12.05.2021): Kalte Daten, heiße Herzen. *Horizont,* 19–20/2021, S. 15.
32. „One alternative point of view is that advertisers should simply abandon the pursuit of precision. Instead some in the industry argue that advertisers will achieve more of their desired business outcomes from digital marketing:
    - by focusing on incrementality measurement,
    - by slashing audience targeting costs,
    - by cutting the ad tech expenses that don't yield improved business outcomes, and
    - by moving money away from behavioural targeting, microtargeting and hyper-targeting, and back to the basics of marketing." Matt Green, WFA's Director of Global Media Services (10.12.2020): The end of the cookie, https://wfanet.org/knowledge/item/2020/12/10/The-end-of-the-cookie, Zugriff am 02.05.2021.
33. Gustav LeBon (2016) *Psychologie der Massen.* 3. Aufl. München: Anaconda, (Originalfassung: Psychologie des foules, 1895).
34. Hans Domizlaff (1939): *Die Gewinnung des öffentlichen Vertrauens: ein Lehrbuch der Markentechnik.* Hamburg: Hanseatische Verlag.
35. Theodor Geiger (1943): *Kritik der Reklame.* Herausgegeben von Rainer Geißler und Horst Pöttker (1986). Siegen: Universität-Gesamthochschule Siegen. S. 115 ff.
36. W.V. Bechterew (2010): *Die Bedeutung der Suggestion im sozialen Leben.* Whitefish: Kessinger, (Originalfassung 1905).
37. Vance Packard (1958): *Die geheimen Verführer. Der Griff nach dem Unbewußten in jedermann.* Econ Verlag. (Englischer Originaltitel: V. Packard & M. C. Miller (1957): *The hidden persuaders.* New York: D. McKay Company).

    Eine ausführliche Besprechung dieses Buchs findet sich bei Jörg Tropp (2022): „Ich weiß nicht warum, aber ich will jetzt ein Eis!" The hidden persuaders von Vance Packard. In: Nils S. Borchers, Tino Meitz, Brigitte Naderer (Hrsg.): *Schlüsselwerke der Werbeforschung.* Wiesbaden: Springer VS.
38. Packard nennt nicht explizit den Artikel, auf den er sich bezieht. Es dürfte sich aber um den Artikel „Sales through Sub-Conscious, Invisible Advertisements" handeln, der am 10. Juni 1956 auf der Titelseite der *Sunday Times* erschienen ist (vgl. Acland, C. R. (2012). *Swift Viewing: The Popular Life of Subliminal Influence.* Durham: Duke University Press. S. 102–103).
39. Vance Packard (1986): *Die geheimen Verführer. Der Griff nach dem Unbewußten in jedermann.* Frankfurt/Main, Berlin: Ullstein. S. 33 f.

40. Siehe z. B.: Bernd Harder (2018): „Iss Popcorn, trink Cola" – ein zeitloser Klassiker, https://blog.gwup.net/2018/06/12/iss-popcorn-trink-cola-ein-zeitloser-klassiker/, Zugriff am 27.02.2020, oder: ohne Autor: Iss-Popcorn-trink-Cola-Studie, https://de.wikipedia.org/wiki/Iss-Popcorn-trink-Cola-Studie, Zugriff am 17.05.2020.
41. Johann C. Karremans, Wolfgang Stroebe und Jasper Claus (2006): Beyond Vicary's fantasies: The impact of subliminal priming and brand choice. *Journal of Experimental Social Psychology*, 42(6), 792–798.
42. Christina Bermeitinger, Ruben Goelz, Nadine Johr, Manfred Neumann, Ulrich Ecker & Robert Doerr (2009): The hidden persuaders break into the tired brain. *Journal of experimental social psychology*, 45(2), 320–326.
43. Thijs Verwijmeren, Johan C. Karremans, Wolfgang Stroebe, & Daniel H. Wigboldus (2011): The workings and limits of subliminal advertising: The role of habits. *Journal of consumer psychology*, 21(2), 206–213.
44. Robert B. Zajonc (1968): Attitudinal Effects of Mere Exposure. *Journal of Personality and Social Psychology*, 19(2), 1–27.
    Robert F. Bornstein (1989): Exposure and affect: Overview and metaanalysis of research 1968–1987. *Psychological Bulletin*, 106(9), 265–289.
45. Benny B. Briesemeister (Hrsg.) (2016): *Die Neuro-Perspektive. Neurowissenschaftliche Antworten auf die wichtigsten Marketingfragen*. Freiburg u. a.: Haufe.
46. Hans-Georg Häusel (2004): *Brain Script. Warum Kunden kaufen*. Freiburg u. a.: Haufe. S. 65.
47. Ebd.: 169.
48. Siehe z. B. Christian Scheier und Dirk Held (2018): *Wie Werbung wirkt. Erkenntnisse des Neuromarketing*. 3. Auflage. Freiburg u. a.: Haufe.
    Kai Fehse (2009): *Neurokommunikation. Ein Modell zur Wirkweise von Werbung im Lichte neuester Erkenntnisse der Hirnforschung*. Baden-Baden: Nomos Verlag.
49. Gerhard Roth (2009): *Fühlen, Denken, Handeln. Wie das Gehirn unser Verhalten steuert*. Frankfurt am Main: Suhrkamp.
50. Manfred Spitzer (2002). *Lernen. Gehirnforschung und die Schule des Lebens*. Heidelberg: Spektrum Akademischer Verlag. S. 146.
51. Peter Kenning (2014): Neuroökonomik, Neuromarketing und Consumer Neuroscience: Eine Standortbestimmung aus der Perspektive der Wissenschaft, S. 29. In: Hans-Georg Häusel (Hrsg.): *Neuromarketing. Erkenntnisse der Hirnforschung für Markenführung, Werbung und Verkauf*. 3. Aufl., Freiburg u. a.: Haufe-Lexware. S. 23–36.

52. Antoine Bechara und Antonio R. Damasio (2005): The somatic marker hypothesis: A neural theory of economic decision. *Games and Economic Behavior*, 52, 336–372.
53. „Together, the developments in psychology and media practice shed new light on some of Packard's claims. Perhaps the sensational views of hidden persuaders in 1950s are in some ways not at all sensational today."
    Michelle R. Nelson (2008): The hidden persuaders. Then and now. *Journal of Advertising*, 37(1), 113–126.

## 2.2 Mit bewusstem Handeln den inneren Dämon bezwingen

54. Ersteres wird in der Erkenntnistheorie als Mentalismus, letzteres als Determinismus bezeichnet.
55. Die Unterscheidung von Willensfreiheit auf der einen Seite und die Bestimmung unseres Willens durch innere oder äußere Ursachen auf der anderen Seite hat auch zentrale Bedeutung in anderen Zusammenhängen als in dem der Konsumindustrie. Beispielsweise liegt im Rechtssystem diese Unterscheidung der Diskussion um die personale Verantwortung für Rechtsverstöße zugrunde, s. z. B. Klaus Lüderssen (2004): Ändert die Hirnforschung das Strafrecht? In: Christian Geyer (Hrsg.): *Hirnforschung und Willensfreiheit. Zur Deutung der neuesten Experimente.* Frankfurt am Main: Suhrkamp. S. 98–102.
56. Benjamin Libet (1985): Unconscious cerebral initiative and the role of conscious will in voluntary action. *Behavioral and Brain Sciences*, 8, 529–566.
    Benjamin Libet (2004): Haben wir einen freien Willen? In Christian Geyer (Hrsg.): *Hirnforschung und Willensfreiheit. Zur Deutung der neuesten Experimente.* Frankfurt am Main: Suhrkamp. S. 268–289.
    Benjamin Libet (2005): *Mind Time. Wie das Gehirn Bewusstsein produziert.* Frankfurt am Main: Suhrkamp.
57. S. Jürgen Habermas (2005): *Zwischen Naturalismus und Religion.* Frankfurt am Main: Suhrkamp.
58. Ein anderes Beispiel wäre ein Hundertmeterläufer. Siehe Carl Friedrich Gethmann (2006): Die Erfahrung der Handlungsurheberschaft und die Erkenntnisse der Neurowissenschaften. In Dieter Sturma (Hrsg.): *Philosophie und Neurowissenschaften.* Frankfurt am Main: Suhrkamp. S. 215–239.

59. Vgl. auch Peter Janich (2006): Der Streit der Welt- und Menschenbilder in der Hirnforschung. In Dieter Sturma (Hrsg.): *Philosophie und Neurowissenschaften.* Frankfurt am Main: Suhrkamp. S. 75–96.

## 2.3 Alles dreht sich um Vernetzung!

60. Clemens Albrecht (2020): *Sozioprudenz. Sozial klug handeln.* Frankfurt/New York: Campus.
61. Johann Gustav Droysen (1887): Erhebung der Geschichte zum Rang einer Wissenschaft. In *Deutsches Lesebuch für Prima.* Berlin, Heidelberg: Springer. S. 192–210.
62. Clemens Albrecht (2020, S. 33).
63. Clemens Albrecht (2020, S. 36).
64. So fürchten beispielsweise 76 % der Deutschen über 18 Jahre, dass ihre gesammelten Daten in falsche Hände geraten können (PwC 2019: Personalisierte Werbung und E-Privacy, https://www.pwc.de/de/technologie-medien-und-telekommunikation/bevoelkerungsbefragung-personalisierte-werbung.pdf, Zugriff am 17.03.2020).

    Eine im August 2020 vom Marktforschungsunternehmen Appinio im Auftrag von The Trade Desk durchgeführte repräsentative Umfrage unter 1.006 volljährigen Verbrauchern in Deutschland kommt u. a. zu dem Ergebnis, dass nur knapp ein Viertel der Befragten der Meinung ist, dass sie die Kontrolle über ihre Daten haben und wissen, wofür diese verwendet werden (https://www.presseportal.de/pm/131144/4738602, Zugriff am 04.11.2020).
65. Timo Wölken (05.10.2020): Bericht mit Empfehlungen an die Kommission zum Gesetz über digitale Dienste: Anpassung der handels- und zivilrechtlichen Vorschriften für online tätige Unternehmen, https://www.europarl.europa.eu/doceo/document/A-9-2020-0177_DE.html, Zugriff am 04.11.2020.
66. Siehe https://trackingfreeads.eu/, Zugriff am 11.06.2021.
67. European Data Protection Supervisor (EDPS) (10.02.2021): EDPS Opinions on the Digital Services Act and the Digital Markets Act, https://edps.europa.eu/press-publications/press-news/press-releases/2021/edps-opinions-digital-services-act-and-digital_en, Zugriff am 11.06.2021.
68. Tobias Urban, Martin Degeling, Thorsten Holz und Norbert Pohlmann (2020): Beyond the Front Page: Measuring Third Party Dynamics in the Field. *Proceedings of The Web Conference 2020,* S. 1275–1286, https://dl.acm.org/doi/pdf/10.1145/3366423.3380203, Zugriff am 05.05.2020.

# Anmerkungen

69. Third-Party-Cookies werden nicht vom Betreiber der Website selbst, sondern von einem Drittanbieter beim Besuchen einer Website lokal auf dem Computer des Nutzers abgespeichert. Es handelt sich um kleine Textdateien, die Nutzerdaten wie Seitenbesuche oder Verweildauer speichern. Sie ermöglichen ein Online-Tracking und, basierend auf den gesammelten Nutzerdaten, ein individualisiertes Re-Targeting. Mit diesem werden zwei wirkungsrelevante Dimensionen der Internet-Werbung gesteuert, nämlich die nutzerindividuelle Häufigkeit (Frequency Caps: Limitierung der individuellen Kontaktzahl mit einer Werbung, Frequency Boost: Realisation einer individuellen Mindestanzahl an Kontakten mit einer Werbung) und inhaltliche Passung.

    Display Ads (Anzeigen, Banner) werden im Internet in der Regel von Werbenetzwerken (z. B. Google, Facebook) bereitgestellt, deren Adserver die Ads ausspielen und dabei den Third-Party-Cookie auf dem Rechner des Nutzers platzieren.

    Wird von dem Nutzer später eine andere Website besucht, die aber zu demselben Werbenetzwerk gehört, wird dasselbe Cookie dieses Drittanbieters (Third Party) genutzt, wodurch die Spur eines Nutzers im Internet sehr genau verfolgt und ihm inhaltlich aufgrund der gesammelten Daten passgenaue individuelle Ads ausgespielt werden können.
70. Vance Packard (2014, Original: 1964): *The Naked Society*. Brooklyn, NY: Ig Publishing.
71. Siehe https://www.bundesgerichtshof.de/SharedDocs/Pressemitteilungen/DE/2020/2020080.html, Zugriff am 04.07.2020.
72. Beim passiven Fingerprinting werden hingegen „nur" diejenigen Informationen ausgelesen, die beim Aufrufen einer Webseite technisch bedingt durch die verwendeten Protokolle übermittelt werden.
73. George Orwell (2008): *1984*. London u. a.: Penguin, (Originalfassung 1949).

    Interessanterweise wurde Orwells Buch in den USA 2017 kurz nach der Wahl von Donald Trump zum US-Präsidenten und der berühmt gewordenen Redeweise von „alternative facts" seiner Beraterin Kellyanne Conway bei amazon ein Bestseller, vgl. The Guardian (24.01.2017): Sales of George Orwell's 1984 surge after Kellyanne Conway's alternative facts. https://www.theguardian.com/books/2017/jan/24/george-orwell-1984-sales-surge-kellyanne-conway-alternative-facts, Zugriff am 07.05.2020.
74. Dr. Datenschutz (18.08.2017): Device Fingerprinting – Wie funktioniert der digitale Fingerabdruck? https://www.datenschutzbeauftragter-info.de/device-fingerprinting-wie-funktioniert-der-digitale-fingerabdruck/, Zugriff am 07.05.2020.

75. Hier ein Beispiel von Kashmir Hill, das in der *The New York Times* vom 5. März 2020 veröffentlicht wurde:

    "One Tuesday night in October 2018, John Catsimatidis, the billionaire owner of the Gristedes grocery store chain, was having dinner at Cipriani, an upscale Italian restaurant in Manhattan's SoHo neighborhood, when his daughter, Andrea, walked in. She was on a date with a man Mr. Catsimatidis didn't recognize. After the couple sat down at another table, Mr. Catsimatidis asked a waiter to go over and take a photo.

    Mr. Catsimatidis then uploaded the picture to a facial recognition app, Clearview AI, on his phone. The start-up behind the app has a database of billions of photos, scraped from sites such as Facebook, Twitter and LinkedIn. Within seconds, Mr. Catsimatidis was viewing a collection of photos of the mystery man, along with the web addresses where they appeared: His daughter's date was a venture capitalist from San Francisco. "I wanted to make sure he wasn't a charlatan," said Mr. Catsimatidis, who then texted the man's bio to his daughter." https://www.nytimes.com/2020/03/05/technology/clearview-investors.html, Zugriff am 25.07.2020.

76. Interpol arbeitet an einem ähnlichen Projekt, das sich DTECH nennt, und das ebenfalls Fotos und Videos aus sozialen Medien verarbeitet, https://netzpolitik.org/2020/wozu-nutzt-interpol-gesichtserkennung/, Zugriff am 27.07.2020.

77. "Facebook has 'demanded' that Clearview AI stop using data scraped from its social networks for its controversial facial recognition database, CBSNews reports. 'Scraping people's information violates our policies,' a spokesperson for the company said, 'Which is why we've demanded that Clearview stop accessing or using information from Facebook or Instagram.'" (Jon Porter (06.02.2020), https://www.theverge.com/2020/2/6/21126063/facebook-clearview-ai-image-scraping-facial-recognition-database-terms-of-service-twitter-youtube, Zugriff am 27.07.2020.)

78. Das meint Bestseller-Autor Yuval Noah Harari in einem Interview in der *Neue Zürcher Zeitung* (23.07.2019): Yuval Noah Harari: «Vor einer vergleichbaren Herausforderung hat die Menschheit noch nie gestanden», https://www.nzz.ch/feuilleton/yuval-noah-harari-der-mensch-kann-gehackt-werden-ld.1496741, Zugriff am 07.05.2020.

79. Vance Packard (1958, S. 193).

80. Thomas Fehn (05.07.2017): Was versteht man unter Facetracking? Blogeintrag des Digital Media Institute, https://blog.dmi-org.com/facetracking/, Zugriff am 09.03.2021.

81. Yuval Noah Harari (2019), s. o.

Anmerkungen 167

82. Vance Packard (1958, S. 9).
83. Jürgen Habermas (2011): *Theorie des kommunikativen Handelns.* Bd.2, 8. Aufl. Frankfurt am Main: Suhrkamp. S. 470 ff.
84. S. Robert J. Lifton (1993): *The Protean Self: Human Resilience in an Age of Fragmentation.* New York, NY: Basic Books.
    Jeremy Rifkin (2000): *Access. Das Verschwinden des Eigentums. Warum wir weniger besitzen und mehr ausgeben werden.* Frankfurt/New York: Campus.
85. Jean Baudrillard (1987): *Das andere Selbst.* Wien, S. 14, zit. n. Jeremy Rifkin (2000, a.a.O., S. 283).

## 3 Das Netz der großen Vier der Verführung

86. Siehe für eine sozialsystemtheoretische Konzeption der Marketingkommunikation ausführlich Jörg Tropp (2019): *Moderne Marketing-Kommunikation. Grundlagen, Prozess und Management markt- und kundenorientierter Unternehmenskommunikation.* 3. Aufl. Wiesbaden: Springer VS. S. 107 ff.
    Grundlegend zur Theorie sozialer Systeme s. Niklas Luhmann (1987): *Soziale Systeme: Grundriß einer allgemeinen Theorie.* Frankfurt am Main: Suhrkamp.

### 3.1 Verführer: immer digitaler, immer persönlicher, immer komplexer

87. Siehe Konrad Zerr, Jörg Tropp und Richard Linxweiler (2020): Kommunikationsparadigma im Wandel. Auf dem Weg zum kommunikativen Ökosystem. *Marketing Review St. Gallen* 5/2020, 889–895.
88. Zahlen beziehen sich auf Display- und Video-Advertising (Online-Vermarkterkreis (OVK) im Bundesverband Digitale Wirtschaft (BVDW) e. V., 2019).
89. Zahlen beziehen sich auf Display- und Video-Adverting, Search, Affiliate, Amazon Sponsored Ads, Facebook und Audio (Resolution Media (Omnicom), 2019).

90. Zahlen beziehen sich auf Website, Seach, Corporate Publishing (Digitale Magazine, Social Media, Apps, Video, Audio), Display, Video, Classifieds, Gaming, Influencer, E-Mail-Marketing, Verzeichnisdienste (Schickler Media Index 2020).
91. Siehe Zentralverband der deutschen Werbewirtschaft (ZAW) (2021): Branchendaten 2020, https://zaw.de/branchendaten/wirtschaft-und-werbung-2019/, Zugriff am 16.06.2021.

    Die Gesamtinvestitionen setzen sich zusammen aus medienbasierten Investitionen in Werbung (33,7 Mrd. Euro), inklusive der Netto-Werbeeinahmen erfassbarer Werbeträger, sowie den weiteren Formen kommerzieller Kommunikation (11,2 Mrd. Euro).
92. Der ZAW zählt zu Internetwerbung Search, Display Ads (inkl. In-Stream Videowerbung), Classifieds und In-Stream Audiowerbung, siehe https://zaw.de/branchendaten/wirtschaft-und-werbung-2019/, Zugriff am 16.06.2021.
93. Manfred Bruhn, Manfred Kirchgeorg & Heribert Meffert (2018): *Marketing Weiterdenken*. Wiesbaden: Springer Fachmedien.
94. Stellenausschreibungen im Bereich Corporate Development im Januar 2021: IT: 1.920, Marketing und Kommunikation 724, im Bereich Business Development: IT: 3.769, Marketing und Kommunikation: 1.000, www.stepstone.de, Zugriff am 07.01.2021.
95. Manfred Bruhn, Manfred Kirchgeorg & Heribert Meffert (2018), a.a.O.
96. "After initial dialogue with the web community, we are confident that with continued iteration and feedback, privacy-preserving and open-standard mechanisms like the Privacy Sandbox can sustain a healthy, ad-supported web in a way that will render third-party cookies obsolete. Once these approaches have addressed the needs of users, publishers, and advertisers, and we have developed the tools to mitigate workarounds, we plan to phase out support for third-party cookies in Chrome. Our intention is to do this within two years." (Justin Schuh, 14.01.2020, https://blog.chromium.org/2020/01/building-more-private-web-path-towards.html, Zugriff am 25.03.2020)

    Ende Juni 2021 verkündete Google, dass die für Anfang 2022 geplant gewesene Verbannung der Cookies von Drittanbietern auf Ende 2023 verschoben werde.
97. Z. B. Benjamin Bunte (2019): Cookiecalypse: Müssen künftig 85 % des Traffics ohne Cookies vermarktet werden? https://omr.com/de/cookiecalypse-tod-des-cookies-ben-bunte-performance-media/, Zugriff am 25.03.2020.

98. https://www.e-recht24.de/artikel/datenschutz/11329-e-privacy-verordnung-die-dsgvo-war-erst-der-anfang.html, Zugriff am 25.03.2020.
99. David Temkin (03.03.2021): Google ads. Charting a course towards a more privacy-first web. https://blog.google/products/ads-commerce/a-more-privacy-first-web/, Zugriff am 09.03.2021.
100. Siehe GitHub (2021): Federated Learning of Cohorts (FLoC) https://github.com/WICG/floc, Zugriff am 26.04.2021.
101. Einen Lösungsansatz, um die Log-in-Schwelle möglichst niedrig zu gestalten, stammt aus der Schweiz. Das Bündnis „The Digital Alliance", das die Medienhäuser Ringier, TX Group, CH Media, NZZ und SRG vereint, hat eine Single-Sign-On-Lösung mit der Bezeichnung OneLog geschaffen. Sie ermöglicht den Zugang zur Nutzung des publizistischen Angebots aller Allianzpartner. Die Log-in-Daten verbleiben bei den teilnehmenden Medienhäusern und werden von diesen zur Bereitstellung von Inhalten als auch zur Werbeausspielung genutzt. Es erfolgt keine Weitergabe der Daten an Dritte, auch soll unter den Beteiligten kein Austausch der Nutzerdaten stattfinden. Siehe https://www.schweizermedien.ch/artikel/news/2021/start-des-gemeinsamen-logins-der-schweizer-digital-allianz-onelog, Zugriff am 17.06.2021.
102. Für einen Überblick siehe Bundesverband Digitale Wirtschaft (BVDW) e. V., der in seiner Studie *Market Research zum Advertising-Identity-Ökosystem* (2020) elf unterschiedliche Anbieter mit ihren Advertising-Identity-Lösungen vorstellt und vergleicht. https://www.bvdw.org/fileadmin/bvdw/upload/publikationen/programmatic_advertising/BVDW_Leitfaden_Advertising_Identity.pdf, Zugriff am 20.05.2020.
103. Siehe Jörg Tropp (2019): *Moderne Marketing-Kommunikation. Grundlagen, Prozess und Management markt- und kundenorientierter Unternehmenskommunikation.* 3. Aufl. Wiesbaden: Springer VS. S. 107 ff. S. 32 ff.
    Klaus Merten (1994): Wirkungen von Kommunikation. In Klaus Merten, Siegfried J. Schmidt und Siegfried Weischenberg (Hrsg.): *Die Wirklichkeit der Medien.* Opladen: Westdeutscher Verlag. S. 291–328.
104. Dies wird im Abschn. 4.2 Vermittler im Absatz „Daten-Hype – Kontext-Shutdown" erklärt.
105. Das IAB Europe definiert Brand Safety wie folgt:
    "Brand Safety describes the practices and tools that are put in place to ensure that a digital advertising campaign will not appear next to any content that is illegal (e.g. drug related content) or dangerous (e.g. pornogrphy or violence). It should be applied to every campaign to protect

a brand's reputation and not fund any illegal or dangerous content providers." (IAB, 2020: The IAB Europe Guide to Brand Safety and Suitability, S. 4). https://iabeurope.eu/wp-content/uploads/2020/07/IAB-Europe-Brand-Safety-and-Brand-Suitability-Guide_July-2020.pdf, Zugriff am 12.08.2020.
106. Siehe Torsten Kleinz (28.03.2020): Coronakrise: Verlagen brechen Werbeeinnahmen weg. *Heise online,* https://www.heise.de/newsticker/meldung/Coronakrise-Verlagen-brechen-Werbeeinnahmen-weg-4692687.html, Zugriff am 30.03.2020.
107. Claudia Bünte (2020): *Die chinesische KI-Revolution. Konsumverhalten, Marketing und Handel: Wie China mit Künstlicher Intelligenz die Wirtschaftswelt verändert.* Wiesbaden: Springer Gabler. S. 54.
108. Claudia Bünte (2018): *Künstliche Intelligenz – die Zukunft des Marketing.* Wiesbaden: Springer Gabler. S. 6, 10.

Harald Eichsteller und Jürgen Seitz (2019): *Studie Digital Dialog Insights 2019.* United Internet Media (UIM) und Hochschule der Medien in Stuttgart (HdM), https://www.digital-dialog-insights.com/digital-dialog-insights-2019/, Zugriff am 26.03.2020.
109. Claudia Bünte (2021): Hype und Wirklichkeit: Über Image, Einsatz und Nutzen von KI in der Werbung. *transfer,* 67(2), 32–37.
110. https://www.ibm.com/watson-advertising/solutions/ibm-advertising-accelerator-with-watson, Zugriff am 26.03.2020.

Weitere Beispiele für KI-Tools in der Kommunikationsarbeit sind:
- Retresco zur automatisierten Erstellung von werblichen und journalistischen Texten
- Neuroflash zur Unterstützung der zielgerichteten Auswahl von Headlines und Copys für redaktionelle und werbliche Texte
- Keyhole für die Analyse, Berichterstattung und Verbesserung von Social-Media-Aktivitäten
- Affectiva für die Optimierung der Werbewirkung von Videoclips anhand der Analyse der Veränderungen der Gesichtsmuskulatur (Mikroexpressionen) während der Rezeption der Videos (siehe Claudia Bünte 2021: Hype und Wirklichkeit: Über Image, Einsatz und Nutzen von KI in der Werbung. *transfer,* 67(2), 32–37).

111. Sandra Carreon-John, Nike's global corporate communications director, zit. n. Shelby Brown (2019): Nike Fit AR tool looks to help you find your perfect shoe size, *cInet,* https://www.cnet.com/news/nike-fit-ar-tool-looks-to-help-you-find-your-perfect-shoe-size/, Zugriff am 26.03.2020.
112. Claudia Bünte (2018): *Künstliche Intelligenz – die Zukunft des Marketing.* Wiesbaden: Springer Gabler. S. 24 ff.

113. Ebd., S. 28 ff.
114. Uwe Storch zit. n. Ingo Rentz (2019): Ferrero-Mediachef Uwe Storch kritisiert KI-Debatte. *Horizont,* 17.01.2019, https://www.horizont.net/marketing/nachrichten/kuenstlich-aber-nicht-intelligent-ferrero-mediachef-uwe-storch-kritisiert-ki-debatte-172289, Zugriff am 26.03.2020.
115. Claudia Bünte (2018): *Künstliche Intelligenz – die Zukunft des Marketing.* Wiesbaden: Springer Gabler. S. 20.
116. Thomas Strässle (2013): *Gelassenheit.* München: Carl Hanser. S. 112.
117. Sarah Vizard (17.10.2019): Adidas: We over-invested in digital advertising. *MarketingWeek,* https://www.marketingweek.com/adidas-marketing-effectiveness/, Zugriff am 30.03.2020.
118. Marc S. Pritchard im Interview „Die Regeln des Marketings werden neu geschrieben". *Horizont,* 28/2018, S. 10–11.
119. Siehe z. B. Roderick J. Brodie, Linda D. Hollebeek, Biljana Juric und Ana Ilic (2011): Customer Engagement: Fundamental Propositions, and Implications for Research. *Journal of Service Research,* 14(3), 252–271.
    Linda D. Hollebeek (2011): Exploring customer brand engagement: definition and themes. *Journal of Strategic Marketing,* 19(7), 555–573.
120. Bruno Schivinski, George Christodoulides und Dariusz Dabrowski (2016): Measuring Consumers' Engagement With Brand-Related Social-Media Content. *Journal of Advertising Research,* 56(1), 64–80.
121. Manfred Kirchgeorg und Manfred Bruhn (2018): Ein kondensierter Blick auf das ganze Erkenntnisspektrum und die Zukunftspfade des Marketing. In Manfred Bruhn und Manfred Kirchgeorg (Hrsg.): *Marketing Weiterdenken. Zukunftspfade für eine marktorientierte Unternehmensführung.* Wiesbaden: Springer Gabler. S. 442.
122. IAB Europe (2018): Digital advertising KPIs: comparison of vision and reality. In: *Europe 2018,* https://www.statista.com/statistics/869051/digital-ad-kpis-vision-vs-reality-in-europe/, Zugriff am 20.05.2021.
123. Fokusgruppe Digital Marketing Quality (DMQ) im Bundesverband Digitale Wirtschaft (BVDW) e. V., https://www.bvdw.org/der-bvdw/news/detail/artikel/neues-whitepaper-und-neue-messung-zu-invalid-traffic-sollen-verwirrung-um-begriff-ad-fraud-beseiti/, Zugriff am 01.04.2020.
124. Fokusgruppe Digital Marketing Quality (DMQ) im Bundesverband Digitale Wirtschaft (BVDW) e. V. (2019): *Whitepaper Invalid Traffic,* https://bvdw.org/fileadmin/user_upload/BVDW_Whitepaper_IVT_DE-FIN_052019.pdf, Zugriff am 01.04.2020.
125. Crawler sind Bots, die das Web nach HTML-Dokumenten durchforsten und zu Suchanfragen passende Ergebnisse ausliefern. Bei der „guten" Variante

gibt sich der Crawler in Logfiles als solcher zu erkennen und hält sich beim Indizieren an die Vorgaben der Webseite, die in robots.txt hinterlegt sind. Somit können Ad Serving und Ad Verification Systeme problemlos diese Seitenaufrufe als Invalid Traffic herausfiltern. Bei der „bösen" Variante hält sich der Crawler nicht an diese Vorgaben. In Folge dessen können Werbeauslieferungen fälschlich als „Valid Traffic", also gültige Website-Aufrufe, verbucht werden, für die der Werbungtreibende dann auch entsprechend zu bezahlen hat.

Mit Chatbots können Teile der Kundenkommunikation von Unternehmen ausgelagert und automatisiert werden. Dadurch können häufigere und einfachere Anfragen kostensparend beantwortet werden. Bei der „guten" Chatbot-Variante werden wie beim Crawler die Vorgaben für Bots eingehalten. Sie verstoßen nicht gegen Nutzungsbestimmungen der Webseitenbetreiber und geben sich als Chatbots für den Nutzer zu erkennen. Bei der „bösen" Variante ist all dies nicht der Fall. (s. BVDW 2018: Whitepaper Gute Bots und böse Bots: Wie sie den ECommerce verändern; https://bvdw.org/fileadmin/user_upload/181105_DMQ_Whitepaper_Bots.pdf, Zugriff am 22.06.2021.

126. S. Christine Diener (2019): "Wir brauchen eine repräsentative Zahl". *Horizont Magazin, werbung.treiber* 2019, S. 16.
127. AppsFlyer (2019): The state of mobile fraud, https://www.appsflyer.com/state-of-mobile-fraud-2019, Zugriff am 01.04.2020.
128. https://boost-social-media.com/, Zugriff am 01.04.2020
129. Siehe auf Fake geprüfte Quelle https://www.galileo.tv/video/ein-automat-in-russland-soll-instagram-likes-verkaufen-fake-oder-wahr/, Zugriff am 21.06.2021.
130. Siehe https://paidlikes.de/, Zugriff am 21.06.2021.
131. So das Ergebnis der Studie *The State of Influencer Marketing 2020: Influencer Fraud Dynamics* von HypeAuditor, https://hypeauditor.com/blog/resources__trashed/state-2020/#Methodology, Zugriff am 11.05.2020.
132. In der Folge des AIDA-Modells sind eine Vielzahl sogenannter Stufenmodelle der Werbewirkung entwickelt worden, die jeweils eine unterschiedliche Anzahl und verschiedene Abfolgen von Werbewirkungsstufen postulieren (s. den Überblick bei Jörg Tropp (2019): *Moderne Marketing-Kommunikation. Grundlagen, Prozess und Management markt- und kundenorientierter Unternehmenskommunikation.* 3. Aufl. Wiesbaden: Springer VS. S. 560 ff.).

Neben AIDA ist eines der am meisten beachteten Stufenmodelle das „Hierarchy of Effects"-Modell von Robert J. Lavidge und Gary A. Steiner

(1961): A Model for Predictive Measurements of Advertising Effectiveness. *The Journal of Marketing*, 25, 6/1961, 59–62.

Auch dieses Modell besagt, getreu der AIDA-Formel, dass die Effekte der Werbekommunikation in einer festen Abfolge von Stufen vom Rezipienten verarbeitet werden. Die Stufen der Werbewirkung werden in diesem Modell als kausal angesehen, das heißt, sie bedingen einander. Diese Annahme mündet somit in einem hierarchischen Stufenmodell, in dem die einzelnen Stufen der Effekte streng in der Reihenfolge geordnet sind. Diese Kausalkette ist die Grundlage für einen Lernprozess, in dessen Ablauf, wie beim Abgehen von Treppenstufen, die Botschaftsinhalte nach und nach gelernt werden und sich die Präferenz für eine Marke herausbildet. Der Werbewirkungsprozess geht hier zunächst von der Unbekanntheit des beworbenen Produktes aus und wird in sechs darauf aufbauende Stufen unterteilt (1. Awareness/Bekanntheit, 2. Knowledge/Kenntnis, 3. Liking/Schätzung, 4. Preference/ Präferenz, 5. Conviction/Überzeugung, 6. Purchase/Kauf). Dieses Stufenmodell fand große Verbreitung in der Werbeforschung, da es Lewis' AIDA-Formel um die grundlegende Auffassung erweiterte, dass aus uninformierten potenziellen Konsumenten nicht unmittelbar überzeugte Käufer werden, sondern dass Werbung beim Konsumenten vielmehr einen mehrstufigen Prozess in Gang bringt, an dessen Ende möglicherweise erst nach mehrmaligem Kontakt mit der werblichen Kommunikation die Kaufhandlung steht.

133. Philip Kotler, Hermawan Kartajaya und Iwan Setiawan (2017): *Marketing 4.0. Der Leitfaden für das Marketing der Zukunft*. Frankfurt/New York: Campus. S. 79.
134. In der Google-Analytics-Hilfe finden sich zur Wahl des Attributionsmodells folgende zwei grundlegende Optionen (https://support.google.com/analytics/answer/9397590?hl=de, Zugriff am 02.04.2020):

    **„Regelbasierte Attributionsmodelle**

    Bei regelbasierten Attributionsmodellen wird der Beitrag zu einer Conversion mithilfe von festen Regeln ermittelt – unabhängig vom Conversion-Typ und vom Nutzerverhalten. In Attribution sind die folgenden regelbasierten Attributionsmodelle verfügbar:

    Letzter Klick: Die Conversion wird vollständig dem letzten Klick zugeordnet.

    Erster Klick: Die Conversion wird vollständig dem ersten Klick zugeordnet.

▮▮▮▮▮ Linear: Der Beitrag der Conversion wird allen Klicks im Pfad gleichmäßig zugeordnet.

▁▂▃▄ Zeitverlauf: Je kürzer ein Klick vor der Conversion erfolgt, desto höher wird sein Beitrag zur Conversion eingestuft. Die Halbwertszeit beträgt dabei sieben Tage. Das heißt konkret, dass einem Klick, der acht Tage vor der Conversion erfolgte, halb so viel Wert beigemessen wird wie einem Klick am Tag unmittelbar vor der Conversion.

▇▁▁▇ Positionsbasiert: Die Conversion wird jeweils zu 40 % dem ersten und letzten Klick zugeordnet. Die verbleibenden 20 % werden auf die anderen Klicks entlang des Pfads verteilt.

**Datengetriebene Attribution**

Bei der datengetriebenen Attribution wird der Beitrag zur Conversion auf der Grundlage der erfassten Daten für jeden Conversion-Typ verteilt. Der Unterschied zu den anderen Modellen liegt darin, dass hier anhand der Daten im Konto der tatsächliche Beitrag jedes Klicks berechnet wird.

▇▁▇▁ Jedes datengetriebene Modell ist immer auf den jeweiligen Werbetreibenden und Conversion-Typ zugeschnitten."

135. Gesamtverband Kommunikationsagenturen GWA (2021): GWA Frühjahrsmonitor 2021, https://www.gwa.de/content/uploads/2021/01/20210407_GWA_Fruehjahrsmonitor_2021.pdf, Zugriff am 23.06.2021.
136. Results International (2020): Marketing M&A and Fundraising: FY 2019, https://resultsig.com/insight/marketing-sector-ma-activity-fy-2019/, Zugriff am 05.04.2020.
137. Pressemitteilung (05.06.2018): Welcome to Ogilvy's Next Chapter, https://markets.businessinsider.com/news/stocks/welcome-to-ogilvy-s-next-chapter-1026580234, Zugriff am 05.04.2020.
138. Republic (15.4.2021): Media mit Sinn. Das Manifest der REPUBLIC. *Horizont,* 15–16/2021, Anzeige auf Umschlagseite.
139. Der W&V Gehaltscheck 2017, https://www.wuv.de/karriere/exklusiver_gehalts_check_was_verdient_die_branche, Zugriff am 05.04.2020.
140. StepStone (2018): Berufseinsteiger im Fokus, https://de.statista.com/statistik/daten/studie/941385/umfrage/studierende-zu-den-wichtigsten-faktoren-beim-ersten-arbeitgeber/, Zugriff am 05.04.2020.
141. GfK Verein (2018): Trust in Professions 2018 – eine Studie des GfK Vereins. https://www.nim.org/sites/default/files/medien/135/dokumente/2018_-_trust_in_professions_-_deutsch.pdf, Zugriff am 09.04.2020.

## 3.2 Vermittler: lauter Daten, ummauerte Geschäftsfelder und Influencer, die keiner mehr mag

142. S. Michael Hofsass und Dirk Engel (2017): Mediaplanung. In Jan Krone und Tassilo Pellegrini (Hrsg.): *Handbuch Medienökonomie.* Wiesbaden: Springer. S. 1–41.
143. S. Oliver Busch (2014): Das Realtime-Advertising-Prinzip. In: Oliver Busch (Hrsg.): *Realtime Advertising: Digitales Marketing in Echtzeit: Strategien, Konzepte und Perspektiven.* Wiesbaden: Springer Gabler. S. 3–14.
144. https://www.bvdw.org/themen/publikationen/detail/artikel/gebuehren-und-kostentransparenz-im-programmatic-advertising/, Zugriff am 07.01.2021.
145. Anton Priebe (20.01.2020): „Transparenz im Mediahandel hört spätestens nach der Agentur auf". *Adzine,* https://www.adzine.de/2020/01/transparenz-im-mediahandel-hoert-spaetestens-nach-der-agentur-auf/, Zugriff am 06.04.2020.
146. Jens T. Möller (2020): 15 % der Programmatic-Ausgaben verschwinden spurlos. *Adzine,* https://adzine.de/2020/05/15-prozent-der-programmatic-ausgaben-verschwinden-spurlos/, Zugriff am 29.07.2020.
147. Thomas Koch (2020): Der Traum vom Intermediavergleich. *Horizont,* 21, 20–21.
148. WARC (2019): Global Ad Trends: Global Adspend Outlook, https://www.adzine.de/2019/03/globaler-ad-spend-jeder-vierte-dollar-geht-an-google-und-facebook/, Zugriff am 07.04.2020.
149. So das Ergebnis einer Studie von 2016 aus den USA, bei der Deloitte Consulting und Industry Index im Auftrag von Flashtalking, einem unabhängigen Ad-Server-Anbieter, Mediaeinkäufer aus Agenturen und Marketingabteilungen zum Einsatz von geschlossenen Werbeplattformen befragten, https://www.adzine.de/2016/09/usa-studie-walled-gardens-beliebt-und-gefuerchtet/, Zugriff am 07.04.2020.
150. Europäische Kommission (2020): *The Digital Markets Act: ensuring fair and open digital markets,* https://ec.europa.eu/info/strategy/priorities-2019-2024/europe-fit-digital-age/digital-markets-act-ensuring-fair-and-open-digital-markets_en, Zugriff am 07.01.2021.
151. Siehe https://www.gwa.de/content/uploads/2021/01/20210407_GWA_Fruehjahrsmonitor_2021.pdf, Zugriff am 23.06.2021.
152. Hypeauditor (2020): State of Influencer Marketing in Germany 2020, https://hypeauditor.com/blog/state-of-influencer-marketing-in-germany-2/, Zugriff am 08.04.2020.

## 3.3 Verbraucher: Bitte nicht zu persönlich werden!

153. Andreas Baetzgen (2014): „Werbung ist halt da." Zur Akzeptanz der Werbung in Deutschland. *transfer*. Werbeforschung & Praxis, 60(4), 19–27.
154. „Reaktanz ist ein Zustand, der die Energien des Menschen darauf richtet, Freiheit wiederherzustellen. Das bedeutet, dass ein Mensch, dessen Freiheit bedroht oder eliminiert ist, sein Handeln danach ausrichtet, diese Freiheit wieder zu gewinnen." (Stephen G. West und Robert A Wicklund (1985): *Einführung in sozialpsychologisches Denken.* Weinheim u. a.: Beltz. S. 255.)

    Grundlegend zur Theorie der psychologischen Reaktanz siehe Jack W. Brehm (1966): *A theory of psychological reactance.* New York, NY u. a.: Academic Press.

    Für einen kompakten Überblick s. Jörg Tropp (2019): *Moderne Marketing-Kommunikation. Grundlagen, Prozess und Management markt- und kundenorientierter Unternehmenskommunikation.* 3. Aufl. Wiesbaden: Springer VS. S. 584–586.
155. Florian Botzenhardt und Jens Uwe Pätzmann (2012). *Die Zukunft der Werbeagenturen. Strategische Planung als Innovationsmotor.* Wiesbaden: Gabler.
156. Alexander Schulte (2018): Wie Nutzer über Internetwerbung denken. *Horizont Online,* https://www.horizont.net/marketing/nachrichten/horizont-exklusivumfrage-wie-nutzer-ueber-internetwerbung-denken-168999, Zugriff am 10.04.2020.

    Neben der Masse an Online-Werbung stören besonders Werbeformate, die sich über den Inhalt schieben. Zudem wird automatisch abgespielte Bewegtbildwerbung und Werbung, die nicht als solche zu erkennen ist, als besonders störend empfunden. Dies verwundert nicht. Sorgen doch gerade Werbeformen, die überraschend erscheinen und automatisch abspielen dafür, dass der Nutzer seine Rezeptionsfreiheit als eingeschränkt empfindet und mit Reaktanz reagiert.

Quelle: Forsa, 501 Internet-Nutzer ab 14 Jahre, zit. n. Alexander Schulte (2018)

157. BVDW (2020): Anteil der auf dem Desktop geblockten Online-Display-Werbung in Deutschland vom 2. Quartal 2015 bis zum 4. Quartal 2019, https://de.statista.com/statistik/daten/studie/537062/umfrage/adblocker-rate-in-deutschland/, Zugriff am 10.04.2020.
158. AudienceProject (2020): Insights 2020 – Attitude towards advertising and use of ad blocking, Q2 2020; n = 14.000, Online-Befragung, https://www.audienceproject.com/wp-content/uploads/audienceproject_study_attitude_towards_advertising_and_use_of_ad_blocking_2020.pdf?x25071, Zugriff am 13.01.2021.
159. Ebd.
160. Louise Kelly, Gayle Kerr und Judy Drennan (2010): Avoidance of advertising in social networking sites. The teenage perspective. *Journal of Interactive Advertising,* 10(2), 16–27.
    Hemant C. Sashittal, Rajendran Sriramachandramurthy und Monica Hodis (2012): Targeting college students on Facebook? How to stop wasting your money. *Business Horizons,* 55(5), 495–507.
    Hope Villiard und Megan A. Moreno (2012). Fitness on Facebook: Advertisements generated in response to profile content. *Cyberpsychology, Behavior, and Social Networking,* 15(10), 564–568.
161. Tennager zit. n. Christian Papsdorf und Sebastian Jakob. (2017). Ein Kampf gegen Windmühlen: Jugendliche und junge Erwachsene im Umgang mit Algorithmen und Überwachung im Internet. *kommunikation @ gesellschaft,* 18, 1–27. S. 17.

162. Faktenkontor (2016): Anteil der Facebook-Nutzer im Web 2.0 fällt auf niedrigsten Stand seit 2012, n = 2.817 Social Media Nutzer in Deutschland https://www.faktenkontor.de/pressemeldungen/facebookdaemmerung/, Zugriff am 10.04.2020.
163. Global Witness (2021): Do people really want personalised ads online? Online-Befragung von YouGov unter 2.034 regelmäßigen Social-Media-Nutzern in Frankreich und Deutschland, Erhebunsgzeitraum: 24.02.-01.03.2021, https://www.globalwitness.org/en/blog/do-people-really-want-personalised-ads-online/, https://drive.google.com/file/d/1dUIp4uoD1LqGGDqbWKbDtDxNooGqMx6y/edit, Zugriff am 18.05.2021.
164. S. https://admob.google.com/intl/de/home/, Zugriff am 13.04.2020.
165. „Rewarded video ads are a full screen experience where users opt-in to view a video ad in exchange for something of value, such as virtual currency, in-app items, exclusive content, and more. The ad experience is 15–30 second non-skippable and contains an end card with a call to action. Upon completion of the full video, you will receive a callback to grant the suggested reward to the user." https://developers.facebook.com/docs/audience-network/guides/ad-formats/rewarded-video/ios/, Zugriff am 13.04.2020.
166. Appinio (2019): Repräsentative Umfrage zu Rewarded Advertisig, https://www.appinio.com/de/blog/studie-rewarded-advertising-belohnung-werbekonsum, Zugriff am 13.04.2020.
167. S. Brave Software (2018): Basic Attention Token (BAT). Blockchain Based Digital Advertising. https://basicattentiontoken.org/wp-content/uploads/2017/05/BasicAttentionTokenWhitePaper-4.pdf, Zugriff am 13.04.2020.
168. Yougov (2019): Repräsentative Online-Umfrage für die deutsche Bevölkerung ab 18 Jahren (n = 2.045 Personen), https://www.adzine.de/2020/03/konsumenten-fordern-cash-fuer-daten/, Zugriff am 13.04.2020.
169. Dieses Modell stammt eigentlich aus der Online-Porno-Branche. Roland Eisenbrand (2019) berichtet von der Erotik-Youtuberin Katja Krasavice, die schon 2017 mit einem Snapchat-Account experimentierte, in dem sie nicht-jugendfreie Inhalte teilte, und sie Nutzer nur gegen Bezahlung als Kontakt hinzufügte. https://omr.com/de/instagram-enge-freunde-bezahlung-close-friends-paid-content/, Zugriff am 13.04.2020.
170. https://www.patreon.com/de-DE, Zugriff am 23.06.2021.
171. Roland Berger (2019): Quo vadis, deutsche Medien? Zur Zukunft deutscher Fernsehanbieter in digitalen Streaming-Zeiten, https://www.rolandberger.com/de/Publications/Lineares-Fernsehen-verliert-weiter-an-Bedeutung.html, Zugriff am 15.04.2020.

172. Institut für Publizistik, Johannes Gutenberg-Universität Mainz (2019): Langzeitstudie Medienvertrauen, Forschungsergebnisse der Welle 2019 (n = 1.200 Deutsche, > 18 Jahre), https://medienvertrauen.uni-mainz.de/forschungsergebnisse-der-welle-2019/, Zugriff am 15.04.2020.
Allgemein zur Fake-Debatte s. Jörg Tropp (2019): *Die Studentin, die nach Cannes wollte. Eine Erzählung über die Kunst mit Fake zu leben.* Frankfurt am Main: Frankfurter Allgemeine Buch.
173. S. Dar Meshi, Diana J. Tamir und Hauke R. Heekeren (2016): Soziale Medien und das Gehirn. In Benny B. Briesemeister (Hrsg.): *Die Neuro-Perspektive. Neurowissenschaftliche Antworten auf die wichtigsten Marketingfragen.* Freiburg u. a.: Haufe. S. 207–220.
174. Siehe ebd.: 208 f.
175. Hans D. Mummendey (2002): Selbstdarstellungstheorie. In Dieter Frey und Martin Irle (Hrsg.): *Theorien der Sozialpsychologie,* Bd. 3. Bern: Huber. S. 212–233.
176. Christian Montag (2018): *Homo Digitalis. Smartphones, soziale Netzwerke und das Gehirn.* Wiesbaden: Springer.

## 3.4 Kommentatoren: Weg mit dem Schrott im Netz. Wir brauchen Kreativität und ein neues Verständnis, wie Verführung funktioniert!

177. So ein Kommentar von Sebastian Turner, Partner der Agentur Scholz & Friends Gruppe in der "Frankfurter Rundschau" im Jahr 2009, zit. n. w& 27/2009, S. 40.
178. Coalition for Better Ads (2018): Research. Online verfügbar unter https://www.betterads.org/research/, Zugriff am 16.04.2020.
179. Coalition for Better Ads (2020): Coalition for Better Ads announces better ads standard for short-form video to improve consumer experience online, https://www.betterads.org/press-releases/cba-announces-better-ads-standard-short-form-video, https://www.betterads.org/research/, Zugriff am 16.04.2020.
180. Ascential Events, Veranstalter des International Festival of Creativity, https://www.canneslions.com/, Zugriff am 22.04.2020.
181. Für einen Überblick über die Selbstreferenz des Werbesystems am Beispiel der International Festival of Creativity siehe Jörg Tropp (2017): Advertising Self-Reference – as Exemplified by the International Festival of Creativity. In Gabriele Siegert, M. Bjørn von Rimscha und Stephanie Grubenmann

(Hrsg.): *Commercial Communication in the Digital Age*. Berlin, Boston: Walter de Gruyter. S. 57–74. frei zugänglich unter: https://www.researchgate.net/publication/316088078_Introduction_Commercial_Communication_in_the_Digital_Age_-_Disinforming_Informed_Users/link/5ad086f60f7e9b18965d62a2/download.

182. Siehe den Bericht über das Festival of Creativity 2019 in der Werbefachzeitschrift *Horizont* 26/2019, 22–25.

183. Bärbel Unckrich (2019): „Gute Kreation ist nicht genug", *Horizont*, 25/2019, S. 4.

184. Uwe Storch (2020) in Rolf Schröter (2020): Mehr Licht! Interview mit Uwe Storch (Vorstandsvorsitzender der Organisation Werbungtreibende im Markenverband (OWM) und Andrea Tauber-Koch (Vorsitzende der OWM). *w&v*, 3/2020; 14–21.

Vgl. auch Kristian Meinken (2020): Der richtige Moment. *w&v*, 3/2020; 28–29.

185. Axel Springer, Media Impact und Mediaplus (2020): Medienwirkungsdifferenziale, https://www.mediaimpact.de/de/news/neue-studie-medienwirkungsdifferenziale-macht-erstmals-werbewirkung-bei-unterschiedlichen-mediengattungen-vergleichbar, Zugriff am 14.01.2021.

186. Wold Federation of Advertisers (2020): Cross-Media Measurement, https://wfanet.org/leadership/cross-media-measurement, Zugriff am 15.01.2021.

187. Uwe Storch (2020) in Rolf Schröter (2020, S, 20): Mehr Licht! Interview mit Uwe Storch (Vorstandsvorsitzender der Organisation Werbungtreibende im Markenverband (OWM) und Andrea Tauber-Koch (Vorsitzende der OWM). *w&v*, 3/2020; 14–21.

188. Siehe Manfred Bruhn (2014): *Integrierte Unternehmens- und Markenkommunikation. Strategische Planung und operative Umsetzung*. 6. überarb. Aufl., Stuttgart: Schäffer-Poeschel.

189. Vgl. z. B.: Rolf Speetzen (2001): The multiplier effect, https://www.warc.com/content/paywall/article/esomar/the_multiplier_effect/76654, Zugriff am 29.04.2020.

Bao, Tong, and Tung-lung Steven Chang (2014): Why Amazon uses both the New York Times Best Seller List and customer reviews: An empirical study of multiplier effects on product sales from multiple earned media. *Decision Support Systems* 67/2014, 1–8.

190. Tobias Reinold und Joerg Tropp (2012): Integrated marketing communications: How can we measure its effectiveness? *Journal of marketing communications* 18(2), 113–132.

191. Advertising Engagement ist das Level der kognitiven, affektiven und konativen Verarbeitungstiefe der Interaktionen mit einem Werbemittel. (Jörg Tropp, Marina Brunner, Nicolas Dostmann, & Teresa Kniele (2019): Werbung und die Rolle des Advertising-Engagements, *transfer,* 65(1), 6–17.
192. Joint Industry Committees (JICs) arbeiten ohne Gewinnabsichten und handeln dank der pluralen Mitgliederstruktur unabhängig von Individualinteressen und neutral. Beispiele sind die die AGMA (Arbeitsgemeinschaft Media-Analyse, https://www.agma-mmc.de/ueber/agma), AGF Videoforschung (https://www.agf.de/agf/struktur/) oder die AGOF (Arbeitsgemeinschaft Online-Forschung, https://www.agof.de/agof/ziele/), Zugriff jeweils am 29.04.2020.

## 4 Wir fühlen uns ausgeliefert

193. S. Roger Häußling (2019): *Techniksoziologie. Eine Einführung.* 2. Aufl. Opladen, Toronto: Budrich.
194. Niklas Luhmann (1996): *Die Realität der Massenmedien.* 2. erw. Aufl. Opladen: Westdeutscher Verlag. S. 85.
195. Siehe die repräsentative Studie zur DSGVO von YouGov Deutschland: Helena Birkner (2020): *Zwei Drittel der Deutschen sind genervt von Cookie-Hinweisen,* https://www.horizont.net/news/p/183228, Zugriff am 26.05.2020.
196. „Der Europäische Gerichtshof (EuGH) hat sich am 1. Oktober 2019 klar für ausdrücklich eingeholte Cookie-Einwilligungen (alt. „Cookie-Opt-Ins") ausgesprochen. Sie sollten also spätestens ab heute keine (nicht unbedingt erforderlichen) Cookies einsetzen, ohne dass Ihre Nutzer sich mit ihnen ausdrücklich einverstanden erklärt haben *(EuGH, 1.10.2019 – C-673/17 „planet49")* ... Der EuGH urteilte, dass eine Einwilligung **klar, für den konkreten Fall aktiv und ohne jeden Zweifel** erteilt werden muss (Art. 4 Nr. 11 DSGVO). Das passive, nicht erfolgende Weghaken eines Kontrollkästchens stellt keine wirksame Einwilligungshandlung dar." (Thomas Schwenke (2019): Neues EuGH-Urteil: Cookie-Einwilligung-Banner und Detailinformationen sind im Onlinemarketing Pflicht, https://datenschutz-generator.de/eugh-cookie-einwilligung-banner-detailinformationen-pflicht/, Zugriff am 08.05.2020, Hervorhebung (Fettung) im Original.

197. Rechtssache Planet49 (Az. I 49 7/16). Deutschland ging bislang in Europa über die im Telemediengesetz verankerte Widerspruchslösung einen Sonderweg. Demnach war ein „Opt-out", die Einwilligung des Nutzers zur Verwendung von Cookies mittels vorangekreuzter Zustimmungsflächen, zulässig. Der Nutzer musste also aktiv widersprechen, wenn er seine Daten nicht für Werbezwecke zur Verfügung stehen wollte (vgl. Stephan Zimprich, Thomas Peruzzi (2020): Warum das Cookie-Urteil die Online-Werbeindustrie vor Herausforderungen stellt, https://www.horizont.net/marketing/kommentare/digitales-marketing-warum-dascookie-urteil-die-online-werbeindustrie-vor-herausforderungen-stellt-183344, Zugriff am 28.07.2020.
198. Siehe https://noyb.eu/de/noyb-setzt-dem-cookie-banner-wahnsinn-ein-ende, Zugriff am 24.06.2021.
199. Jean Baudrillard (1992): *Von der Verführung*. München: Matthes & Seitz. S. 165.
200. Siehe den Überblick zur Attributionstheorie bei Mira Lee und Seounmi Youn (2009): Electronic word of mouth (eWOM). How eWOM platforms influence consumer product judgement. *International Journal of Advertising*, 28(3), 473–499.

    Grundlegend zur Attributionstheorie:

    Harold Kelley (1973): Processes of causal attribution. *American Psychologist*, 28, 107–128.

## 4.1 Unser Problem – Wir wissen, dass wir vieles nicht wissen

201. Siehe im Überblick Jörg Tropp (2019): *Moderne Marketing-Kommunikation. Grundlagen, Prozess und Management markt- und kundenorientierter Unternehmenskommunikation*. 3. Aufl. Wiesbaden: Springer. S. 524 ff.
202. Vgl. Kap. 3 Das Netz der großen Vier der Verführung.
203. Marian Friestad und Peter Wright (1995): Persuasion Knowledge. Lay People's and Researchers' Beliefs about the Psychology of Advertising. *Journal of Consumer Research*, 22(1), 62–74. S. 63.
204. Tennager zit. n. Christian Papsdorf und Sebastian Jakob. (2017). Ein Kampf gegen Windmühlen: Jugendliche und junge Erwachsene im Umgang mit Algorithmen und Überwachung im Internet. *kommunikation @ gesellschaft*, 18, 1–27. S. 16.
205. Ebd.

# 5 Die Strategie der totalen Vernetzung – Menschen, Gesellschaft, Medien

## 5.1 Bitte kein neues Missverständnis!

206. Claude E. Shannon und Warren Weaver (1949): *The Mathematical Theory of Communication.* Urbana: University of Illinois Press.
207. „… semantic aspects of communication are irrelevant to the engineering problem." Claude E. Shannon (1949, S. 3): The Mathematical Theory of Communication. In: Claude E. Shannon und Warren Weaver (1949): *The Mathematical Theory of Communication.* Urbana: University of Illinois Press. S. 3–91.
208. Siehe Klaus Krippendorf (1994): Der verschwundene Bote. Metaphern und Modelle der Kommunikation. In: Klaus Merten, Siegfried J. Schmidt und Siegfried Weischenberg (Hrsg.): *Die Wirklichkeit der Medien. Eine Einführung in die Kommunikationswissenschaft.* Opladen: Westdeutscher Verlag. S. 79–113.
209. Siehe im Detail für das moderne Kommunikationsverständnis Jörg Tropp (2019): *Moderne Marketing-Kommunikation. Grundlagen, Prozess und Management markt- und kundenorientierter Unternehmenskommunikation.* 3. Aufl. Wiesbaden: Springer VS. S. 12 ff.
210. Robert Schweizer (2000): *Die Entdeckung der pluralistischen Wirklichkeit. Durchschnittsleser, Pressrecht, Verständiger Verbraucher, Wettbewerbsrecht, Wertvorstellungen, Grundnorm.* 3. Aufl. Berlin: Vistas.
211. Dies ist das Wirkungsverständnis der accomodation theory, das mit dem dargelegten modernen Kommunikationsverständnis kompatibel ist. Entwickelt wurde die Theorie in den 1970er Jahren von Howard Giles. Siehe im Überblick und im Kontext von Werbung Francis Buttle (1991): What do people do with advertising? *International Journal of Advertising,* 10(2), 95–110.
212. Robin Dunbar (1993): Coevolution of neocortical size, group size and language in humans. *Behavioral and Brain Sciences,* 16, 681–735. Siehe im Überblick: Werner Stangl: Stichwort: ‚Dunbar-Zahl'. *Online Lexikon für Psychologie und Pädagogik* https://lexikon.stangl.eu/12337/dunbar-zahl/, Zugriff am 17.02.2021.
213. Das meint beispielsweise das Zukunftsinstitut, https://www.zukunftsinstitut.de/artikel/konnektivitaet-die-vernetzung-der-welt/, Zugriff am 17.02.2021.
214. Entlehnt ist dieser Begriff von Morris Holbrook, der mit „other oriented value" Konsum bezeichnet, der nicht nur zum eigen Wohle, sondern auch

zum Wohle Dritter, beispielsweise den Menschen, die in die Produktion von Produkten involviert sind, geschieht. Ein Beispiel ist der Kauf von Produkten, die dem Fairtrade-Gedanken verpflichtet sind. Morris Holbrook (Hrsg.) (1999): *Consumer value: a framework for analysis and research.* Psychology Press.

## 5.2 Das Bedürfnis nach kommunikativer Wertigkeit

215. Zitiert nach Ingo Rentz (02.10.2020): Wie TikTok Werbungtreibende herausfordert. *Horizont,* https://www.horizont.net/marketing/kommentare/kreativ-oder-unsichtbar-wietiktok-werbungtreibende-herausfordert-186184, Zugriff am 26.02.2021.
216. „Advertising value is defined as a subjective evaluation of the relative worth or utility of advertising to consumers." Robert H. Ducoffe (1995): How consumers assess the value of advertising. *Journal of Current Issues & Research in Advertising,* 17(1), 1–18.
217. S. Charles K. Atkin (1985): Informational Utility and Selective Exposure to Entertainment Media, in: Dolf Zillman und Jennings Bryant (Hrsg.): *Selective Exposure to Communication,* Hillsdale, New Jersey, 63–91. Mark R. Levy und Sven Windahl (1984): Audience activity and gratifications: A conceptual clarification and exploration. *Communication research,* 11(1), 51–78.
218. S. Robert H. Ducoffe & Eleonora Curlo (2000): Advertising Value and Advertising Processing, *Journal of Marketing Communications,* 6(4), 247–262.
219. Charles H. Martin (1978): *Fowles, Jib. Mass Advertising as Social Forecast.* Westport, Conn.: Greenwood Press, 1976.

    Im Überblick: Jib Fowles (2018): Die fünfzehn Grundappelle der Werbung. In: Tilmann Baumgärtel (Hrsg.): *Texte zur Theorie der Werbung.* Stuttgart: Reclam. S. 200–220.

    Die fünfzehn Grundappelle der Werbung sind:
    1. Das Bedürfnis nach Sexualität
    2. Das Bedürfnis nach Zugehörigkeit
    3. Das Bedürfnis, fürsorglich zu sein
    4. Das Bedürfnis nach Führung
    5. Das Aggressionsbedürfnis
    6. Das Leistungsbedürfnis
    7. Das Dominanzbedürfnis

8. Das Bedürfnis nach Prominenz
9. Das Bedürfnis nach Aufmerksamkeit
10. Das Bedürfnis nach Autonomie
11. Das Fluchtbedürfnis
12. Das Sicherheitsbedürfnis
13. Das Bedürfnis nach ästhetischen Empfindungen
14. Das Bedürfnis nach Befriedigung der Neugier
15. Physiologische Bedürfnisse: Nahrung, Trinken, Schlafen usw.
220. S. grundlegend zum Zusammenhang von Sinn und Handeln Max Weber (1984): *Soziologische Grundbegriffe.* 6. erneut durchges. Aufl., Tübingen: Mohr.
   Für die notwendige Kontextualität von Kommunikation s. Roland Burkat (2003): Kommunikationstheorien. In: Günter Bentele, Hans-Bernd Brosius & Otfried Jarren (Hrsg.): *Öffentliche Kommunikation.* Wiesbaden: Westdeutscher Verlag. S. 169–192, besonders S. 183 ff.;
   Jörg Tropp (2019): *Moderne Marketing-Kommunikation. Grundlagen, Prozess und Management markt- und kundenorientierter Unternehmenskommunikation.* 3. Aufl. Wiesbaden: Springer VS. S. 32 ff.
221. Thomas Koch (2018): Nie war die Botschaft so wertlos wie heute. *WirtschaftsWoche*, 09.20.2018, https://www.wiwo.de/unternehmen/dienstleister/werbesprech-nie-war-die-botschaft-so-wertlos-wie-heute/23163046.html#:~:text=Mit%20dem%20Einzug%20der%20Internet,Jeden%20Tag; Zugriff 02.03.2021.
222. Benjamin Palmer zit. n. Teresa Iezzi (2006): Consumers to brands: make yourselves useful. *Advertising Age,* 77(33), S. 18.
223. Thomas Bernardin & Paul Kemp-Robertson (2008): Wildfire 2008: Creativity with a Human Touch. *The Journal of Advertising,* 37(4), S. 132 (Hervorh. i. Orig.).
224. MRM (2012): Unternehmens-Website von MRM Worldwide, www.mrmworldwide.com; Zugriff: 13.11. 2013.
225. Dies gilt selbst für junge Menschen im Alter von 14–25 Jahren, die mit dem Internet aufgewachsen sind. S. Christian Papsdorf und Sebastian Jakob (2017): Ein Kampf gegen Windmühlen: Jugendliche und junge Erwachsene im Umgang mit Algorithmen und Überwachung im Internet. *kommunikation @ gesellschaft,* 18, 1–27.
226. Neben dieser indirekten Vernetzung über Influencer versuchen Unternehmen auch, sich im Rahmen von partizipativen Marketingkommunikationsansätzen direkt mit Verbrauchern zu vernetzen. Beispielsweise erhalten Verbraucher die Möglichkeit, aktiv Kommunikationsmittel einer Marke

weitestgehend eigenständig zu gestalten oder sich im Rahmen einer Markengemeinschaft mit anderen Nutzern der Marke zu vernetzen (z. B. Peloton).

Siehe weiterführend:

Soheil Dastyari (2021): *Fellowship. Unternehmens- und Markenführung neu gedacht*. Frankfurt, New York: Campus.

Nicholas Ind & Holger J. Schmidt (2019): *Co-creating brands. Brand Management from a Co-Creative Perspective*. London u. a.: Bloomsbury Business.

Jörg Tropp (2019): *Moderne Marketing-Kommunikation. Grundlagen, Prozess und Management markt- und kundenorientierter Unternehmenskommunikation*. 3. Aufl. Wiesbaden: Springer VS. S. 361 ff.

227. Crispin Porter + Bogusky (2010): Description of the campaign/entry. Cannes: Cannes Lions International Advertising Festival 2010, http://www.welovead.com/en/works/details/db5BhqpD, Zugriff am 04.03.2021.
228. Stephen L. Vargo & Robert F. Lusch (2004): Evolving to a new dominant logic for marketing. *Journal of marketing*, 68(1), 1–17.
229. Anhand von diesem Beispiel konnte die Effektivität von service-basierter Werbung nachgewiesen werden. S. Jörg Tropp, Marina Brunner, Nicolas Dostmann & Teresa Kniele (2019): Die Wirkung von Service-added-Werbung und die Rolle des Advertising-Engagements. *transfer- Zeitschrift für Kommunikation und Markenmanagement*, 65(1), 6–17.

## 5.4 Vernetzung mit den Medien

230. S. Jan Sebastian Schmalz (2012): *Werbung als Unterhaltung: Wie Branded Entertainment und Advertainment Werbung mit Unterhaltung verschmelzen*. Saarbrücken: AV Akademikerverlag.
231. Advertising Research Foundation (ARF), zit. n. Matthew Creamer (2006): ARF reveals working definition of engagement. *Adage*, March 21, 2006, https://adage.com/article/media/arf-reveals-working-definition-engagement/107946, Zugriff am 25.03.2020.
232. S. Bobby J. Calder & Edward C. Malthouse (2008): Media engagement and advertising effectiveness. In: Bobby J. Calder (Hrsg.): *Kellogg on Advertising and Media*. Hoboken, NJ, S. 1–36.

Alex Wang (2006): Advertising engagement: A driver of message involvement on message effects. *Journal of Advertising Research*, 46(4), 355–368.

233. Darauf ist bereits ausführlich in Abschn. 3.1 unter den Ausführungen zum „Aus der Cookies – Was nun?" eingegangen worden.
234. Hornbach (2020): Ankleidezimmer bauen, HORNBACH Meisterschmiede, Youtube, https://www.youtube.com/watch?v=o3XdlT6xXHM, Zugriff am 08.03.2021.
235. Youtube (2021): Werbung auf YouTube Kids, https://support.google.com/youtube/answer/6168681?hl=de, Zugriff am 08.03.2021 (Fettung durch Jörg Tropp).
    Gibt man „Züge" als Suchbegriff ein, erhält man u. a. beispielsweise Videos der Marken Brio oder Lego (Stand 30.06.2021).

## 5.5 Vernetzung mit der Gesellschaft

236. „Some online platforms rely on a business model of comprehensive tracking and profiling of users in order to generate revenue through personalised advertising. Instead of personalised advertising, however, platforms could generate revenue with context-based advertising or with new technological solutions. Users should at least have a right to use online platforms without personalised advertising. We should ban personalised advertising in particular towards minors (i.e. under 18)." (Council of the European Union (18.05.2021): Digital Services Act: Consolidated comments on Chapter 3 and respective recitals, S. 276 f.) https://cdn.netzpolitik.org/wp-upload/2021/05/2021-05-26_Vorschlaege-DSA.pdf, Zugriff am 28.06.2021.
237. Procter & Gamble (2009): Our values and principles. S. 5., https://www.yumpu.com/en/document/read/13637230/pg-our-values-and-policies-pdf-procter-gamble, Zugriff am 15.03.2021.
238. Sinek, S. (2011). *Start with why: How great leaders inspire everyone to take action.* London: Penguin Business. S. 41.
239. Siehe Niklas Luhmann (1994): *Die Wirtschaft der Gesellschaft.* 8. Aufl. Frankfurt/Main: Suhrkamp.
240. Über dieses Purpose-Verständnis herrscht in der einschlägigen Literatur weitestgehend Einvernehmen, siehe z. B. Roy Spence & Haley Rushing (2009): *It's Not What You Sell, It's What You Stand For: Why Every Extraordinary Business Is Driven by Purpose.* New York, NY: Penguin.
    Annette Bruce & Christoph Jeromin (2020): *Corporate Purpose – das Erfolgskonzept der Zukunft.* Wiesbaden: Springer.
241. Nike: Breaking Barriers, https://purpose.nike.com/, Zugriff am 13.04.2021.

242. YouGov (2019): Klare Kante oder Kopf in den Sand? Wie Marken mit einer deutlichen Meinung zu gesellschaftlich relevanten Themen bei deutschen Verbrauchern punkten. www.yougov.de/download/brand_purpose, Zugriff am 17.03.2021, repräsentative Studie für die deutsche Bevölkerung ab 18 Jahre (n = 68.273).
243. Siehe ebd., S. 11: „In welchen der folgenden Bereiche, wenn überhaupt, ist es für eine Marke akzeptabel, ihren Standpunkt in Marketingmaterialien oder anderen Kommunikationsmitteln zu kommunizieren?" Umweltfragen (38 %), Menschenrechte (32 %), Tierquälerei (31 %).
244. So die Purpose-Agentur Human Unlimited, https://humanunlimited.de/, Zugriff am 17.03.2021.
245. Siehe z. B. Julia Frohne (2020): Brand Purpose in aller Munde. Was gilt es in der werthaltigen Kommunikation von Marken zu beachten? *transfer,* 66(2), 28–35.
246. Richard E. Freeman (1984): *Strategic Management. A Stakeholder Approach.* Marshfield: Pitman.
247. Diese Unterscheidung geht zurück auf Dirk Matten & Jeremy Moon (2004): A conceptual framework for understanding CSR. In: Andre Habisch, Jan Jonker, Martina Wegner & Rene Schmidpeter (Hrsg.): *Corporate Social Responsibility Across Europe: Discovering National Perspectives of Corporate Citizenship.* Berlin: Springer. S. 335–356.
248. Siehe Nico Stehr (2007): *Die Moralisierung der Märkte. Eine Gesellschaftstheorie.* Frankfurt am Main: Suhrkamp.
249. Siehe hierzu auch Mario Schranz (2007): *Wirtschaft zwischen Profit und Moral.* Wiesbaden: VS Verlag für Sozialwissenschaften.
250. YouGov (2019): Klare Kante oder Kopf in den Sand? Wie Marken mit einer deutlichen Meinung zu gesellschaftlich relevanten Themen bei deutschen Verbrauchern punkten. www.yougov.de/download/brand_purpose, Zugriff am 17.03.2021, repräsentative Studie für die deutsche Bevölkerung ab 18 Jahre (n = 68.273).
251. Max Weber (1972): *Wirtschaft und Gesellschaft. Grundriß der verstehenden Soziologie.* Besorgt von Johannes Winckelmann. 6. Aufl., Tübingen: Mohr Siebeck.
252. Mette Morsing, Majken Schultz & Kaspar U. Nielsen (2008): The „Catch 22" of communicating CSR: Findings from a Danish study. *Journal of Marketing Communications,* 14(2), 97–111.
253. „Purpose is one of the most exciting opportunities I've seen for this industry in my 35 years of marketing. Done properly, done responsibly, it will help us restore trust in our industry, unlock greater creativity in our work,

and grow the brands we love." Alan Jope 2019 zit. n. Unilever: Unilever CEO warns advertisers that 'woke-washing' threatens industry credibility, https://www.unilever.com/news/press-releases/2019/unilever-ceo-warns-advertisers-that-woke-washing-threatens-industry-credibility.html, Zugriff am 13.04.2021.
254. Felicitas Morhart und Lucia Malär (2019): Markenauthentizität: Konzeption, Messung und Steuerung. In Franz-Rudolf Esch (2019): *Handbuch Markenführung*. Wiesbaden: Springer. S. 1231–1244.
255. Zack Bornstein (17.08.2019): Tweet on https://twitter.com/zackbornstein/status/1162552399363334144?lang=de, Zugriff am 20.03.2021.
256. Tillmann Wagner, Richard J. Lutz & Barton A. Weitz (2009): Corporate hypocrisy: Overcoming the threat of inconsistent corporate social responsibility perceptions. *Journal of marketing,* 73(6), 77–91.
257. J. Vredenburg, S. Kapitan, A. Spry & J.A. Kemper (2018). Woke Washing: What Happens When Marketing Communications Don't Match Corporate Practice. *The conversation,* https://theconversation.com/woke-washing-what-happens-when-marketing-communications-dont-match-corporate-practice-108035, Zugriff am 13.04.2021.
258. Oatly (o. D.): Unternehmenswebsite, https://www.oatly.com/de/ver%C3%A4nderung-ist-nicht-einfach, Zugriff am 21.03.2021.
259. TUI AG (2021): Unternehmenswebsite, Nachhaltigkeitsstrategie, https://www.tuigroup.com/de-de/verantwortung/strategie/make-a-difference, Zugriff am 18.03.2021.
260. Shona Ghosh (14.07.2016): How Grey Group's ‚I sea' came undone, https://www.campaignlive.co.uk/article/grey-groups-i-sea-app-undone/1402002, Zugriff am 18.03.2021.
261. Veja-Gründer Sébastian Kopp, zit. n. Julia Gundelach: Sneakers for future. *w&v,* 8, 2020, S. 98.
262. dm (2021): Unternehmenswebsite, https://www.dm.de/tipps-und-trends/nachhaltigkeit/nachhaltigere-produktalternativen/klima-initiative, Zugriff am 18.03.2021.

## 6 Verführung? Ja, bitte!

263. Siehe z. B. Karlfritz Koeppler (2000): *Strategien erfolgreicher Kommunikation.* München, Wien: Oldenbourg. S. 1.

264. Thomas Koch (02.03.2021): Wirkt Werbung überhaupt nicht? Oder nur falsch? *WirtschaftsWoche,* https://www.wiwo.de/unternehmen/dienstleister/werbesprech-wirkt-werbung-ueberhaupt-nicht-oder-nur-falsch/26962092.html, Zugriff am 31.03.2021.
265. Upton Sinclair, zitiert n. Thomas Koch (02.03.2021): Wirkt Werbung überhaupt nicht? Oder nur falsch? *WirtschaftsWoche,* https://www.wiwo.de/unternehmen/dienstleister/werbesprech-wirkt-werbung-ueberhaupt-nicht-oder-nur-falsch/26962092.html, Zugriff am 31.03.2021.
266. Phillips W. Davison (1983): The third-person effect in communication. *Public Opinion Quarterly,* 47, 1–15.
267. Liane Siebenhaar (09.03.2021): Werbung wirkt nicht? „Werbewirkung" will gekonnt sein! *WirtschaftsWoche,* https://www.wiwo.de/unternehmen/handel/replik-auf-thomas-koch-werbung-wirkt-nicht-werbewirkung-will-gekonnt-sein/26987838.html, Zugriff am 31.03.2021.
268. Siehe den Überblick bei Demetrios Vakratsas & Tim Ambler (1999): How advertising works: what do we really know? *Journal of marketing,* 63(1), 26–43.
269. Sebastian Schöber & Harald Kindermann (2020): Analysis of Contextual Effects of Advertising Banners. In Fred D. Davis, René Riedl, Jan vom Brocke, Pierre-Majorique Léger, Adriane B. Randolph & Thomas Fischer (Hrsg.): *Information Systems and Neuroscience. NeuroIS Retreat 2020. Lecture Notes in Information Systems and Organisation,* Vol 43. Cham: Springer. S. 253–258.

## 6.1 Voraussetzungen unserer Souveränität: Wissen – Unterscheiden können – konsequentes Handeln

270. Siehe Dietmar Jeschke (1975): *Konsumentensouveränität in der Marktwirtschaft – Idee, Kritik, Realität.* Berlin: Duncker & Humblot.
271. McCann Worldgroup (2021): Truth about Gen Z. Globale Studie in 26 Märkten mit 32.000 Teilnehmern, https://truthaboutgenz.mccannworldgroup.com/p/1, Zugriff am 14.04.2021.
272. Stefan Hoffmann & Payam Akbar (2019): *Konsumentenverhalten.* Wiesbaden: Springer Gabler.
273. Sam Wineburg, Sarah McGrew, Joel Breakstone & Teresa Ortega (2016): *Evaluating Information: The Cornerstone of Civic Online Reasoning.* Stanford Digital Repository. Erhältlich unter: http://purl.stanford.edu/fv751yt5934, Zugriff am 14.04.2021. S. 4, Hervorhebung im Original.

274. Ofcom (2015): Children and Parents: Media Use and Attitudes Report, https://www.ofcom.org.uk/__data/assets/pdf_file/0024/78513/childrens_parents_nov2015.pdf, Zugriff am 14.04.2021.
275. Anna-Katharina Meßmer, Alexander Sängerlaub und Leonie Schulz (2021): „Quelle: Internet"? Digitale Nachrichten- und Informationskompetenzen der deutschen Bevölkerung im Test, https://www.stiftung-nv.de/sites/default/files/studie_quelleinternet.pdf, Zugriff am 14.04.2021.
276. Banwari Mittal (1998): Achieving Higher Seat Belt Usage: The Role of Habit in Bridging the Attitude-Behavior Gap. *Journal of applied social psychology*, 18(12), 993–1016.
277. Shruti Gupta & Denise T. Ogden (2006): The attitude-behavior gap in environmental consumerism. *APUBEF Proceedings*, 3(1), 199–206.
278. Mike Farjam, Olexandr Nikolaychuk & Giangiacomo Bravo (2019): Experimental evidence of an environmental attitude-behavior gap in high-cost situations. *Ecological Economics*, 166, 106.434.
279. So beispielsweise die Meinung vom Christian Solmecke, Rechtsanwalt für Medienrecht und IT-Recht und Bernd Nauen, Hauptgeschäftsführer des Zentralverbands der deutschen Werbewirtschaft (ZAW), Siehe Ingo Rentz (01.11.2020): Der nächste Angriff auf personalisierte Werbung. *Horizont*, https://www.horizont.net/news/p/186822, Zugriff am 18.04.2021.
280. Daniel Kahneman (2012): *Schnelles denken, langsames Denken*. München: Siedler.
281. Claudia Bünte (2020): „Copy-Paste" von China auf Europa funktioniert nicht – Aber ohne wird es nicht (mehr) gehen. In Claudia Bünte: *Die chinesische KI-Revolution*. Wiesbaden: Springer. S. 73–79.

## 6.2 Eine neue Verführungskultur schaffen

282. Über 1.00 Werbungtreibende boykottierten im Sommer 2020 Facebook und wollten mit der Einfrierung ihrer Werbegelder erreichen, dass das Unternehmen auf seiner Plattform mehr gegen unangemessene Inhalte wie Hass und Desinformation unternimmt. S. https://www.stophateforprofit.org/.
283. S. Mark H. Davis (1983): Measuring individual differences in empathy: Evidence for a multidimensional approach. *Journal of Personality and Social Psychology*, 44(1), 113–126.
284. Thomas Strerath (23.02.2021): Marken müssen sich endlich ihrer gesellschaftlichen Verantwortung stellen. *Horizont,* https://www.horizont.net/news/p/189454, Zugriff am 23.04.2021.

285. Susanne Grundmann, CEO der Mediaagentur OMD (12.05.2021): Kalte Daten, heiße Herzen. *Horizont,* 19–20/2021, 14–15.
286. Principles for Responsible Investment (PRI) (2021), https://www.unpri.org/pri/what-are-the-principles-for-responsible-investment, Zugriff am 07.07.2021.
287. Presse und Informationsamt der Bundesregierung (2021): Agenda 2030 – die 17 Ziele, https://www.bundesregierung.de/breg-de/themen/nachhaltigkeitspolitik/agenda-2030-die-17-ziele, Zugriff am 07.07.2021.
288. Statista (2020): Konsumtrends in Deutschland, deutschsprachige Bevölkerung ab 14 Jahren, https://de.statista.com/statistik/studie/id/59668/dokument/konsumtrends-in-deutschland/, Zugriff am 07.07.2021.
289. Siehe z. B. Claus Eurich (1980): *Das verkabelte Leben. Wem schaden und wem nützen die Neuen Medien?* Reinbeck: Rowohlt.
    Wolfgang R. Langenbucher & Angela Fritz (1988): Medienökologie – Schlagwort oder kommunikationspolitische Aufgabe? In: Werner D. Fröhlich, Rolf Zitzelsperger & Bodo Franzmann (Hrsg.): *Die verstellte Welt. Beiträge zur Medienökologie.* Frankfurt: Fischer Verlag, S. 255–270.
    Barbara Mettler-Meibom (1987): *Soziale Kosten der Informationsgesellschaft. Überlegungen zu einer Kommunikationsökologie.* Frankfurt: Fischer Verlag.

## 6.3 Wie könnte es weitergehen?

290. So der globale Mediachef von Unilever 2019 auf der Branchenmesse Dmexco: Luis di Como zit. n. Santiago Campillo-Lundbeck (2019): Haltung braucht Handeln. *Horizont. Das Magazin,* S. 18–21. https://www.horizont.net/media/media/30/Magazin-werbung.treiber-2019-293134.pdf, Zugriff am 27.04.2021.
291. The Dove Foundation (2021). Stiftungswebsite, https://dove.org/#, Zugriff am 29.04.2021.
292. Luis di Como zit. n. Santiago Campillo-Lundbeck (2019): Haltung braucht Handeln. *Horizont. Das Magazin,* S. 18–21. https://www.horizont.net/media/media/30/Magazin-werbung.treiber-2019-293134.pdf, Zugriff am 27.04.2021.
293. In Deutschland haben lediglich 32 % der Nutzer ein höheres Vertrauen in Websites, auf denen Ads mit dem OBA-Piktogramm sind, und nur 36 % beurteilen die Transparenz der digitalen Werbewirtschaft als vertrauenswürdig (n = 1004 Nutzer im Alter von 16–70 Jahre) (European

Interactive Digital Advertising Alliance 2021: *European Advertising Consumer Research Report*, Brüssel: European Interactive Digital Advertising Alliance, http://edaa.eu/wp-content/uploads/European-Advertising-Consumer-Research-Report-2021.pdf, Zugriff am 30.04.02021).

294. Siehe Konstanz Institut für Corporate Governance (2014): Empfehlungen für die Ausgestaltung und Beurteilung von Compliance-Management-Systemen. kicg cms-leitlinie 2 2014 – für Unternehmen mit 250 bis 3.000 Mitarbeitern. Konstanz; Institut für Corporate Governance (KICG). https://opus.htwg-konstanz.de/frontdoor/deliver/index/docId/249/file/KICG_L2.pdf, Zugriff am 29.04.2021.

295. Auskunft (E-Mail vom 04.05.2021) des Umweltbundesamtes auf Anfrage des Autors.

296. Kantar (2020): Bevölkerungsbefragung im Auftrag der Deutschen Umwelthilfe, Postwurfsendungen und gedruckte Werbeblätter. (n = 1.506, deutsche Wohnbevölkerung ab 14 Jahre) https://www.duh.de/fileadmin/user_upload/download/Projektinformation/Postwurfsendung/200527_Kantar_Ergebnisbericht_Umfrage_Postwurfsendungen_1___1_.pdf, Zugriff am 30.04.2021.

297. Volksentscheid Berlin Werbefrei, https://berlin-werbefrei.de/, Zugriff am 08.07.2021.

298. Siehe Mediaplus (2021): Green GRP, https://www.mediaplus.com/de/landingpages/green-grp1.html, Zugriff am 04.05.2021.

299. Tudor Vlah, verantwortlicher Mitarbeiter in der Wettbewerbszentrale für umweltbezogene Werbung, zitiert nach Gustav Theile (19.05.2021): Unterlassungsklagen gegen „klimaneutrale" Werbung. *Frankfurter Allgemeine,* https://www.faz.net/-iu4-abusn, Zugriff am 20.05.2021.

300. Jan Pechmann zitiert nach Gustav Theile (19.05.2021): Unterlassungsklagen gegen „klimaneutrale" Werbung. *Frankfurter Allgemeine,* https://www.faz.net/-iu4-abusn, Zugriff am 20.05.2021.

301. Tudor Vlah (19.05.2021), ebd.

302. Der Targeting-Technologie-Anbieter Dynadmic pflanzt in Kooperation mit der Non-Profit-Organisation „Eden Reforestation Projects" für je 10.000 Ad Impressions einer umgesetzten Kampagne eine Mangrove auf Haiti. https://edenprojects.org/user/dynadmicforest/, Zugriff am 30.04.2021.

303. Siehe Ralf Nöcker (2018): *Ökonomie der Werbung: Grundlagen – Wirkungsweise – Geschäftsmodelle.* 2. Auflage. Wiesbaden: Springer Gabler.

Simon Walter (2007): *Die Rolle der Werbeagentur im Markenführungsprozess* (Dissertation, Werbe- und Markenforschung). Wiesbaden: Deutscher Universitäts-Verlag.

304. Siehe ebd.

305. WPP (2021): Annual Report 2020, https://www.wpp.com/investors/annual-report-2020, Zugriff am 10.10.2021.
306. Philip Kotler, Hermawan Kartajaya und Iwan Setiawan (2017): *Marketing 4.0. Der Leitfaden für das Marketing der Zukunft*. Frankfurt, New York: Campus.
307. Zitiert nach Reinhard Wolff (19.03.2008): Regisseure siegen über Sender. *taz*, https://taz.de/Gegen-Fernsehwerbung-in-Spielfilmen/!5184868/, Zugriff am 05.05.2021.
308. Welect (2021): Erfolgreiche Videokampagnen mit selbstbestimmten Werbekonsum, https://www.de.welect.de/, Zugriff am 05.05.2021.
309. IP Deutschland (26.06.2006): IP Deutschland Personalie: Lars-Eric Mann wird der neuer Mann für „Zukunftsthemen", IP Deutschland gründet Unit Future Solutions. https://www.bankkaufmann.com/a-18607-IP-Deutschland-Personalie-Lars-Eric-Mann-wird-der-neue-Mann-f%C3%BCr-Zukunftsthemen---IP-Deutschland-gr%C3%BCndet-Unit-Future-Solutions.html, Zugriff am 05.05.2021.
310. Sky-Sendersprecher zitiert nach Timo Niemeier (01.04.2021): Sky schafft Unterbrecherwerbung bei Serien und Shows ab, https://www.dwdl.de/nachrichten/82173/sky_schafft_unterbrecherwerbung_bei_serien_und_shows_ab/?utm_source=&utm_medium=&utm_campaign=&utm_term = , Zugriff am 30.06.2021.
311. Zitiert nach Nils Jacobsen (13.01.2020): Streaming-Gigant unter Druck: Wann öffnet sich Netflix für Werbung? https://meedia.de/2020/01/13/streaming-gigant-unter-druck-wann-oeffnet-sich-netflix-fuer-werbung/, Zugriff am 30.06.2021.
312. E-Mail an den Autor vom 29.07.2021.
313. https://www.ard.de/die-ard/Gemeinsam-Medienkompetenz-staerken-Ein-Angebot-der-ARD-100, Zugriff am 01.07.2021.
314. Tobias Effertz (2021): *Kindermarketing für ungesunde Lebensmittel in Internet und TV*. Hamburg: Universität Hamburg. https://www.bwl.uni-hamburg.de/irdw/dokumente/kindermarketing2021effertzunihh.pdf, Zugriff am 05.05.2021.
315. Derartige Vernetzungen finden sich immer häufiger. Beispiele sind: Bauer Media Group und die Agenturgruppe Serviceplan, Wort & Bild und das Brand Publishing House Looping Group oder der Jahreszeiten Verlag und der Content Marketing Dienstleister Hoffmann und Campe X. Siehe den Überblick bei Roland Pimpl (26.03.2021): Was Verlage riskieren, wenn sie Redaktionen für Werbeproduktion einspannen. *Horizont*, https://www.horizont.net/medien/nachrichten/corporate-publishing-was-verlage-riskieren-

wenn-sie-redaktionen-fuer-werbeproduktion-einspannen-190349, Zugriff am 05.05.2021.
316. Timo Wölken (05.10.2020): Bericht mit Empfehlungen an die Kommission zum Gesetz über digitale Dienste: Anpassung der handels- und zivilrechtlichen Vorschriften für online tätige Unternehmen, https://www.europarl.europa.eu/doceo/document/A-9-2020-0177_DE.html, Zugriff am 05.05.2021.
317. „**Very large online platforms (or VLOP) services** provided by platforms that have a particular impact on the economy and society and pose particular risks in the dissemination of illegal content and societal harms. Specific rules are set out for platforms that reach more than 45 million active recipients in the EU on a monthly basis." European Parliament (2020): *Proposal for a regulation of the European Parliament and of the Council on a single market for digital services (digital services act) and amending Directive 2000/31/EC.* https://www.europarl.europa.eu/RegData/etudes/BRIE/2021/689357/EPRS_BRI(2021)689357_EN.pdf, Zugriff am 08.07.2021, Hervorhebung (Fettung) im Original.

GPSR Compliance
The European Union's (EU) General Product Safety Regulation (GPSR) is a set of rules that requires consumer products to be safe and our obligations to ensure this.

If you have any concerns about our products, you can contact us on

ProductSafety@springernature.com

In case Publisher is established outside the EU, the EU authorized representative is:

Springer Nature Customer Service Center GmbH
Europaplatz 3
69115 Heidelberg, Germany

www.ingramcontent.com/pod-product-compliance
Lightning Source LLC
LaVergne TN
LVHW020330260326
834688LV00037B/953